SCHULD

SALIM GÜLER

SCHULD

BE
Belle Époque Verlag

Salim Güler

www.salim-gueler.de
https://www.facebook.com/salim.gueler.autor
https://www.instagram.com/salimgueler

Copyright © 2020 by Salim Güler

Lizenzausgabe des Belle Époque Verlags, Dettenhausen, mit freundlicher Genehmigung des Autors.

Lektorat: Christiane Saathoff, *www.lektorat-saathoff.de*
Innenlayout und Schriftsatz: Hans-Jürgen Maurer
Covergestaltung: Holland Design
Foto-/Motivrechte: Andrea Dea Photography /
www.andrea-de-la-dea-photography.de
Modell: Katharina Plachta

Herstellung: Custom Printing, Warszawa, Polen

ISBN: 978-3-96357-135-0

1

Irgendwo, Juli

Der Atem ging schnell, viel zu schnell.
Beruhig dich!

Es gelang nicht. Die Adrenalinschübe beherrschten den gesamten Körper, steuerten das Atmen, das Denken, das Sehen. So musste es sein, wenn man auf Koks war.

»Beruhig dich!« Noch immer hob und senkte sich der Brustkorb heftig. Das war alles so schnell passiert. Viel zu schnell. Das war so nicht geplant.

Trotzdem war es geschehen. Manchmal konnte man die Dinge nicht beherrschen, Wut und Zorn zum Beispiel, und von beidem war sehr viel im Spiel gewesen. Dabei hatte es nur ein Gespräch geben sollen.

Ich wollte doch nur …

Aber statt eines vernünftigen Gesprächs, klaren Antworten und Dankbarkeit waren lediglich Ausreden und Ausflüchte zu hören gewesen. So etwas konnte einen nur immer wütender machen.

»Willst du denn nicht verstehen?« Laut waren die Worte durch den Raum gehallt, in dem es jetzt totenstill war. Ständig waren bloß Vorwände, Beschönigungen und Vorwürfe zurückgekommen, dabei lag die Wahrheit längst auf dem Tisch. Warum musste man sich trotzdem anlügen lassen?

»Sie hat es verdient, dieses Miststück.« Aufs Neue kam die Wut hoch, wie automatisch ballte sich die rechte Hand zur Faust und schlug auf den Oberschenkel. Wie lange? Schwer zu sagen, die Zeit schien stillzustehen.

Da! Da waren sie wieder! Die Bilder der vergangenen Stunde zeigten sich mit einer Macht, dass sie sich nicht länger verdrängen ließen. Die Erinnerung kam zurück.

»Nein, das kann nicht sein. Nein, nein!« Das konnte nicht wahr sein, das hier war nicht die Realität, das musste aufhören! Ein Gefühl, als steckten Scherben im Hals, begleitete das Schlucken. Es fiel schwer, der Mund war staubtrocken.

»Es ist ihre Schuld. Ich war das nicht. Was musste sie mich auch anlügen und wütend machen.« Ja, das tat gut, die tröstlichen Worte ließen den heftigen Atem ruhiger werden.

Leider kehrten in dem Maße, in dem der Adrenalinschub abnahm, die Erinnerungen zurück an das, was geschehen war.

Bilder, die nicht wahr sein konnten.

Das kann ich nicht getan haben!

Doch die Bilder im Kopf täuschten nicht und der Verstand mahnte, dass sie die Wahrheit zeigten. Schweiß sammelte sich auf den Handflächen, der Hals fühlte sich abermals an wie mit Schmirgelpapier bedeckt.

Schnell etwas trinken, im Kühlschrank ist Wasser.

Mit den ersten Schritten Richtung Küche entfernten sich die Gedanken von der Gegenwart, alles geschah wie in einem Film, als würde man daneben stehen und nur zuschauen.

Die Küche, der Kühlschrank, gleich war es geschafft …

Halt! Nicht den Kühlschrank öffnen. Es ist hier nicht wie zu Hause.

Das Schlucken tat immer noch weh, aber das trockene Gefühl im Hals verschwand allmählich. Vielleicht half es, mit den Fingern über die Kehle zu streichen. Der Hals fühlte sich normal an, das Schlucken klappte besser. Gut. Die Hand ruhte sich am Hemdkragen aus. Moment, irgendetwas war hier anders. Der Stoff war dreckig …

Blut! Auch an der Hand – Blut!

Nein, das konnte nicht sein. Auf keinen Fall. Wo sollte das herkommen? Durch heftiges Kopfschütteln ließen sich die blitzartigen Bildfetzen noch einmal vertreiben. Die Wahrheit war zu grausam, sie musste verbannt werden, schnell.

Die rechte Hand sank herab, strich über die Knopfleiste des Hemdes. Die Knöpfe waren feucht.

»Blut.« Das Wort klang tonlos, als hätte es jemand anders gesagt.

Warum waren die Knöpfe feucht? Das Hemd fühlte sich seltsam an.

Hier war auch Blut!

Ich habe es getan!

Aber sie hatte es doch nicht anders verdient.

»Es war ihre Schuld!« Diesmal waren die Worte laut. »Ich bin unschuldig. Ich war das nicht!« Vielleicht konnte man die Wahrheit austricksen, wenn man es nur oft genug sagte.

Plötzlich war dieses beklemmende Gefühl wieder da, der Hals zog sich zusammen, es kam kaum noch Luft hindurch. Das Atemholen wurde immer schwerer.

Bloß weg hier, raus aus dem Haus, sofort!

Bis zur Haustür waren es nur ein paar hastige Schritte. Schnell! Die Beine gehorchten, aber plötzlich stießen die Füße auf ein Hindernis.

Verdammt! Was lag hier auf dem Boden?

Eine Frau, blutverschmiert.

»Miststück!«

Doch da war noch jemand, ebenfalls blutverschmiert, reglos. Tot. Unweit der Mutter lag ein Kind, ein Kind!

Mit unglaublicher Gewalt brach das ganze Ausmaß der Tragödie in das Bewusstsein ein.

2

Travemünde, 11. Juli

*F*ünfzig ist nur eine Zahl. Was der Kölner Kripobeamte Lasse Brandt in den vergangenen Monaten immer wieder wie ein Mantra im Stillen für sich wiederholt hatte, hatte sich tatsächlich bestätigt.

Vor einigen Wochen hatte er mit seiner Familie und den engsten Freunden seinen fünfzigsten Geburtstag gefeiert, und obwohl er heftiges Bauchweh bei dem Gedanken an sein Alter gehabt hatte, fühlte er sich jetzt nicht anders als zuvor. Die Fünfzig war eben nur eine Zahl und das war gut so.

Brandt lehnte sich zurück und ließ den Blick über die glitzernde Ostsee schweifen. Es war für ihn inzwischen der zweite Aufenthalt im Norden innerhalb weniger Wochen und wieder begleiteten ihn seine engsten Freunde. Seit Mittwochabend war er mit seinem Dienstpartner Emre Aydin in Hamburg, da sie Donnerstag und Freitag an einer Konferenz für Kriminalpolizisten teilgenommen hatten. Ihr Freund Walter, der in Köln eine Imbissbude betrieb, hatte kurzfristig beschlossen, seinen Imbiss zu schließen und mit den beiden für das verlängerte Wochenende nach Hamburg zu fahren, um mit ihnen Aydins jüngeren Bruder Tolga zu besuchen. Zum Abschluss verbrachten sie einen gemütlichen Tag an der Ostsee.

»Ganz ehrlich, Bruder«, sagte Tolga kauend und schaute Aydin an, »die Pommes ...«

»Erst kauen, dann reden«, ermahnte Aydin ihn.

»Tolga ist multitaskingfähig«, entgegnete Walter mit einem breiten Lachen.

»Stimmt«, nickte Tolga, aber man sah ihm an, dass er nicht so recht wusste, was das Wort bedeutete.

»Na, nun spann uns nicht auf die Folter. Was liegt dir denn auf dem Herzen, dass du es so dringend loswerden willst?«, fragte nun Brandt.

Sie saßen auf der Terrasse des Atlantic Grand Hotels und genossen den Sommer. Mit 28 Grad und einer leichten Brise herrschte ausgezeichnetes Strandwetter. Brandt fühlte sich rundum wohl, denn nicht nur das Wetter spielte mit, er befand sich zudem in bester Gesellschaft. Konnte sich ein Mensch mehr wünschen?

»Also ...«, antwortete Tolga, machte eine kurze Pause und ließ noch ein paar Pommes in seinem Mund verschwinden. »Die Pommes sind echt gut. Aber diese Currywurst ...« Wieder unterbrach er sich, als wäre es ihm unangenehm, weiterzusprechen.

»Na, was ist mit der Currywurst?«, hakte Aydin nach.

»Die ist lecker. Aber nicht so lecker wie die von Onkel Walter. Ich bin nämlich schon fast satt. Das habe ich bei Onkel Walter nie.« Er schaute verlegen auf seinen Teller.

»Ist vielleicht gar nicht so schlecht, wenn du mal ein bisschen weniger isst, Bruder.«

»Hör nicht auf ihn. Du hast vollkommen recht, Tolga. Du weißt, wo es die beste Currywurst Kölns gibt.« Walter grinste, Stolz lag in seinem Blick.

»Die beste auf der ganzen Welt«, lächelte Tolga. Dann rieb er sich den Bauch. »Ich werde deine Würstchen vermissen.«

Walter schluckte und wuschelte Aydins jüngerem Bruder durchs Haar. Wenn man den Kölner Imbissbudenbesitzer nicht kannte, mochte man meinen, dieser große, kräftige Mann mit den vielen Tattoos und der Glatze wäre jemand, der Gefühle nicht an sich heranließ. Dass dieses Vorurteil jedoch falsch war, zeigte sich immer, wenn er mit Tolga unterwegs war.

Brandt wusste genau, dass die beiden eine besondere Freundschaft verband und dass es niemanden gab, der

Walters Herz mehr berührte als dieser junge Mann mit Trisomie 21.

»Großer, wenn du magst, lege ich heute Abend noch ein paar Würstchen auf den Grill.«

»Oh, das wäre super«, platzte Tolga heraus, dabei spitzte er die Lippen und klatschte kurz in die Hände.

»Wieso werde ich das dumme Gefühl nicht los, dass Tolga genau darauf hinauswollte und du in seine Falle tappst?«, erwiderte Aydin und schaute kopfschüttelnd zu Walter.

»Wieso Falle? Ich liebe Currywurst und Onkel Walter macht nun mal die weltbeste.« Tolga wirkte ehrlich überrascht, er konnte Aydins Argumentation augenscheinlich nicht folgen.

»Hör nicht auf deinen Bruder. Ich habe jede Menge Würstchen mitgebracht und gedenke nicht, sie wieder mit nach Köln zu nehmen.«

»Er kann doch nicht jeden Tag Currywurst essen«, versuchte Aydin einen letzten Vorstoß.

Brandt klopfte seinem Kollegen auf die Schulter. »Lass den Kleinen.« Er wusste schließlich, dass sein bester Freund nicht ohne Hintergedanken insistiert hatte. Es war ihm unangenehm, dass Walter seinem Bruder regelmäßig Currywürstchen spendierte, obwohl Tolga kein Sättigungsgefühl zu kennen schien. Jedenfalls nicht, wenn es um Walters Currywürste ging.

Ein Kellner trat zu ihnen an den Tisch. »Möchten Sie noch etwas?«, fragte er.

»Eine Cola«, antwortete Tolga.

Die anderen gaben ebenfalls eine Bestellung auf.

»Könnt ihr nicht noch länger bleiben?«, fragte Tolga.

»Leider nein, wir müssen Montag wieder ins Präsidium und Onkel Walter muss an seinen Grill, das weißt du doch.«

»Ja, leider.« Tolga schaute traurig auf die letzten Pommes auf seinem Teller.

»Kopf hoch, Großer. Wir sehen uns ja bald wieder, wenn du in Köln bist«, sagte Walter. Tolgas Worte schienen ihn nicht unberührt zu lassen.

»Das ist aber sehr lange hin. Ich wünschte, ich hätte noch andere Freunde, dann ...« Tolga sprach nicht weiter.

»Wenn du willst, gehen wir gleich an den Strand«, beeilte sich Brandt zu sagen. Tolga tat ihm leid. Dass so ein herzlicher junger Mann wie Tolga keine Freunde hatte, ließ auch ihn nicht kalt. Er führte es auf die Folgen der Trisomie 21 zurück, dass Gleichaltrige ihn mieden.

»Das wäre toll. Darf ich ins Wasser?« Das Ablenkungsmanöver schien funktioniert zu haben, Tolga schaute Aydin bittend an.

»Klar, spricht nichts dagegen. Du hast doch die Badehose dabei.«

Tolga lachte und nickte, dann zeigte er auf die Badehose, die er bereits trug. »Die ist voll cool, Onkel Walter. Iron Man.«

»Ich weiß eben, was dir gefällt«, antwortete Walter und stimmte in das Lachen mit ein. Er hatte Tolga die Badehose am vergangenen Tag gekauft.

Eine Stunde später lagen sie am Strand. Brandt hatte zwei Strandkörbe gemietet. Während die drei Männer sich unterhielten, plantschte Tolga im Wasser.

»Das Meer hat schon was«, sagte Walter. Wehmut lag in seiner Stimme. Er blinzelte zum Wasser, wo Tolga mit den sanften Wellen spielte. Vor wenigen Minuten hatte auch er noch mit ihm im Wasser herumgetollt.

»Du sagst es. Vor allem bei so einem Bombenwetter«, bestätigte Brandt.

»Und, kannst du dir vorstellen, irgendwann zurück in den Norden zu ziehen?«, fragte Walter. Brandt stammte aus Hamburg, ebenso wie sein jüngerer Kollege Emre Aydin. Der Zufall hatte beide beruflich nach Köln verschlagen, wo sie gemeinsam in der Mordkommission arbeiteten.

»Möglich. Köln ist eine tolle Stadt mit tollen Menschen. Aber warum den Lebensabend nicht an der Ostsee verbringen? Ein kleines Strandhäuschen, das wäre schon nett.«

»Ich würde glatt mitkommen, obwohl ich sehr an Köln hänge.«

»Du ohne deine Currywurstbude? Kann ich mir schwer vorstellen«, entgegnete Aydin.

»Ich mache einfach hier einen neuen Imbiss auf. Wichtig sind doch nur die Würstchen.« Walter grinste.

»So weit denkt Kollege Aydin nicht. Die Sonne, du weißt schon«, scherzte Brandt und lachte herzhaft. »Was ist mit dir, Emre? Du bist schließlich auch in Hamburg aufgewachsen.«

»Klar, ich mag die Stadt und die Ostsee liegt direkt vor der Schnauze. Herz, was willst du mehr? Aber derzeit fühle ich mich sehr wohl in Köln, und bis Leah aus dem Haus ist, dürfte es noch dauern.«

»Na, so schnell wollen wir auch nicht fliehen«, kommentierte Brandt und ließ seinen Blick über das Wasser wandern. Der Himmel strahlte in einem so satten Blau, wie man es nur von Postkarten kannte, und das Wasser war frei von Algen und Quallen, was in der Ostsee gerade im Sommer keine Selbstverständlichkeit war. Auch Brandt war vorhin schwimmen gewesen und ihm war nichts dergleichen aufgefallen. Nur Aydin war nicht ins Wasser gegangen.

»Hey«, hörte er da plötzlich Walter rufen. Als Brandt realisierte, was geschehen war, war Walter bereits von seinem Platz aufgesprungen und lief Richtung Wasser.

»Komm«, sagte Brandt und eilte Walter hinterher. Aydin folgte ihm.

»Warum habt ihr mich geschubst?«, hörten sie Tolga

sagen. Er war in den Sand gefallen und rappelte sich langsam hoch. Eine Gruppe Jugendlicher stand neben ihm.

»Was für ein dämlicher Mongo«, lachte ein Jugendlicher, den Brandt auf höchstens siebzehn schätzte. Er wollte Tolga noch einmal schubsen, als Walter ihn unerwartet packte und in den Schwitzkasten nahm.

»Findest du das echt lustig?«, brüllte Walter. »Leg dich doch mal mit jemandem an, der deiner Gewichtsklasse entspricht.«

»Lassen Sie mich los«, schrie der Jugendliche.

Tolga stand bereits wieder auf den Beinen. Er wirkte eingeschüchtert und wusste offensichtlich nicht, was er sagen sollte. Brandt und Aydin waren inzwischen neben ihm.

»Was ist passiert?«, fragte Aydin seinen Bruder.

»Der hat mich geschubst und gemeine Sachen gesagt«, antwortete Tolga.

»Habt ihr keine anderen Probleme?«, schimpfte Brandt.

»Der hat doch angefangen«, sagte nun ein anderer aus der Gruppe. Sie waren zu fünft, aber keiner von ihnen traute sich, ihrem Kumpel in Walters Schwitzkasten beizustehen. Der kräftige Imbissbudenbesitzer dachte augenscheinlich auch nicht daran, den Griff zu lockern.

»Wollt ihr mich verarschen? Ich habe Tolga immer im Auge gehabt. Er hat nur im Wasser geplanscht. Gleich setzt es was«, reagierte Walter gereizt.

»Muss er das denn vor unseren Augen machen? Der gehört doch gar nicht …«

»Einfach den Mund halten, sonst werde ich sehr ungemütlich«, unterbrach Brandt den Jugendlichen scharf. Sein Blick wanderte zu der mobilen Kühlbox im Sand, die Hälse von zwei Wodkaflaschen ragten daraus hervor. Zwei bereits leere Flaschen und Saftpackungen lagen daneben. »Wenn ihr euch nicht bei Tolga entschuldigt, nehmen wir euch alle mit aufs Revier.«

»Aufs Revier? Ihr seid ja wohl keine Bullen«, entgegnete der Jugendliche. Brandt zeigte seinen Ausweis, war sich aber schon im nächsten Moment nicht mehr so sicher, ob es eine gute Idee gewesen war, sich als Polizist auszugeben. Nun war es jedoch passiert.

»Noch ein dummer Spruch und ich breche deinem Freund den Arm. Entschuldigt euch sofort«, biss Walter zurück. Er atmete schnell und Brandt hatte Sorge, dass Walter ernst machen würde. Wenn es um Tolga ging, verstand er keinen Spaß. Er drückte mit seinem Arm noch etwas fester zu, der Jugendliche im Schwitzkasten röchelte.

»Es tut mir leid«, jammerte er schließlich. »Entschuldigt euch«, forderte er seine Freunde auf.

»Ist ja gut. Tut uns leid«, antwortete der andere Jugendliche und seine Kumpel folgten seinem Beispiel.

»Jetzt hört mir mal genau zu. Das hier ist ein öffentlicher Strand. Wer immer hier sein will, darf hier sein. Glaubt ihr, dass ihr cool seid, weil ihr hier sauft und euch aufspielt? Es ist einfach nur erbärmlich, wie ihr euch aufführt, und beim nächsten Mal, das verspreche ich euch, fangt ihr euch eine. Davon wird mich keiner abhalten.« Walter ließ den Jugendlichen los, richtete sich zu voller Größe auf und trat zum Rest der Gruppe. »Und euch vernasche ich als Vorspeise, ihr Feiglinge.«

»Lass uns gehen«, antwortete Aydin und nahm seinen Bruder an der Hand, dann ging er zurück zum Strandkorb. Brandt und Walter folgten ihm.

»Du hättest mich denen eine Tracht Prügel verpassen lassen sollen«, sagte Walter. Er war noch immer sehr aufgebracht.

»Und dann?«

»Dann würden sie es sich beim nächsten Mal überlegen, ob sie so einen Mist wiederholen. Aber jetzt? Jetzt lachen die doch nur.«

»Mag sein. Nur, was wären wir für ein Vorbild für Tolga, wenn wir Gewalt anwenden?«

»Ich werde nie verstehen, warum die Menschen so niederträchtig sein können. Nur weil Tolga sich nicht wehren kann, so auf ihm rumzuhacken, ist ...« Walter sprach seinen Gedanken nicht aus.

Brandt nickte nur, ihm wollte das auch nicht in den Kopf gehen. Aber so waren einige Menschen, sie fühlten sich nur gut, wenn sie andere beleidigen oder ihnen wehtun konnten, sie holten sich ihr Selbstwertgefühl aus lauter Vorurteilen. In seinem Job hatte Brandt sehr häufig mit genau diesen Leuten zu tun, dem Abschaum der Gesellschaft, denn nichts anderes waren diese Menschen für ihn.

»Es tut mir leid«, sagte Tolga, als sie den Strandkorb erreichten.

»Es muss dir nicht leidtun«, antwortete Walter und ging auf die Knie, um auf Augenhöhe mit Tolga zu sein.

»Doch, ich hätte ja woanders hingehen können.«

»Hör mal, Großer, du kannst spielen, wo du willst. Es war nicht deine Schuld. Diese Jungs sind einfach nur verwöhnte Dummköpfe.«

»Meinst du?«

»Na klar. Du hast dich super verhalten, du hast keinen Ärger gesucht. Diese Jungs waren total verzogen. Aber mein Schwitzkasten war nicht schlecht, oder?«

Tolga schmunzelte kurz, wurde jedoch sogleich wieder ernst. »Tat das dem Jungen denn nicht weh?«

Walters Augen wurden feucht. Brandt staunte jedes Mal darüber, wie weichherzig Walter bei Tolga war, dieses Raubein, das eigentlich nichts aus der Ruhe brachte oder zu Tränen rührte. Außer Tolga.

»Nein, ich habe doch nur so getan«, beschwichtigte Walter. »Ich musste ihm aber eine Lektion erteilen, damit er nicht wieder andere Jungs ärgert.«

»Also tat es ihm nicht weh? Jemandem wehtun ist nicht

cool.« Tolga lachte, er wirkte leicht verunsichert, aber das war seine Art. Brandt nahm an, dass er sich langsam wieder fasste.

»Nein, Großer. Das tat ihm nicht weh«, versicherte Walter erneut und wuschelte Tolga übers Haar.

Tolgas Einstellung verdiente Hochachtung, dass jemand so dachte, war nicht selbstverständlich. Selbst Brandt hatte für einen Moment gehofft, dass Walter dem Jugendlichen eine ordentliche Backpfeife verpassen würde. Nur Aydin wirkte seltsam ruhig, vermutlich belastete es ihn, dass sein Bruder nur wegen seines Downsyndroms geärgert wurde.

»Was hältst du davon, wenn wir heute bis spät in die Nacht Currywürste grillen?«

»Oh ja.« Tolga bekam große Augen. »So langsam bekomme ich auch wieder etwas Hunger.«

Walter lachte und gab Tolga die Hand zum Abschlagen. So leicht konnte man Tolga zufriedenstellen. Brandt war erleichtert und auch Aydins nachdenklicher Blick hellte sich auf.

Zufrieden ließ sich Brandt in den Strandkorb fallen. Nun würde der Tag doch noch ein so entspanntes Ende nehmen, wie er begonnen hatte.

Da klingelte sein Handy. Als er auf das Display schaute, erkannte er, dass das nur ein frommer Wunsch gewesen war. Bender, ihre Chefin im Kölner Polizeipräsidium, rief an.

3

Köln, 13. Juli

*W*enn dich das Leben fickt, dann so richtig!
»Noch ein Kölsch?«, fragte der Wirt.

Albert Schneider schreckte auf. »Natürlich, sonst wäre ja wohl noch mein Deckel drauf«, reagierte er gereizt.

Der Wirt brummte etwas vor sich hin, sagte aber nichts, sondern stellte ein frisch gefülltes Glas Kölsch auf den Tresen und nahm das leere Glas weg. Schneider gönnte sich einen großen Schluck. Und noch einen. Seine Laune wurde allerdings nicht besser. Den ganzen Tag über hatte er schon Kopfschmerzen.

Du trinkst zu viel!, gab er sich selbst die Erklärung. *Nein, du säufst, das ist kein Trinken mehr.*

Kein Tag verging, an dem er nicht betrunken war. Er wusste, dass das nicht klug war, aber er wollte auch nichts dagegen tun. Wenn andere zum Frühstück einen Kaffee oder Tee tranken, gönnte er sich ein Bier. Ohne Bier wurde er nicht munter. Besser gesagt: Ohne Kölsch, denn als Kölner trank er das bevorzugt.

Das leckere Weizengesöff hielt ihm viele Probleme vom Hals. Dass die meisten davon selbstverschuldet waren, wollte er sich nicht eingestehen. Es war mit ein Grund, warum er sich immer wieder mit seiner Frau in den Haaren gelegen hatte.

»Du säufst zu viel«, hatte sie immer gemeckert. »Du stinkst nur nach Alkohol.« »Du bist eine Schande.«

Aber was wusste seine Frau schon von dem Stress und dem Druck, dem er täglich ausgesetzt war? Gar nichts!

Sie hatte nicht das Geld nach Hause bringen müssen, trotzdem hatte sie teuer essen gehen oder sich eine Handtasche gönnen wollen, von einer dieser Nobelmarken, während er sich den Buckel krummgeschuftet hatte, um ihr jeden Wunsch von den Lippen abzulesen. Und wie hatte sie es ihm gedankt? Gar nicht!

Diese Erkenntnis stieß ihm jeden Tag aufs Neue bitter auf. »Immer nur meckern«, rutschte es ihm heraus.

»Ich meckere doch gar nicht«, erwiderte der Wirt. Sie waren die einzigen Personen an diesem Vormittag in der Kneipe, das Lokal hatte gerade erst geöffnet. Schneider wohnte um die Ecke, er kam jeden Tag her, manchmal gleich morgens, manchmal erst abends und blieb dann hin und wieder bis spät in die Nacht. Manchmal kam er aber auch nur für ein Kölsch.

»Dich meinte ich ja gar nicht, sondern meine liebe Gattin. Diese geldgeile Schlange.«

Wieder brummte der Wirt etwas, drehte sich um und schaute auf sein Handy.

»Letztlich sind doch alle Frauen so. Sie wollen dich nur, solange du ihnen ihr Leben finanzierst. Wenn es mal schlecht läuft, zeigen sie dir die kalte Schulter. Erst mal Sexentzug, damit bestrafen sie dich gerne.« Schneider lachte hämisch und leerte sein Glas. Bevor er etwas sagen konnte, stellte der Wirt ihm das nächste hin und nahm das leere mit.

»Meinst du nicht, dass es irgendwann mal genug ist?«

»Was meinst du?«

»Na, das mit deiner Frau. So langsam hab ich's kapiert. Du solltest nach vorne schauen.«

»Du musst mir ja nicht zuhören«, gab Schneider bissig zurück. Er konnte einfach nicht anders, er musste irgendwo seine Wut rauslassen, den Hass, den er seiner Frau gegenüber empfand. Er trank das Bier in einem Zug aus.

»Ich habe nie verstanden, warum man das Kölsch in so kleinen schmalen Gläsern serviert.«

»Na, damit wir euch öfter abkassieren können«, lachte der Wirt und ehe sich's Schneider versah, stand das nächste Glas vor ihm.

»Am Ende geht es halt immer nur ums Abzocken.« Schneider schüttelte den Kopf. Das Kölsch schmeckte plötzlich abgestanden. »Das Wievielte ist es?«

»Das siebte. Seit wann zählst du denn?«

»Arschloch«, wurde Schneider wütend. »Natürlich zähle ich. Das Geld fällt nicht vom Himmel.«

»Mensch, Albert, entspann dich. Wirst du wieder ungemütlich? Ehrlich gesagt, habe ich heute gar nicht mit dir gerechnet. Jedenfalls nicht so früh.«

»Warum?«

»Na ja, du warst gestern sternhagelvoll und das schon um 18 Uhr.«

»Na und? Man kann mir vorwerfen, was man will, aber ich stehe jeden Morgen um 8 Uhr auf, egal, wann ich ins Bett gegangen bin oder wie viel ich getrunken habe. Merk dir das.«

»Entspann dich.« Der Wirt hob abwehrend die Hände.

»Das ist wohl dein Lieblingsspruch. Wie soll ich mich in meiner Situation entspannen? Ich kann dir ja mal erzählen, was dieses Miststück jetzt will.«

»Albert, versteh mich nicht falsch. Ich weiß, du hast Differenzen mit deiner Frau, aber findest du nicht, dass man das vernünftig regeln sollte?«

»Vernünftig?« Schneider tat echauffiert und schüttelte den Kopf. »An mir liegt es nicht. Sie kommt immer mit neuen Scharmützeln, ich will nur meine Ruhe. Sie ist der Störenfried, aber damit ist sie bei mir an der falschen Adresse. Ich lasse mir das nicht gefallen. Nicht mehr jedenfalls. Der naive, gutmütige Albert, der immer die Geldbörse offen hat, ist Geschichte.«

»Ich hoffe für dich, dass das Ganze bald ein Ende hat. Auch wegen der Kleinen.«

»Halt meine Tochter da raus«, blaffte Schneider, in der Hinsicht verstand er keinen Spaß. Seine Tochter war das Beste, was er in seinem Leben zustande gebracht hatte. Er liebte sie über alles, doch leider erkannte sie das nicht. Daran trug ebenfalls seine Frau die Schuld, sie vergiftete den jungen Verstand seiner Tochter.

So sehr er auch versuchte, sich nicht aufzuregen, es gelang ihm nicht. Der Brief, den er die Tage erhalten hatte, hatte das Fass zum Überlaufen gebracht. Das Schreiben beschäftigte ihn noch immer.

»Mach mir den Deckel.«

»Ich denke, du solltest nach Hause gehen und dich etwas aufs Ohr legen.«

»Was ich tue, lass mal meine Sorge sein.«

Der Wirt brabbelte wieder etwas, was Schneider nicht verstand, dann bekam er die Rechnung. Er gab zwei Euro Trinkgeld und verließ die Kneipe.

In der Nähe der Kneipe lag ein Büdchen, bei dem er oft einkehrte, um kleine Besorgungen zu machen, so auch jetzt. Vor der Kasse griff er noch nach dem Express und bezahlte seinen Einkauf.

»Kannst du mir 'ne Tüte geben?«

»Klar«, antwortete der junge Mann und gab ihm eine Tüte kostenlos.

Schneider packte die Sachen ein und gerade, als er die Zeitung hineinstecken wollte, unterbrach er seine Bewegung. Eine Überschrift fiel ihm ins Auge:

Brutaler Mord an junger Mutter und ihrer sechsjährigen Tochter in Köln!

Schneider wurde kreidebleich und ließ vor Schreck die Tüte fallen.

4

Brandt war froh, dass sie das Wochenende an der Ostsee verbracht hatten, so hatten sie nicht die Leichen der beiden Opfer ihres aktuellen Falles sehen müssen. Dabei dachte er in erster Linie an Aydin, denn bei einer der Toten handelte es sich um ein Mädchen, und Aydin, der Feinfühligere von ihnen beiden, war selbst Vater einer kleinen Tochter.

Natürlich gehörte es zum Beruf eines Kriminalpolizisten, auch den Anblick von ermordeten Kindern auszuhalten, dennoch waren Polizisten nur Menschen. Mancher Beamte war härter im Nehmen als der andere und umgekehrt.

»Ich soll mich bei dir und Walter noch mal ganz lieb bedanken«, sagte Aydin und holte Brandt damit aus seinen Gedanken. Sie saßen in ihrem Büro und arbeiteten die E-Mails ab, die sich in ihrer Abwesenheit angesammelt hatten.

»Danke, danke. Es ist immer wieder schön mit Tolga. Ich hoffe, der Vorfall am Strand hat keine Spuren hinterlassen.«

»Nein, zum Glück ist Tolga nicht nachtragend und leicht abzulenken. Der hat das längst vergessen.«

Oder verdrängt, dachte Brandt, wollte diese Möglichkeit aber nicht ansprechen.

»Das ist gut so. Die Welt ist voller Holzköpfe. Dagegen ist kein Kraut gewachsen«, sagte er stattdessen.

»Leider. Ein Glück, dass Walter nicht alleine mit Tolga war.«

»Meinst du, er hätte die Jungs verprügelt?«

»Ganz sicher. Hast du nicht die Wut in seinen Augen gesehen?«

»Bei Tolga kennt er halt keinen Spaß. Du weißt, was für ein inniges Verhältnis die beiden haben.«

»Mag sein. Trotzdem möchte ich nicht, dass Tolga glaubt, Gewalt wäre eine Lösung.«

»Manchmal ist es nicht schlecht, jemanden die Faust spüren zu lassen. Dieses Auch-die-andere-Wange-Hinhalten funktioniert nicht immer.«

»Wie soll Tolga sich denn wehren? Wenn er sieht, dass er sich prügeln müsste, und auf die dumme Idee kommt, es tatsächlich zu tun, wird er doch nur noch mehr vermöbelt. Darum geht es mir. Er ist einfach zu schwach.«

»Das ist ein Argument«, nickte Brandt. Er verstand Aydin. Tolga war eher klein und zierlich, selbst gegen einen Vierzehnjährigen hätte er körperlich keine Chance, das war die bittere Realität. »Tolga soll lieber so bleiben, wie er ist. Das passt schon alles.«

Aydin nickte nur, aber Brandt kannte seinen Partner zu gut, um nicht zu wissen, dass er in Gedanken bei seinem Bruder war. Aydin fuhr sich mit der Hand über seinen Sechstagebart und schaute wieder auf den Monitor.

Brandt widmete sich ebenfalls seinen E-Mails, sie hatten fünfzehn Minuten bis zur Besprechung mit Bender und dem Team. Obwohl sie noch nicht begonnen hatten, in dem aktuellen Fall zu ermitteln, bereitete er Brandt bereits jetzt große Bauchschmerzen. Die Presse hatte den Fall ausführlich behandelt und er hatte die ersten Berichte der Kollegen gelesen. Ein Mord an einem Kind ging an keinem spurlos vorbei.

»Wir müssen los«, sagte Aydin. Brandt setzte die letzten Worte unter seine E-Mail und schickte sie ab.

»An mir soll es nicht liegen.«

Keine fünf Minuten später betraten sie den Besprechungsraum. Bis auf Bender und Schmoll waren alle anwesend.

»Ah, die Nordlichter sind auch wieder da. Wie war's?«,

fragte Alexander Rech, der Leiter der Spurensicherung. Er schien gut gelaunt.

»Sehr angenehm. Das Wetter hat uns in die Karten gespielt. Grüße von den Lübecker Kollegen Arndt und Elke.«

»Danke«, antwortete Rech. »Seid froh, dass ihr das nicht mitansehen musstet. Kein schöner Anblick.«

»Kann ich mir gut vorstellen. Allein die Fotos waren schon nicht angenehm.« Brandt spielte damit auf die Bilder an, die die Spurensicherung am Tatort gemacht hatte.

»Kaffee?«, fragte Aydin, der sich bereits hingesetzt hatte.

»Dazu sage ich nicht nein.« Instinktiv wanderte Brandts Blick zu Eugen Kramer, dem Fallanalytiker der Kölner Polizei. Normalerweise war er sich gerade in solchen Situationen nicht für einen dummen Spruch zu schade, aber diesmal reagierte er gar nicht erst. Er war mit seinem Handy beschäftigt.

Brandt nahm Platz und gönnte sich einen Schluck aus seinem Becher.

»Sind die Kekse von deiner Frau?«, erkundigte sich Brandt bei Rech, als er den Teller mit selbstgemachten Keksen auf dem Besprechungstisch entdeckte. Er griff sich einen, Aydin kaute bereits und angelte nach einem zweiten.

»Die sind echt lecker«, sagte Aydin.

»Ob ihr es glaubt oder nicht, die sind vom Kollegen Fischer.«

»Von Fischer?«

»Jep«, antwortete der. Lutz Fischer war der IT-Spezialist bei der Kölner Polizei. »Ich versuche mich neuerdings im Backen.«

»Das hätte ich dir gar nicht zugetraut«, gestand Brandt. »Die sind wirklich gut.«

»Wer weiß, welche Talente noch in ihm schlummern«, witzelte Rech.

»Ich kann euch das nur empfehlen, es entspannt ungemein.«

In diesem Moment öffnete sich die Tür, Bender und Schmoll traten ein und nahmen Platz. Kristina Bender, die Leiterin des K-11, wirkte alles andere als gut gelaunt, sie schaute angestrengt in die Runde. Der Grund für ihre Laune war mehr als offensichtlich.

»Guten Morgen«, begann sie. »Ich möchte nicht allzu viel Zeit verlieren, da heute jede Menge Termine anstehen, auf die ich gerne verzichten würde. Leider ist unser Polizeipräsident da anderer Meinung.« Sie gab einen knurrenden Laut von sich und legte ihre Stirn in Falten. »Das ist auch der Grund, warum ich die Besprechung für um zehn, statt um neun Uhr anberaumt habe. Schmoll und ich hatten ein Meeting mit dem Präsidium; die dort genau besprochenen Inhalte wird Maike euch nachher schicken. Nur so viel: Der Fall hat im Präsidium höchste Prio, der Innenminister persönlich wird über den Stand der Ermittlungen informiert. Ein ermordetes Mädchen ist weder für die Direktion noch für das Innenministerium gut. Die Presse sitzt denen im Nacken, und was das für uns bedeutet, könnt ihr euch ausmalen. Dennoch möchte ich keine Schnellschüsse. Wir werden bei diesem Fall mit der gewohnten Professionalität und Sorgfalt vorgehen wie bei jedem anderen Fall auch. Nur weil die Herren Schlipsträger den Medien schnell einen Täter präsentieren wollen, werden wir uns davon nicht anstecken lassen. Ich hoffe, das ist bei euch angekommen.« Bender hielt inne und ließ ihren Blick streng durch die Runde schweifen. Einige Kollegen nickten, andere regten sich nicht.

Brandt stimmte seiner Chefin in Gedanken zu. Auch er hatte noch nie viel von der Presse gehalten, jedenfalls nicht im Zuge seiner Ermittlungen. Journalisten standen ihm oft im Weg und behinderten im schlimmsten Fall seine Arbeit. Dessen ungeachtet war er ohnehin nie jemand gewesen, der sich durch die Medien, das Präsidium oder irgendeinen Politiker hätte verrückt machen lassen.

»Rech, möchtest du anfangen?«

»Gern. Vorgestern um 16:25 Uhr ging bei der Polizei ein Notruf ein. Der Lebensgefährte der Toten hatte die beiden Leichen entdeckt und sofort die 110 angerufen. Mein Team war kurz nach 17 Uhr vor Ort«, begann Rech. »Der Tatort liegt in Rodenkirchen, in der Leyboldstraße. Bei der Anschrift handelt es sich um ein Einfamilienhaus, in dem die Ermordete und ihre Tochter lebten. Der Lebensgefährte hat einen Schlüssel für das Haus, wohnt aber nicht fest dort.« Rech hielt kurz inne, griff nach seinem Kaffeebecher und gönnte sich einen Schluck. »Bisher haben wir keine Spuren gefunden, die darauf hindeuten, dass sich jemand unberechtigt Zutritt zu dem Haus verschafft hat, was aber nicht heißen soll, dass der Täter keine fremde Person war.«

»Was ist mit den Fenstern? Kann er über die hineingekommen sein?«, fragte Brandt. Dass die Haustür nicht gewaltsam geöffnet worden war, musste gar nichts heißen.

»Als wir das Haus betraten, waren einige Fenster auf Kipp, aber keines war offen. Es ist daher unwahrscheinlich, dass der Täter durch das Fenster kam, da das Haus über Einbruchschutz und Kameras verfügt.«

»Außer, er hat es nach dem Eindringen sofort wieder auf Kipp gestellt«, gab Kramer zu bedenken.

»Möglich, aber äußerst fraglich, denn dann hätten wir zumindest Schuhspuren entdeckt«, zeigte sich Rech wenig überzeugt.

»Verstehe, das stand nicht in deinem Bericht.«

»Richtig. Der Bericht war bisher nur vorläufig. Es wird noch etwas dauern, bis wir sämtliche Spuren ausgewertet haben.«

»Die Tatwaffe habt ihr auch nicht gefunden, oder?«, fragte Schmoll.

»Nein. Es ist davon auszugehen, dass sie sich im Besitz des Täters befand und dass er sie anschließend mitgenommen hat. Es handelt sich dabei um ein Messer, vermutlich ein Taschenmesser, mit einer schlanken Klinge. Dass das Messer aus dem Bestand der Küche stammt, können wir aller Wahrscheinlichkeit nach ausschließen. Aber auch das wieder ohne Gewähr. Die Untersuchungen dazu stehen noch aus.« Rechs Blick wanderte zu Kramer, der nur kurz lächelte, jedoch nichts sagte.

»Gab es Anzeichen für einen gewaltsamen Streit?«, fragte Brandt.

»Nein. Dennoch ist es möglich, dass es einen Streit gab und der Täter dann zugestochen hat. Es ist auf jeden Fall unwahrscheinlich, dass der Täter die Mutter überrascht hat.«

»Wie kommst du darauf?«, erkundigte sich Schmoll.

»Zum einen wegen der Tatzeit. Wir gehen davon aus, dass der Mord zwischen 22 und 2 Uhr nachts verübt wurde. Die Tochter hatte bereits ihre Schlafkleidung an, die Mutter noch nicht. Sollte sich der Täter unerlaubt Zutritt zur Wohnung verschafft haben, wäre das nach bisherigen Erkenntnissen nur über den Hauseingang möglich. Das hätte das Opfer gehört, zumal das Anwesen über eine Alarmanlage verfügt, und sie hätte sich vermutlich gewehrt oder versucht, ihre Tochter zu schützen. Alles deutet darauf hin, dass sich Opfer und Täter kannten. Sehr gut möglich, dass es zu einem Streit zwischen beiden kam.«

Brandt nickte in Gedanken. Das klang plausibel und insgeheim ärgerte er sich, dass er nicht am Tatort gewesen war, als die beiden Leichen noch dort lagen. Sie waren zwar am Sonntag zurückgefahren, hatten Köln jedoch dank Stau erst gegen 22 Uhr erreicht. Nachdem sie Walter bei sich zu Hause abgesetzt hatten, waren sie noch zum Tatort gefahren, um sich ein Bild davon zu machen, doch ohne Leichen war das nicht optimal, um einen Eindruck vom Tathergang zu gewinnen.

»Wie oft hat er zugestochen?«, fügte Schmoll eine weitere Frage hinzu.

»Er hat insgesamt elfmal auf den Oberkörper von Laura Schneider eingestochen. Sie ist diesen Verletzungen erlegen. Der Tod trat jedoch nicht sofort ein, sie hat sich am Boden liegend noch etwas bewegt.«

»Er? Es wäre doch auch denkbar, dass es eine Sie ist«, wandte Kramer ein.

»Mit *er* meinte ich den Täter«, reagierte Rech schnippisch. Er schien wenig geduldig zu sein, was Brandt sehr gut verstehen konnte, da dieses Kleinkarierte von Kramer ihn genauso nervte.

»Du sagtest, dass sie sich am Boden liegend noch bewegt habe. Wollte sie fliehen?«, fragte Aydin. In dem Vorbericht der Spurensicherung stand darüber nichts, da er sehr kurz gefasst war.

»Es war sicher wegen ihrer Tochter. Das Mädchen lag keine zwei Meter neben ihr ...« Rech unterbrach sich und schluckte, als hätte er einen Kloß im Hals. »Ihr wurde die Kehle durchschnitten.« Das sonst so fröhliche Gesicht des Leiters der Spurensicherung wurde plötzlich hart und finster. Da konnte man noch so lange bei der Polizei arbeiten, ein brutaler Mord an einem Kind ließ niemanden los. »Es ist davon auszugehen, dass die Tochter aufgrund des Streits aufgewacht und zu ihrer Mutter ins Wohnzimmer gelaufen ist. Vermutlich hat sie gesehen, wie der Täter die Mutter erstach, was ebenfalls dafür spricht, dass die Mutter vom Täter nicht überrascht wurde. Sie wird versucht haben, ihre Tochter zu warnen, als sie schwerverletzt am Boden lag, kurz davor, zu sterben. Sehr gut möglich, dass das Mädchen einen Schock erlitten hat und der Täter sie umbrachte aus Angst, dass sie ihn verraten könnte.«

»Mit Sicherheit«, platzte Brandt heraus. Nichts anderes ergab Sinn. Das Kind hatte sterben müssen, weil es mitansehen musste, wie seine Mutter brutal ermordet wurde. Die Wut, die sich in ihm anstaute, war in Worten nicht mehr auszudrücken. Es war einer der Momente, in denen er sich wünschte, dem Täter Mann gegen Mann gegenüberzustehen, um ihn dann auf die schlimmstmögliche Weise langsam und qualvoll zu töten. Doch das würde für immer ein Gedankenspiel bleiben. Er war nicht zur Polizei gegangen, um Selbstjustiz zu üben, sondern um für Gerechtigkeit zu sorgen, indem er die Verbrecher verhaftete und ins Gefängnis brachte, wo sie für andere Menschen keine Gefahr mehr darstellten.

Trotzdem, die Gedanken waren frei, dafür konnte man ihn nicht belangen, und in seinen Augen waren Täter, die sich an Kindern vergingen oder sie gar töteten, die schlimmsten, die es gab. Nein, nicht nur die Schlimmsten, sie waren der Abschaum der Gesellschaft, und er wusste, dass Aydin ähnlich dachte. Weder Bender noch seine Kollegen mussten ihn motivieren, alles für diesen Fall zu geben, und nichts würde ihn daran hindern, den Täter so lange zu jagen, bis dieser sich stellte oder im Einsatz erschossen wurde.

»Wurde etwas aus dem Haus entwendet?«, meldete sich Aydin zu Wort.

»Nach derzeitigem Stand nicht. Was gegen einen Einbruch spricht.«

»Lebte die Mutter alleine mit der Tochter im Haus?«, fragte Schmoll.

»Davon ist auszugehen. Der Freund hat dies jedenfalls bestätigt.«

»Ihr solltet unbedingt mit dem Freund sprechen«, sagte Bender und warf Brandt dabei einen kurzen Blick zu.

»Das ist geplant«, antwortete er.

»Rech, was hast du noch für uns?«

»Nicht viel. Wir müssen die Ergebnisse aus dem Labor und der Rechtsmedizin abwarten. Es wurden Fingerabdrücke und anderes genetisches Material sichergestellt, aber ob wir darunter auch Material vom Täter finden und vielleicht einen Treffer bei Afis oder anderen Datenbanken erzielen, bleibt abzuwarten. Vieles deutet auf einen Täter aus dem näheren Umfeld hin.«

»Eher unwahrscheinlich, dass Afis etwas ausspuckt«, entgegnete Schmoll. »Vor allem, wenn die Tat im Affekt geschah.«

In dem automatisierten Fingerabdruckidentifizierungssystem der Polizei, kurz *Afis*, waren die Fingerabdrücke all derer Personen verzeichnet, denen auf polizeilichem Wege bereits einmal Fingerabdrücke abgenommen worden waren, wobei es hier auch Unterschiede zwischen Ländern und Bund gab. Brandt gab Schmoll in ihrer Einschätzung daher recht, dennoch war es notwendig, alle möglichen Optionen in Erwägung zu ziehen und anzuzapfen. Man konnte nie wissen, ob der Täter nicht doch schon vorbestraft oder polizeilich aufgefallen war.

»Danke, Rech. Fischer, was hast du für uns?«, übernahm Bender die Gesprächsführung und gab Rech damit keine Gelegenheit, zu Schmolls Worten Stellung zu beziehen. Rech verzog keine Miene, er nahm sich einen Keks und steckte ihn in den Mund.

Fischer räusperte sich. »Ich habe auch noch nicht viel. Bei den Opfern handelt es sich, wie gesagt, um Laura Schneider, dreiunddreißig, und Alena Schneider, ihre sechsjährige Tochter. Laura war rege in den sozialen Netzwerken unterwegs. Wir haben ein Handy, einen Laptop sowie ein iPad sichergestellt. Ob wir darauf belastbares Material oder Hinweise auf den Täter finden werden, kann ich zurzeit nicht beurteilen, aber ich bin dran. Sobald etwas aufpoppt, informiere ich euch über die bekannten Kommunikationswege. Was wir noch herausgefunden haben, ist, dass sie in einem Trennungsjahr lebte, dies wäre nächsten Monat zu Ende gewesen.«

»Was hast du über den Ehemann in Erfahrung bringen können?«, fragte Schmoll.

»Nicht viel, aber auch da bin ich dran. Ich weiß nur, wo er wohnt und dass er selbstständig war, allerdings vor vier Jahren Insolvenz angemeldet hat.«

»Brandt und Aydin sollten ihm einen Besuch abstatten.«

»Machen wir«, antwortete Aydin.

»Fischer, finde bitte mehr über die Insolvenz heraus und auch, ob es irgendwelche weiteren belastbaren Informationen über den Ehemann gibt. Wir dürfen nichts unversucht lassen, egal wie groß der Aufwand und wie minimal die Chance sein mag, dass wir dadurch dem Täter näher kommen. Ich möchte, dass der Täter weiß, dass wir ihn jagen. Deswegen möchte ich auch, dass du die Tat über unsere Kommunikationswege öffentlich machst und den Hinweis rausgibst, dass man Informationen zur Tat direkt an dich weiterleiten soll.«

»Mach ich.« Fischer nickte.

Brandt war etwas überrascht, eigentlich war Bender, was die Öffentlichmachung von Informationen anbelangte, sehr vorsichtig und das häufig, um den Täter eben nicht zu warnen. Dennoch hielt er es für eine gute Idee, weil er nicht davon ausging, dass sie es hier mit einem Serientäter oder einem Psychopathen zu tun hatten, der weitere Frauen ermorden würde. Da konnte es nicht schaden, wenn der Täter wusste, dass die Polizei ihm auf den Fersen war, und man ihn so psychisch unter Druck setzte. Sollte er dadurch einen Fehler begehen, der half, ihn zu verhaften, hatten sie viel gewonnen.

Wenn er trotz der öffentlichen Brandmarkung und Fahndung allerdings einen kühlen Kopf behält und untertaucht ... Diesen Gedanken wollte Brandt lieber nicht weiterspinnen.

»Danke.« Bender presste kurz die Lippen zusammen, dann schaute sie zu dem Fallanalytiker. »Kramer, wie ist deine Einschätzung?«

»Meine erste Einschätzung deckt sich mit der bisherigen Annahme, dass es sich um eine vermutlich nicht beabsichtigte Tat handelt.«

»Und das Messer?«, warf Schmoll ein.

»Das ist die kritische Variable. Rech meinte, dass es sich um eine schmale Klinge handele, somit ein Taschenmesser, aller Wahrscheinlichkeit nach ein gängiges Modell, das man frei beziehen kann. Das würde wiederum meine These untermauern. Taschenmesser sind weit verbreitet und befinden sich im Besitz von Millionen Menschen. Gerade in den letzten Jahren hat sich dieser Trend verstärkt.« Kramers Blick war auf Schmoll gerichtet, doch etwas war heute anders als sonst. Der nicht besonders große, schmächtige Mann gab sich nicht so überheblich wie gewöhnlich, er zeigte nicht sein künstliches Lächeln und selbst sein theatralisches Gegen-die-Stuhllehne-Fallenlassen blieb aus.

»Also gehst du auch von einer Tat im Affekt, vermutlich aufgrund eines Streites, aus? Aber warum tötet er das Kind?«, fragte Aydin.

»Eine weitere kritische Variable. Das Kind zu töten, könnte ebenfalls im Affekt geschehen sein, aus der Panik heraus, dass es einen Zeugen gibt, der ausgeschaltet werden musste. Genauso gut könnte es Berechnung gewesen sein, er kann gewusst haben, dass er das Kind würde töten müssen, wenn er die Mutter tötet. In diesem Fall müssten wir von einer geplanten, rücksichtslosen, brutalen und beispiellosen Tat ausgehen. Ein solches Täterprofil spricht, berücksichtigt man die Historie der Kriminalistik, eher für einen männlichen als für einen weiblichen Täter. Gerade bei Frauen ist die Hemmschwelle, Kinder zu ermorden, enorm hoch, was nicht zuletzt mit Mutterinstinkten zu tun hat. Darüber hinaus sind Frauen nicht so verroht wie Männer.«

Brandt hatte Kramers Gedanken nichts entgegenzusetzen.

Der Fallanalytiker kniff die Augen leicht zusammen, dabei fuhr seine Hand zur rechten Schläfe und er massierte sie, als hätte er Kopfschmerzen. Es war nicht zu übersehen, die typische Kramer-Show blieb heute aus. Nur, warum?

Weil auch ihn der Mord an dem Kind nicht kaltlässt, nahm Brandt an.

»Gut, dann sind wir uns also alle einig, dass wir einen Täter aus dem näheren Umfeld des Opfers suchen. Ich möchte, dass ihr herausfindet, welche Personen dazu zählen. Genau auf diese Personen werden wir unsere Ermittlungen konzentrieren. Fischer, du sagtest, sie war rege in den sozialen Medien unterwegs, vielleicht spielt uns das in die Hände. Darüber hinaus möchte ich wissen, welche Nachrichten sie über WhatsApp, SMS oder sonst was geschrieben und empfangen hat. Wenn wir Glück haben, war sie mit ihrem Mörder verabredet.« Bender unterbrach sich, ihr Blick wanderte zu Brandt und Aydin. »Ihr sucht den Lebensgefährten auf und die Personen aus dem engsten Umfeld des Opfers. Fischer wird euch die Daten zur Verfügung stellen.«

»Das war auch so geplant«, antwortete Brandt. Er fühlte sich ein wenig belehrt, als wüsste er nicht, was er zu tun hätte. Den gereizten Tonfall Benders schob er allerdings dem Druck zu, unter dem sie stand.

»Dann ist ja gut.« Die Antwort war kühl und etwas trocken. »Wenn keiner mehr etwas hinzuzufügen hat, ist die Besprechung beendet. Alles Weitere über die bekannten Wege. Ich möchte über jeden Schritt und jeden neuen Hinweis unterrichtet werden.« Ihr Blick wanderte wieder zu Brandt, der diesmal nichts sagte, er verstand die Botschaft.

Keine zehn Minuten später befanden sich Brandt und Aydin auf dem Weg nach Ehrenfeld. Ihr Ziel war die Stammstraße, dort lebte der aktuelle Freund der Toten.

»Kramer war heute seltsam, oder?« Aydin durchbrach mit seiner Frage die Stille, die sich während der Fahrt eingeschlichen hatte.

»Ist mir auch aufgefallen. Die Kramer-Show fiel heute flach. Ob mich das gestört hat? Nein.«

»Ich vermute, dass ihn der Fall nicht kaltlässt. Kramer hat wohl doch etwas wie Moral und ein Gewissen.«

»Das kann bezweifelt werden, er ist ein Egoist durch und durch.«

»Sei nicht so hart zu ihm.«

»Und du kein Gutmensch. Bloß weil Kramer heute ein etwas normaleres Verhalten als sonst gezeigt hat, macht ihn das noch lange nicht zu einem guten Menschen.«

»Dass du immer so negativ eingestellt sein musst.«

»Bin ich gar nicht. Aber ich bin auch nicht so naiv wie du.«

»Da ist es wieder.«

»Was?«

»Na, dieses Bashen auf meine Kosten. Ich dachte, mit fünfzig würdest du wenigstens ein bisschen rücksichtsvoller werden. Mit dem Alter wird man doch weiser.« Aydin grinste breit und Brandt wusste, wie er Aydins Seitenhieb zu nehmen hatte. Dennoch schwang da ein Funken Kritik in der Stimme seines Partners mit.

»Das ist kein Bashen, das sind nur Fakten.«

»Dass man mit dem Alter ruhiger wird, trifft auf dich jedenfalls nicht zu.«

»Ich hoffe, dass das auch lange so bleibt. Nur weil man älter wird, heißt das nicht, dass man nicht mehr aktiv sein darf. Ich will dich mal mit fünfzig sehen. Vermutlich trägst du dann zwei Ranzen mit dir rum und bist nur noch am Jammern.«

»Ganz bestimmt nicht. Ich fange jetzt wieder mit dem Gym an.«

Brandt schaute kurz erstaunt zur Seite. »Das ist doch bloß wieder so ein Alibiding.«

»Nein. Vielleicht ist es dir entgangen, aber im Gegensatz zu dir bin ich glücklich verheiratet und habe eine Tochter. Leah ist jetzt bald vier und in einem Alter, wo der Papa sich mal eine Stunde für sich nehmen kann, um im Gym seinen stählernen Körper wieder zum Vorschein zu bringen.«

Brandt lachte.

»Was ist so lustig daran?«

»Ich sagte doch, du bist so ein Alibi- und Sommertrainierer, aber der Sommer ist fast vorbei. Wer seine Tochter als Vorwand nimmt, nicht regelmäßig zu trainieren, sollte lieber gar nicht trainieren.«

»Das ist kein Vorwand, das sind Fakten.«

»Nichts für ungut, mein Lieber, aber seit ich dich kenne, hast du noch nie einen Sixpack gehabt.«

»Mach dich ruhig lustig über mich, wir unterhalten uns in sechs Monaten, wenn du vor Neid erblassen wirst.« Aydin musste schmunzeln und schaute aus dem Fenster.

Brandt mochte die Neckereien mit seinem Partner, vor allem weil Aydin nicht ernstlich nachtragend war. Allerdings konnte er manchmal schon einschnappen, was glücklicherweise nie lange andauerte.

So im Gespräch verging die Fahrt wie im Flug und kurz darauf parkte Brandt das Dienstfahrzeug vor der Anschrift.

»Eine Galerie«, sagte Aydin, als beide aus dem Fahrzeug stiegen. »Davon hat Fischer in seiner E-Mail nichts erwähnt.«

»Vermutlich, weil er mit der Recherche noch nicht fertig war.« Sie traten an die Eingangstür, sie war verschlossen. »Ausgeflogen?«

Neben der Tür war eine Klingel angebracht, ohne Namen. Brandt drückte darauf, doch noch immer öffnete niemand.

»Hat Fischer eine Handynummer angegeben?«

»Leider nicht.«

»Wollen Sie zu Boris?«, sprach sie da ein junger Mann an, den Brandt auf Anfang zwanzig schätzte.

»Genau. Wissen Sie, wo wir Boris Marques finden?«

»Um die Zeit ist er oft im Literaturcafé die Straße runter. Was wollen Sie denn von ihm?«

»Wir sind von der Polizei ...«

»Von der Polizei?«, unterbrach der Mann Aydin, er wirkte plötzlich reserviert. Er kniff die Augen leicht zusammen und verschränkte die Arme.

»Er ist nur ein Zeuge, in einem Mordfall. Vielleicht haben Sie davon gehört.«

»Die Frau und ihr Kind?«

»Genau. Das Opfer war mit Herrn Marques befreundet.«

»Ich weiß.«

»Wie gut kennen Sie ihn?«, fragte nun Brandt. Vielleicht hatten sie mit dem jungen Mann einen Glücksgriff gelandet und er konnte ihnen etwas erzählen. Auch wenn Brandt noch weit davon entfernt war, Marques als Verdächtigen zu sehen, konnte es nicht schaden, weitere Informationen über ihn zu sammeln. Dass sie dem jungen Mann zu viel erzählt hatten, glaubte Brandt nicht, der Mord wurde schließlich längst in der Presse ausgeschlachtet und der junge Mann wusste bereits darüber.

»Nur so vom Sehen. Flüchtig, wie man seine Nachbarn halt kennt.«

»Sie wohnen auch hier?«

»Ja. Im Block nebenan.«

»Kannten Sie Laura Schneider?«, fragte Aydin.

»Auch nur flüchtig. Die war Boris ganz schön verfallen. Der weiß eben, wie man sich in Szene setzt.«

»Was meinen Sie damit?«, fragte Brandt.

»Na, nach dem Motto: ›Ich bin Künstler‹ und so. Frauen

stehen auf so einen Scheiß. Entweder man hat Kohle oder macht was mit Kunst.«

»War sie mit ihm zusammen, nur weil er Künstler war?«

»Klar, sie hatte doch genug Asche, also warum sonst?«

»Woher wissen Sie, dass sie vermögend war?«

»Das hat mir Boris erzählt. Er meinte, dass er eine sehr gute Partie gemacht hätte.«

Das klang schon einmal interessant, wobei Brandt noch nicht allzu viel in diese Aussage hineininterpretieren wollte. »Hat er Ihnen gegenüber erwähnt, dass er es nur auf ihr Geld abgesehen hat?«

»Nein, nein, Sie verstehen das falsch. Ich glaube, Boris bedeutet Geld nichts. Er hat doch ständig irgendwelche Mädels am Start. Er ist charmant und er weiß, was die Frauen hören wollen. Nur bei Laura war es diesmal anders. Ich glaube, er mochte sie wirklich, und dass sie Asche hat, ist ja nicht von Nachteil.«

»Also hat er sie nicht ausgenutzt?«, hakte Aydin nach.

»Ich glaube nicht. Warum sollte er? Der Junge ist Künstler, der hat echt Talent. Ich glaube nur, dass er keine Ahnung hat, wie er seine Kunst zu Geld machen kann. Mit Auktionatoren oder Museen will er nicht zusammenarbeiten, er stellt bloß hier seine Werke aus. Aber mal ehrlich, wer soll hier auf ihn aufmerksam werden? Ich sage immer, man muss groß denken, um groß zu werden. Boris denkt nicht groß.«

»Wann haben Sie Herrn Marques zuletzt gesehen?«, wollte Brandt wissen. Er hatte genug gehört und ging nicht davon aus, dass der junge Mann ihnen mehr Informationen geben könnte, die bei den Ermittlungen helfen würden.

»Ist schon ein paar Tage her. Ich war bei meinen Eltern in Stuttgart, bin erst gestern zurück. Warum?«

»Nur so«, antwortete Brandt. »Sie sagten, das Literaturcafé wäre da die Straße runter?« Brandt zeigte nach links.

»Genau.«

»Danke.« Brandt und Aydin verabschiedeten sich und gingen Richtung Café.

»Glaubst du, Marques ist ein Künstlername?«, fragte Aydin.

»Ich denke nicht, das hätte Fischer erwähnt.«

»Als Künstler liegen einem also die Frauen zu Füßen, auch wenn man erfolglos ist.« Aydin machte Schnalzgeräusche mit der Zunge.

»Verstehe einer die Frauen«, gab Brandt seinem Partner recht. Marques hatte auf jeden Fall sein Interesse geweckt, denn plötzlich ließ ihn ein Gedanke nicht mehr los: Was, wenn Marques abgebrannt war und es aufs Geld von Laura Schneider abgesehen hatte? Fischer musste unbedingt mehr über ihn herausfinden.

Inzwischen hatten sie das Café erreicht, auf der Terrasse saßen einige Leute. Da Fischer seiner E-Mail ein Foto vom Instagramprofil des Künstlers beigefügt hatte, wussten sie, wie er aussah.

»Das ist er doch«, sagte Aydin, Brandt nickte.

Sein Handy klingelte. »Ich komm' gleich nach, ist Fischer.«

Aydin ging auf Marques zu, während Brandt das Gespräch annahm. »Hallo, Fischer, was gibt es?«, sagte er.

»Ich habe noch ein paar Infos über die Insolvenz von Albert Schneider herausgefunden. Soll ich sie euch schicken?«

»Super, mach das. Den wollten wir heute auch aufsuchen«, antwortete Brandt, dabei wanderte sein Blick wieder zu Aydin und er wollte seinen Augen nicht trauen. Kaum hatte sein Partner Marques erreicht, sprang dieser von seinem Platz auf und lief weg.

»Ich muss Schluss machen«, sagte Brandt hastig, beendete das Gespräch und lief Marques nach. Warum floh der Zeuge? Oder war er etwa mehr als ein Zeuge? Ein Verdächtiger?

5

Albert Schneider ging es furchtbar schlecht. Seit er den Artikel im Express gelesen hatte, kreisten seine Gedanken nur um seine Frau und seine Tochter. Seit er wieder zu Hause war, hatte er noch keinen Tropfen Alkohol angerührt, was für ihn sehr ungewöhnlich war. Er konnte das Zeug gerade einfach nicht mehr sehen, allein der Gedanke an den Geruch von Bier stieß ihm übel auf.

Trauerte er denn? Tat es ihm leid, dass seine Frau tot war?

Er wusste keine Antwort darauf. Vermutlich nicht. Was ihn allerdings vollends aus der Bahn warf, war der Tod seiner Tochter. Sie hatte ihm alles bedeutet, sie war das Einzige, von dem er glaubte, dass er es in seinem Leben gut gemacht hatte.

Alena war ein lebenslustiger Mensch gewesen, sie hatte die Dinge immer positiv gesehen, sie hatte noch Träume gehabt – wie er. Sie war kein Pessimist und Miesepeter wie seine Frau. Alena kam ganz klar mehr nach ihm als nach ihr.

»Es ist ihre Schuld«, zischte er und seine Augen füllten sich mit Tränen. »Ich wollte, dass meine Tochter bei mir lebt, aber sie hat sie mir weggenommen.« Wut stieg in ihm auf und der Gedanke, dass Alena noch leben könnte, wenn seine bösartige Exfrau nicht so egoistisch gewesen wäre, ließ sein Inneres gefährlich brodeln. Auf dem Papier war sie streng genommen sogar seine Ehefrau, sie befanden sich im Trennungsjahr.

Sein Blick wanderte zum Couchtisch, auf dem der Brief lag er. Er kannte den Inhalt, er hatte ihn maßlos wütend gemacht, ihm aber auch bewiesen, wie hilflos und machtlos er war. Als Vater zählte man in Deutschland nichts, so jedenfalls empfand er es. Eine große Ungerechtigkeit.

»Hätte nicht einfach nur diese Schlampe sterben können? Dann wäre meine Tochter wenigstens bei mir und meine Probleme hätten sich in Luft aufgelöst.«

Er hörte, wie die Wohnungstür geöffnet wurde, doch er stand nicht auf. Er blieb auf der Couch sitzen und starrte ins Leere.

»Hallo, Schatz«, hörte er eine Frauenstimme. Sie klang gut gelaunt. »Was ist denn los?« Sie stand jetzt vor ihm, während er weiterhin auf der Couch saß. »Hast du wieder gesoffen?« Der Vorwurf kam, bevor er überhaupt etwas hatte sagen können. Aber so waren die Frauen, gleich mit der Keule ausholen, statt ihm Zeit für eine Antwort, Zeit zum Atmen zu geben.

In dieser Hinsicht unterschied sich Dunja Rost keineswegs von Laura, und da wunderte sie sich, wenn er ab und an wie ein richtiger Mann reagierte.

»Nein, habe ich nicht. Ich bin absolut nüchtern. Das überrascht dich jetzt, was?«, log er.

»Was ist los mit dir?« Ihr Blick wanderte zur Zeitung, die auf dem Tisch lag.

»Laura ist tot.«

Dunja Rosts gute Laune wich einer besorgten Miene. Ob sie tatsächlich betroffen war oder ob sie es nur spielte, konnte Schneider nicht einschätzen. »Das tut mir leid«, sagte sie, dann schlug sie die Hand vor den Mund und ihr Blick wanderte zu der Zeitung, als würde ihr etwas dämmern. »Sag bitte nicht, dass …« Sie wagte ihren Gedanken nicht auszusprechen.

»Meine Tochter wurde ermordet.«

»Das tut mir so leid, Schatz, ich weiß gar nicht …« Sie konnte nicht weiterreden, sie fing an zu weinen und setzte sich neben Schneider, umarmte ihren Freund. Er ließ sie gewähren, doch er empfand keine Wärme, keine Geborgenheit oder was man im Normalfall empfinden sollte, wenn die Liebste einen in den Arm nahm. Er fühlte nur Leere.

Plötzlich wurde ihm das alles zu viel und er stand auf. Dunja schaute ihm schweigend nach. Schneider flüchtete ins Bad.

Dort wusch er sich das Gesicht. Er sah elend aus, wie er bei einem Blick in den Spiegel feststellen musste, wie ein sehr kranker Mann. Blasse Haut, eingefallenes Gesicht, mager, einfach nur eklig.

»Schatz, wenn ich irgendetwas tun kann, sag es mir bitte. Ich bin für dich da. Gemeinsam schaffen wir das.« Dunja betrat das Badezimmer.

»Ich möchte gerne allein sein«, entgegnete er.

»Ich glaube, das wäre jetzt gerade nicht gut.«

»Doch«, wurde er lauter als beabsichtigt. »Geh.« Wut stieg in ihm auf.

Dunja sagte nichts und verließ das Badezimmer. Dann hörte er, wie die Wohnungstür ins Schloss fiel. Der Drache war weg und ihm war, als könnte er endlich wieder frei atmen.

Er zog seine Sachen aus und stieg in die Dusche. Das Wasser war eiskalt, doch obwohl er jemand war, der gerne warm duschte, störte ihn das in diesem Moment überhaupt nicht. Die Kälte gab ihm das Gefühl, lebendig zu sein.

Wenig später stieg er aus der Dusche, verließ das Badezimmer, ohne sich abzutrocknen, und betrat den Balkon, den man vom Schlafzimmer aus erreichte. Da er im obersten Stock wohnte und der Balkon sichtgeschützt war, musste er nicht befürchten, dass ihn jemand nackt sähe, wobei ihm das gerade völlig egal war.

Er nahm auf einer der beiden Liegen Platz und überlegte, was er jetzt tun sollte. Dass seine Tochter tot war, war unerträglich, dennoch musste das Leben weitergehen, daran bestand kein Zweifel. Er war schon immer ein Realist gewesen, auch wenn seine Frau ihm oft vorgeworfen hatte, ein Träumer zu sein und die Realität komplett aus den Augen verloren zu haben, das stimmte nicht. Er war jemand, der gerne plante und vorher wissen wollte, worauf er sich einließ.

»Sie werden kommen«, sagte er vor sich hin. Gemeint war damit die Polizei. Immerhin war er der Ehemann, da war es völlig normal, dass die Kripo ihn aufsuchen und in ihre Ermittlungen einbeziehen würde.

»Sollen sie doch kommen, ich habe ein Alibi«, beruhigte er sich. Wegen der Polizei machte er sich keine Sorgen. Egal wie sehr sie in seiner Vergangenheit schnüffeln und möglicherweise unliebsame Dinge über ihn in Erfahrung bringen würden, es würde nicht ausreichen, um ihn zu verdächtigen. Er würde schon dafür sorgen, dass sie kein übles Spiel mit ihm trieben.

»Ich habe ein Alibi und ich werde es euch nicht leicht machen, mich unnötig zu verdächtigen. Am besten, ich rufe nachher meinen Anwalt an.«

So in Gedanken schlief er ein.

»Schatz, Schatz«, hörte er eine leise Stimme und bemerkte, wie er an der Schulter sanft berührt wurde. Er schlug die Augen auf und sah, dass es Dunja war. »Ich wollte dich nicht wecken«, fügte sie hinzu.

»Alles gut«, antwortete er. »Verzeih, dass ich vorhin so ruppig war.« Er sagte das nicht ohne Hintergedanken.

»Ist schon okay, ich verstehe dich ja. Es tut mir so leid. Du solltest dich jetzt aber anziehen. Soll ich uns was zu essen machen?«

Albert stand auf und folgte ihr ins Wohnzimmer.

»Du solltest wenigstens deine Unterwäsche anziehen«, sagte sie. »Die liegt bestimmt im Bad.« Bevor er etwas sagen konnte, war sie auch schon dort, nur um kurz darauf

mit ein paar Kleidungsstücken in der Hand zurückzukom-
men. »Hast du geblutet?«, fragte sie.

»Ich? Nein, warum?«

»Weil auf deinem Hemd Blutflecken sind.«

6

»Wieso sind Sie weggelaufen?«, fragte Brandt. Sie standen mittlerweile in der Galerie von Boris Marques. Brandt hatte den Künstler durch Rufen zum Stehenbleiben bewegen können, sodass eine Verfolgungsjagd durch Ehrenfeld nicht nötig gewesen war.

»Das tut mir echt leid, ich wusste nicht, dass Ihr Kollege von der Polizei ist.« Marques' Blick wanderte zu Aydin. Er war etwas größer als Brandt und hatte seine langen dunklen Haare zu einem Zopf gebunden. »Bitte verstehen Sie das jetzt nicht falsch, aber ich habe gerade Ärger mit ein paar Türken.«

»Was für Ärger haben Sie denn mit denen?«, hakte Brandt nach.

»Na ja, eher eine Meinungsverschiedenheit«, korrigierte sich Marques.

»Und was für eine?« Brandt ließ nicht locker, er glaubte, seine Flucht hatte andere Ursachen.

»Nichts Dramatisches.«

»Es war trotzdem Grund genug für Sie, das Weite zu suchen.«

»Das tut mir auch echt leid. Sie sind aber bestimmt nicht wegen meiner privaten Scharmützel mit einem Türken hier, sondern wegen Laura.« Die Stimme von Marques gewann an Schärfe. Es war ihm anzusehen, dass er mit Druck nicht umgehen konnte und eine kurze Zündschnur hatte. Dafür, dass seine Freundin gerade erst brutal ermordet worden war, wirkte er sehr gefasst. Von Trauer um seine Lebensgefährtin war nichts zu erkennen.

»In Ihrem eigenen Interesse würde ich Ihnen raten, uns

den wahren Grund für Ihre panikartige Reaktion zu verraten, wir werden es ohnehin erfahren«, reagierte Brandt trocken und bestimmt. So einfach wollte er Marques nicht davonkommen lassen.

»Na gut, wenn Sie es unbedingt wissen wollen. Es ist wirklich nur eine Meinungsverschiedenheit mit einem Kunden. Er hat ein Gemälde gekauft, und angeblich war es beschädigt, als es geliefert wurde. Nun will er seine Kohle zurück, aber ich bin doch kein Kaufhaus.«

»Wir werden das überprüfen.«

»Tun Sie sich keinen Zwang an. Ich lüge nicht.« Marques fuhr sich mit der rechten Hand über die Haare, als würde er versuchen, sie zu bändigen, dabei gab es da nichts zu bändigen. Seine Frisur sah perfekt gepflegt aus, kein Härchen verließ die Reihe. Überhaupt wirkte der Künstler wie jemand, der sehr auf sich acht zu geben schien. Wenn Brandt sich nicht irrte, hatte er sich sogar am unteren Wimpernkranz mit einem Kajalstift eine feine Linie gezogen. »Sollten Sie Ihre Energie nicht lieber für die Suche nach dem Mörder meiner Freundin verwenden?«

»Überlassen Sie bitte uns, wie wir unsere Energie einsetzen«, wies Brandt ihn zurecht. Der Ton von Marques hatte etwas Belehrendes, was Brandt missfiel. »In welchem Verhältnis standen Sie zu Laura Schneider?«

»Sie war meine Freundin. Ganz ehrlich. Haben Sie nicht mit Ihren Kollegen gesprochen?«

»Laut unseren Unterlagen standen Sie bei der ersten Befragung zu sehr unter Schock, um die Fragen der Kollegen zu beantworten. Sie haben lediglich mitgeteilt, dass Sie der Lebensgefährte seien«, antwortete Aydin. So war es jedenfalls in dem Bericht, den Rech verfasst hatte, nachzulesen.

»Ist das denn verwunderlich? Ich sehe nicht jeden Tag eine Leiche. Erst recht nicht, wenn es die eigene Freundin ist. Diese Bilder werde ich nie wieder aus meinem Kopf kriegen. Wer kann so skrupellos sein? Und dann auch noch das arme Mädchen.« Marques presste die Lippen zusammen, er wirkte jetzt wirklich betroffen, aber ob er es auch so meinte oder nur gut schauspielerte, konnte Brandt nicht einschätzen.

»Wie lange waren Sie ein Paar?«, fragte Brandt.

»Knapp fünf Monate. Sie war ja noch verheiratet. Aber die Zeit war unglaublich intensiv. Ich hätte mir sehr viel mehr mit ihr vorstellen können. Eigene Kinder und so. Zu Alena hatte ich ein Superverhältnis, da ist der Vaterwunsch plötzlich in mir wachgeworden.« Marques rieb mit zwei Fingern seine Nasenwurzel, als hätte er eine Brille getragen. »Wir hatten große Pläne, aber jetzt? Jetzt liegt alles in Trümmern.«

»Können Sie von Ihrer Kunst leben?«, wollte Brandt wissen. Der unvermittelte Themenwechsel war reine Taktik, er wollte sehen, wie Marques darauf reagierte.

Es funktionierte. Marques wirkte erschrocken, er starrte Brandt regelrecht an, doch dann sammelte er sich und lächelte, als hoffte er, seine Reaktion damit überspielen zu können.

»Es reicht aus, glauben Sie mir. Ich habe mir inzwischen weit über Köln hinaus einen guten Ruf erarbeitet – was Sie als nicht kunstaffine Menschen nicht wissen können.« Seine Augen funkelten. »Ich habe noch nie eine Frau wegen ihres Geldes gedatet, wenn Sie mir das unterstellen wollen.«

»Wir unterstellen Ihnen gar nichts. Wir stellen nur Fragen, die ...«

»Dann stellen Sie verdammt noch mal vernünftige Fragen. Was hat mein Geld mit dem Mord an meiner Freundin zu tun? Während Sie Ihre Zeit verplempern, läuft ein Wahnsinniger frei herum«, fiel Marques Aydin ins Wort. Speicheltröpfchen flogen ihm beim Sprechen aus dem Mund.

»Beruhigen Sie sich bitte und beantworten Sie nur unsere Fragen«, übernahm Brandt wieder. »Es sei denn, Sie möchten, dass wir die Unterhaltung im Präsidium fortführen.«

»Beruhigen?« Marques fuhr sich mit beiden Händen über die Haare. »Wie soll ich mich beruhigen, wenn meine Freundin und ihre Tochter brutal ermordet wurden und ich ihre Leichen gesehen habe? All das viele Blut! Wie soll ich das je aus meinem Kopf bekommen? Vielleicht wird es mir gelingen, wenn ich es in meiner Kunst verarbeite. Aber ihr Tod ist doch nicht meine Schuld. Statt sich auf Fragen zu konzentrieren, die wirklich etwas mit dem Mord zu tun haben, stellen Sie mir hier irgendeinen Bullshit an Fragen.« Marques' Augen waren weit aufgerissen und er feuerte seine Worte in einer solchen Geschwindigkeit ab, dass Brandt keine Möglichkeit fand, ihn zu bremsen.

»Wir möchten Sie nicht ärgern, das müssen Sie uns bitte glauben«, versuchte Aydin nun, auf verständnisvolle Art zu dem Künstler durchzudringen.

»Es sieht nicht danach aus. Ihr Kollege ist ganz schön bissig, das passt so gar nicht zu seinem schönen, arischen Gesicht.«

Brandt schwieg, er wollte sich nicht provozieren lassen. Natürlich unterschied sich sein Aussehen klar von Aydins südländischem Erscheinungsbild. Brandt hatte kurzes blondes Haar und blaue Augen. Sein markantes nordisches Gesicht hatte er seiner Mutter zu verdanken, sie war Norwegerin.

»Herr Marques, wir möchten einfach mehr über Frau Schneiders persönliches Umfeld erfahren. Sie war ja noch verheiratet ...«

»Sie war im Trennungsjahr«, unterbrach Marques Aydin ein weiteres Mal.

»Wie war denn das Verhältnis zwischen ihr und ihrem Ehemann?«, fragte Aydin weiter, ohne sich anmerken zu lassen, dass es ihn mit Sicherheit nervte, dass Marques ihm so oft ins Wort fiel.

»Verhältnis?« Der Künstler schüttelte den Kopf, es war nicht zu übersehen, dass er von dem Gedanken an den Ehemann angewidert war. »Ich frage mich, wie sie es so lange mit Albert ausgehalten hat.«

»Warum?«, fragte nun Brandt.

»Weil er ein Ekelpaket ist, das volle Programm. Ein egoistisches Arschloch und ein Soziopath.«

»Wie kommen Sie auf solche Anschuldigungen?«

Marques lachte verächtlich. »Sie haben wohl noch nicht das Vergnügen mit ihm gehabt. Der Mann ist durch und durch gewalttätig. Laura hat mir nicht alles erzählt, weil sie sich damit schwergetan hat. Vielleicht geschah es auch aus Vorsicht, wegen des Trennungsjahrs, aber glauben Sie mir, der ist ein Psycho und er hat sie nicht nur einmal geschlagen. Dem traue ich ohne Weiteres zu, dass er sie ermordet hat.«

»Auch seine eigene Tochter?« Aydin wirkte nicht überzeugt.

»Warum nicht? Psychopathen sind zu allem fähig. Den sollten Sie unbedingt auf Ihre Short-List setzen.«

»Short-List?«

»Na, auf die Liste mit den Topverdächtigen. Keine Ahnung, wie ihr das nennt.« Marques starrte sie aus geweiteten Augen an, dabei fiel Brandt auf, dass seine Pupillen recht groß erschienen. Ob das bei ihm natürlich war oder ob er Rauschmittel genommen hatte, konnte und wollte Brandt in diesem Moment nicht beurteilen.

»Überlassen Sie es bitte uns, wen wir auf welche Liste setzen. Hat Ihnen Frau Schneider von einem Streit mit dem Ehemann erzählt? Einem Streit in den letzten Wochen?«

»Die haben sich doch andauernd gefetzt. In den letzten Wochen war es besonders schlimm, weil Laura das alleinige Sorgerecht für Alena juristisch durchgesetzt hat. Der Bescheid ist vor einigen Tagen gekommen. Albert ist ausgerastet, aber ich stand Laura zur Seite.«

»Hat er sie deswegen aufgesucht?«

»Nein, er hat sie angerufen. Aber ich war dabei. Sie wollen nicht wissen, was für Worte er benutzt hat.«

»Hat er sie bedroht?«

Marques antwortete nicht sofort, aber etwas geschah mit seiner Mimik. Dann lächelte er kurz, seine Augen funkelten und sein Blick wurde sehr ernst. »Das hat er. Er würde sie töten, wenn sie das nicht rückgängig machen würde.«

»Und wie hat Frau Schneider darauf reagiert?«

»Ich war ja bei ihr. Ich habe das Gespräch an mich gerissen und das gemacht, was man in so einer Situation tut: meinen Mann gestanden.«

»Das heißt?«

»Ich habe ihm gesagt, wenn er Ärger will, soll er sich jemanden suchen, der ihm körperlich gewachsen ist«, antwortete Marques. »Ist doch nicht schwer zu verstehen.« Seine Stimme wirkte gereizt.

»Ist er darauf eingegangen?«

»Natürlich nicht, er hat aufgelegt, der Feigling. Aber bei so viel Wut, wie der im Bauch hatte, war es abzusehen, dass da noch was kommen würde. Ich hätte es wissen müssen. Wäre ich doch bloß bei ihr geblieben, dann könnten sie und die Kleine noch leben.« Marques atmete hörbar ein und aus.

So wie er den Ehemann schilderte, sprach vieles dafür, dass dieser ein Hauptverdächtiger sein könnte, aber Brandt war mit voreiligen Bewertungen von Natur aus vorsichtig. Immerhin war es denkbar, dass Marques log, weil er seinen Nebenbuhler in Misskredit bringen wollte.

»Gab es noch andere Personen, mit denen Laura Schneider Probleme oder Ärger hatte?«

»Nein, nicht dass ich wüsste. Sie war sehr umgänglich, keine, die Ärger gesucht oder provoziert hat. Es kann nur Albert gewesen sein, dieser Psycho. Wenn ich den finde, dann ...«

»Was dann?«, unterbrach Brandt ihn scharf. »Kommen Sie nicht auf dumme Gedanken. Es ist die Aufgabe der Polizei, den Täter zu finden und zu verhaften, nicht Ihre.«

»Die Gedanken sind frei«, antwortete Marques mit einem süffisanten Lächeln. Brandt nahm an, dass er nur bluffte, sich aufspielen wollte und womöglich hoffte, damit von sich abzulenken. Aber um auf Taschenspielertricks hereinzufallen, hatte Brandt zu viel Erfahrung.

»Wissen Sie, wann Albert Schneider seine Frau das letzte Mal persönlich getroffen hat?«, erkundigte sich Aydin.

»Keine Ahnung, vermutlich zur Tatzeit.«

»Herr Marques, ich bitte Sie kein zweites Mal, Ihre nebulösen Verdächtigungen zu unterlassen. Herr Schneider ist wie Sie derzeit ein wichtiger Zeuge in unseren Ermittlungen, nicht mehr und nicht weniger. Beantworten Sie nur die Frage meines Kollegen.« Brandt würde wohl langsam eine etwas härtere Gangart fahren müssen. Marques schien nicht von dem Trip abkommen zu wollen, Schneider die brutalen Morde in die Schuhe zu schieben.

»Entspannen Sie sich«, beschwichtigte Marques. »Sie sollten sich mal ab und zu einen Joint gönnen. Ich zähle nur eins und eins zusammen. Wer sonst sollte ein Interesse daran haben, Laura zu ermorden?«

»Wissen Sie, ob Herr Schneider und seine Frau sich in den letzten Tagen oder Wochen persönlich getroffen haben?«, fragte Brandt und ignorierte Marques' Anspielungen.

»Wenn, dann hat sie es mir nicht erzählt. Er durfte sich ihr auch gar nicht nähern. Ob ihn das aber daran gehindert hat, weiß ich nicht.«

»Hatte sie eine einstweilige Verfügung gegen ihn erwirkt?«

»Genau. Glaube, der musste sich hundert Meter von ihr fernhalten.«

Brandt würde diese Angabe überprüfen, obwohl er nicht glaubte, dass Marques log, es gab schließlich keinen Grund dafür. Auf jeden Fall spielte es Marques in die Hände, denn es zeigte, dass es zwischen den Eheleuten einen tiefen Riss gab, der womöglich so tief war, dass der Ehemann rotgesehen und seine Frau und Tochter ermordet hatte. Aber war der Fall wirklich so einfach aufzuklären? Brandt wollte sich keine falschen Hoffnungen machen, sie standen noch am Beginn ihrer Ermittlungen.

»Waren Sie finanziell unabhängig von Laura Schneider?«, fragte Brandt. Er hatte genug über den Ehemann gehört und wollte nun Marques selbst wieder in die Mangel nehmen.

»Was für eine Frage. Natürlich.« Marques wirkte überrascht.

»Hat sie Kunst von Ihnen gekauft?«

»Warum?«

»Beantworten Sie nur meine Frage.«

»Kann schon sein, na und?« Marques' Stimme bekam einen genervten Beiklang, er wurde laut. »Das heißt allerdings nicht, dass sie mir damit finanziell unter die Arme greifen wollte, sondern dass sie ein Auge für gute Kunst hatte.«

»Wie hoch war der Gegenwert in Euro?«

»Woher soll ich das wissen. Nicht viel. Mir gefallen Ihre Frage und Ihr Unterton nicht.«

»Sie wissen nicht, für wie viel Euro Frau Schneider Kunst bei Ihnen erworben hat?«

»Nein, tue ich nicht. Es war auch nicht von Bedeutung. Sie hat nur zwei Gemälde gekauft.«

»Sie werden doch sicherlich Buch darüber führen?«

»Muss ich darauf antworten?«

»Das sollten Sie, außer Sie wollen, dass wir einen Verdacht auf Steuerhinterziehung melden.«

»Sie spinnen doch«, fluchte Marques. »Ich habe die Zahlen nicht im Kopf, aber meine Buchhalterin kann es Ihnen raussuchen, wenn Sie es denn unbedingt wissen müssen.« Er schüttelte den Kopf. »Sie ermitteln in die völlig falsche Richtung.«

»Bitte lassen Sie uns die Zahlen bis übermorgen zukommen.« Aydin reichte Marques seine Visitenkarte, die dieser mit einem brummenden Laut entgegennahm.

»Ich habe es bestimmt nicht nötig, mich aushalten zu lassen. Mein Name ist bekannt in der Künstlerszene. Was glauben Sie, wie ich Laura kennengelernt habe?«

»Auf einer Vernissage?«, antwortete Aydin. Brandt ärgerte sich ein wenig, dass Aydin darauf einging.

»Genau. Ich bin ihr aufgefallen, nicht umgekehrt, und ich habe mich nicht in sie verliebt, weil sie Geld hat. Ich weiß nicht einmal, ob sie überhaupt vermögend ist. Dass sie in einer schicken Villa wohnt, muss ja nichts heißen. Vermutlich gehört die eh dem kranken Psychopathen.«

Bevor Brandt etwas erwidern konnte, betrat eine Person den Raum.

»Sie entschuldigen mich kurz«, sagte Marques und trat zu dem Besucher. Sie sprachen ein paar Sätze und traten aus der Galerie, um sich draußen weiter zu unterhalten.

»Komischer Vogel«, konnte sich Brandt einen Kommentar nicht verkneifen. Sein Blick wanderte nach draußen, wo Marques mit der Person eine hitzige Diskussion zu führen schien.

»Künstler, was sonst«, antwortete Aydin. »Was die wohl zu besprechen haben?«

»Jedenfalls nichts Erfreuliches.« Der Mann, mit dem Marques diskutierte, wirkte genervt, doch schlussendlich reichte er Marques die Hand und ging, während der Maler wieder eintrat.

»Worum ging es da eben?«, fragte Brandt.

»Nichts. Ich warte seit Wochen darauf, dass mir dieser Vogel eine Klimaanlage einbaut, und werde immer wieder vertröstet.«

Brandt wusste nicht, ob er ihm glauben sollte. Der Fremde hatte auf ihn nicht wie jemand gewirkt, der eine Klimaanlage einbauen wollte, aber ein weiteres Nachhaken würde sicherlich keine andere Antwort zutage fördern.

»Wann haben Sie Laura Schneider zuletzt gesehen?«, fragte Brandt. Es war Zeit, das Gespräch zu beenden, um sich den Ehemann vorzuknöpfen.

»Das war am 10. Juli. Eigentlich wollten wir am zwölften mit der Kleinen ins Phantasialand. Sie hatte sich riesig darauf gefreut.«

»Und warum haben Sie sich dazwischen nicht getroffen?«

»Ich war in Den Haag, was ich Ihnen anhand der Hotelrechnung gerne beweisen kann.«

»Die Hotelrechnung können Sie uns zusammen mit der Angabe, für wie viel Euro Laura Schneider von Ihnen Kunst gekauft hat, zusenden.«

»Das sollte machbar sein.«

»Sie besitzen einen Zweitschlüssel zu Frau Schneiders Haus, richtig?«

»Genau. Sonst wäre mir dieser schreckliche Anblick erspart geblieben.« Marques' Worte klangen vorwurfsvoll, als wäre der Schlüssel schuld daran, dass er zwei tote Menschen hatte sehen müssen. Reagierte so wirklich jemand, der gerade seine Liebe verloren hatte?

7

»Diese verdammten Bullen!« Boris Marques ließ seiner Wut freien Lauf. »Dieser Blonde ist echt gefährlich. Man darf sich von seinem guten Aussehen nicht täuschen lassen, der Mensch hinter diesem freundlichen Gesicht ist eiskalt.«

Er verengte die Augen zu Schlitzen und atmete scharf aus. Er kannte solche Männer, vom Ehrgeiz getrieben. Der würde schnüffeln. Dass die beiden Beamten die Köder, die er ausgelegt hatte, geschluckt hatten, glaubte er nicht. Aber er hatte nichts unversucht gelassen, um ihnen Albert Schneider als den perfekten Mörder zu präsentieren.

»Der ist ja auch ein Psycho, das war nicht mal gelogen, und er hat Laura wie Dreck behandelt. Sie war ein Häufchen Elend, als ich mich ihrer annahm.« Wieder atmete er laut aus, dann presste er die Kiefer aufeinander, dass seine Zähne knirschten. »Ohne mich hätte sie sich doch nie richtig von diesem Dreckskerl getrennt. Sie war ihm hörig.«

Sein Handy klingelte, er nestelte es aus der Hosentasche und warf einen kurzen Blick aufs Display. »Nee, nicht jetzt«, sagte er und steckte das Handy weg, obwohl es weiter klingelte. Er wollte es nicht auf lautlos stellen.

»Es kann doch nicht immer alles schiefgehen«, fluchte er. »So ein Mist!« Er ballte die Hand zur Faust. »Ich muss was tun, mich vorbereiten. Die Bullen werden wiederkommen, keine Frage. Und sie werden einiges herausfinden. Einiges, auf das ich mir verdammt gute Antworten einfallen lassen muss.«

Marques verließ seine Galerie und ging über das Treppenhaus in seine Wohnung hinauf. Es nervte ihn immer wieder, dass es keine direkte Verbindung zwischen seiner Wohnung und der Galerie gab, in der sich auch sein Atelier befand, dabei wohnte er direkt darüber. Nicht nur einmal hatte er den Vermieter gebeten, eine Treppe von der Galerie in seine Wohnung bauen zu dürfen. Er hatte sogar angeboten, die Decke selbst aufzureißen, aber sein Vermieter hatte kein Interesse daran gezeigt.

»Was, wenn ein anderer Mieter die Galerie nicht mit mieten möchte, falls Sie ausziehen?«, äffte er den Eigentümer nach, als er seine bescheidene Zweizimmerwohnung betrat. Seit mehr als zehn Jahren wohnte er in dieser Wohnung, daher war die Miete für Kölner Verhältnisse noch moderat.

Sein Weg führte ihn direkt in die Küche. Er öffnete den Kühlschrank, nahm eine Flasche Weißwein heraus, einen Riesling, holte sich ein Weinglas, füllte es zur Hälfte und gönnte sich einen Schluck. Dann nahm er Flasche und Glas und ging auf den kleinen Balkon, wo er auf einem Stuhl Platz nahm. Die Flasche stellte er auf den Bistrotisch. Er trank einen weiteren Schluck und streckte die Beine aus. Der Wein beruhigte ihn ungemein.

»Nur Penner trinken Kölsch«, sagte er zu sich und nahm den nächsten Schluck. Dann nestelte er aus der rechten Brusttasche seines Hemdes den Joint, den er sich schon am Morgen gedreht hatte – in weiser Voraussicht, dass er heute einen brauchen würde. Er fingerte noch ein Feuerzeug aus der Brusttasche und zündete den Joint an, dann zog er ein paar Mal daran und ließ sich gegen die Stuhllehne fallen. Das Leben konnte so einfach sein, wenn man es nur zuließ.

»Oder wenn andere es zulassen«, ergänzte er seinen Gedanken laut.

Marques brauchte nicht viel zum Leben. Ein gutes Glas Wein, gutes Essen und jeden Tag den einen oder anderen

Joint. Dazu natürlich jede Menge Sex und seine Kunst. Mehr nicht.

»Und die Finca am Meer«, sagte er zu sich und lächelte, bevor er einen weiteren Zug nahm. Seine Gedanken wanderten wieder zu den beiden Polizisten. »Der Blonde verdächtigt mich, keine Frage. Warum sonst möchte er wissen, wie viele Gemälde Laura von mir erworben hat? Der glaubt, ich war scharf auf ihr Geld.« Marques spielte an seinem Bart. »Was wissen die über mich?«

Sein Handy klingelte erneut. Wieder nestelte er es aus der Hosentasche und warf einen kurzen Blick aufs Display. Er legte das Handy auf den Tisch und schaute gebannt darauf, als erwartete er, dass etwas Besonderes passieren würde. Aber es klingelte bloß weiter.

»Verdammt, ist ja gut«, sagte er schließlich und nahm das Gespräch an. »Ich habe dir das doch vorhin schon gesagt. Warum musst du mich nerven?«, brüllte er in den Hörer.

Die Person am anderen Ende antwortete etwas und Marques hatte Mühe, sein südländisches Temperament zu zügeln, immerhin war er zur Hälfte Portugiese.

»Nein, versteh mich nicht falsch. Ich wollte dir nicht ...«

Bevor er aussprechen konnte, sagte die Person wieder etwas.

»Ist ja gut. Du kannst mir vertrauen. Ich gebe dir mein Wort«, antwortete Marques. Ab jetzt würde er sich wohl auch um diese Baustelle kümmern müssen.

Dabei könnte das Leben so einfach sein, meldete sich wieder dieser eine Gedanke.

8

Köln, 14. Juli

Die Kölner Beamten hatten am vergangenen Tag doch keine Gelegenheit mehr bekommen, sich mit Albert Schneider zu unterhalten. Er war nicht an sein Handy gegangen und an seiner Haustür hatte seine Freundin sie abgewimmelt mit der Begründung, dass Schneider überhaupt nicht in der Lage sei, mit jemandem zu sprechen. Immerhin hatte Brandt ihr das Zugeständnis abringen können, sich am heutigen Tag mit Schneider zu treffen. Doch noch saßen sie im Büro und diskutierten über den Fall.

»Ist dir eigentlich aufgefallen, dass die Freundin nur gesagt hat, der brutale Mord an seiner Tochter habe ihn so sehr aus der Bahn geworfen?«

»Ist mir aufgefallen, warum?«

»Na ja, es fiel kein Wort über die Noch-Ehefrau.«

»Laut Marques war das Verhältnis zwischen den beiden nicht das beste, ich würde nicht zu viel in das reininterpretieren, was die Freundin gesagt hat.«

»Ich weiß nicht. Für mich klingt es eher danach, dass Schneider und sie froh sind, dass Laura ermordet wurde.«

»Jetzt spielt dir deine Fantasie aber einen Streich.«

»Das ist eher mein siebter Sinn.«

Brandt lachte. »Du und ein siebter Sinn? Auf was für einem Trip bist du denn?«

»Lach du nur, das war schon echt komisch. Du wirst dich noch an meine Worte erinnern.«

»Wenn du das sagst.« Brandt dachte einen Moment nach.

»Wo sind deine Gedanken?«, fragte Aydin, dem sein plötzliches Schweigen wohl nicht entgangen war.

»Was, wenn es Taktik war?«

»Wie meinst du das?«

»Na, dass die Freundin uns glauben lassen will, dass Schneider wegen seiner Tochter neben der Spur ist. Das würde doch den Verdacht von ihm ablenken.«

»Na ja, sie hat ihm aber auch ein Alibi gegeben.«

»Muss nix heißen. Sie ist die Freundin.«

»Ich kann mir einfach nicht vorstellen, dass Schneider so brutal ist und seiner eigenen Tochter die Kehle durchschneidet.« Aydin presste die Lippen zusammen.

»Aber du traust ihm zu, dass er froh ist, dass seine Frau tot ist?«

»Das ist doch etwas völlig anderes. Wir reden hier von einem Kind. Wenn ich mir nur vorstelle, dass meiner süßen Leah etwas passiert, wird mir schwarz vor Augen.«

»Du bist aber auch kein cholerischer, gewalttätiger Vater und schon gar nicht ein Soziopath. Eher ein Pantoffelheld.«

»Bin ich gar nicht. Nina und ich führen eine gleichberechtigte Ehe, und weil ich nach dem Motto ›Happy wife, happy life‹ lebe, gebe ich aus taktischen Gründen auch gerne mal nach.«

»Pantoffelheld.« Brandt grinste breit.

»Ach, und du? Du hast doch Angst vor deinen Gefühlen und davor, dich fallen zu lassen. Irgendwann wird Ylva dir die kalte Schulter zeigen.«

»Lass das mal meine Sorge sein«, entgegnete Brandt. Er hatte überhaupt keine Lust, über seine Beziehung zu reden. Mit seiner aktuellen Freundin Ylva war er schon einige Zeit zusammen, zugegebenermaßen sehr eng, aber den letzten Schritt konnte er einfach nicht gehen, so oft er es sich auch vornahm. Aus den verschiedensten Gründen.

»So bist du, sobald es um dich und deine Gefühle geht, blockst du ab.«

»Es ist halt kompliziert.«

»Ist es nicht. Liebe ist ganz einfach, wenn man auf sein Herz hört. Aber wenn man wie du nur Fallen und Stricke sieht, ist es kein Wunder, dass es kompliziert wird. Manchmal tut mir Ylva richtig leid.«

»Jetzt übertreibst du aber. Ich bin doch kein Unmensch.«

»Bist du auch nicht. Trotzdem weiß jeder, dass sie eine eigene Familie und Kinder möchte.«

»Ich aber nicht.«

»So ein Unsinn. Du auch«, warf Aydin ein. »Du wärst ein verdammt cooler Papa. Du bist fünfzig, die Zeit hält für dich nicht an.«

»Du haust gerade einen philosophischen Spruch nach dem anderen raus, was ist los? Heute eine extra große Portion Kellogs gegessen?«

»Mach dich nur lustig über mich. Du weißt, dass ich recht habe.«

Brandt atmete aus, er wusste, dass Aydin richtig lag, aber das zuzugeben, war nicht so einfach. Insgeheim ärgerte er sich, dass er Aydin überhaupt eine solche Steilvorlage serviert hatte, denn er bekam diese Vorwürfe in regelmäßigen Abständen von ihm zu hören. Für Außenstehende mochte es daher so wirken, als würden sie sich immer über die gleichen Themen unterhalten, aber so war es natürlich nicht. Es lag in der Natur der Sache, dass sie häufig dieselben Dinge diskutierten.

Ein Klopfen an der Tür unterbrach ihre Diskussion. Fischer betrat das Büro.

»Ich dachte, ich revanchiere mich mal«, sagte der Kollege aus der IT. Er hielt drei Becher mit Kaffee in den Händen.

Brandt und Aydin standen von ihren Plätzen auf und nahmen Fischer je einen Becher ab.

»Danke«, antworteten sie beinahe im Chor. Normalerweise waren sie es, die Fischer in seinem Büro aufsuchten und ihm Kaffee mitbrachten.

»Gut, dass du da bist. Wir wollten eh noch zu dir«, sagte Brandt.

»Ich weiß, und da ich eben bei Kramer war, dachte ich, erspare ich euch den Weg.«

»Sehr löblich«, bemerkte Aydin und gönnte sich einen Schluck.

»Was wollte denn Kramer von dir?«, fragte Brandt.

»Informationen über den Ehemann.«

»Und was für welche?«

»Über seine Finanzen.«

»Du solltest Kramer nicht so viel deiner kostbaren Zeit schenken. Der kriegt doch eh alle Berichte von uns und aus der IT-Abteilung.«

»Ist kein Aufwand für mich, derzeit hab ich eh etwas Luft.« Fischer lächelte ein wenig verkrampft. Es war ihm anzusehen, dass er sich unwohl fühlte, wenn er in die Animositäten zwischen Brandt und Kramer einbezogen wurde.

»Wie du meinst«, antwortete Aydin und kam Brandt damit zuvor, der eigentlich etwas anderes hatte sagen wollen. Dennoch war er froh, dass Aydin eine deutlich diplomatischere Antwort parat hatte. Auf keinen Fall wollte Brandt Fischer verärgern, trotzdem wurmte es ihn, dass Kramer dessen knappe Ressourcen so beanspruchte.

»Wollt ihr jetzt wissen, was ich über Schneider in Erfahrung gebracht habe, oder wollt ihr euch weiter über Kramer ärgern? Bevor ich es vergesse, die Fragen zu Marques kann ich noch nicht beantworten. Aber zu Schneider habe ich einiges«, sagte Fischer und damit war der kurze peinliche Moment überwunden.

»Der Einzige, der sich über Kramer aufregt, ist Brandt«, scherzte Aydin. »Aber gut, schieß mal los, was du hast.«

Brandt warf Aydin einen tadelnden Blick zu, sagte jedoch nichts. Dass Fischer die offenen Fragen bezüglich Marques noch nicht beantworten konnte, war verständlich, sie hatten sich schließlich erst nach dem Gespräch mit dem Künstler ergeben.

»Ich hatte euch ja erzählt, dass Schneider vor vier Jahren insolvent gegangen ist. Er hatte eine Consultingfirma mit zwölf Beratern. Damals sind ihm zwei Großkunden abgesprungen, er konnte die hohen Fixkosten nicht mehr tragen und musste Insolvenz beantragen. Jetzt kommt das Interessante.« Fischer machte eine kurze Pause und nahm einen Schluck Kaffee. Fast wirkte es, als wollte er die Spannung erhöhen, aber Brandt wusste, dass dem nicht so war. Fischer war ganz anders als Kramer, ihm lag nichts daran, sich besonders in Szene zu setzen. Er verkörperte das, was man sich unter einem IT-Nerd vorstellte: Lange Haare, T-Shirts in Übergröße und ein natürliches Desinteresse an modischen Trends, weshalb er wohl auch die meiste Zeit schwarz trug. Doch Brandt kannte niemanden, der sich so gut mit Computern und dem Internet auskannte wie er. Zudem war er absolut ehrlich und loyal. Werte, die Brandt sehr schätzte.

»Also, das Interessante ist: Er hat vor der Insolvenz rechtzeitig sein Vermögen beiseite geschafft. Es gab zwar Ermittlungen, aber man konnte ihn nicht belangen, da es sich ausschließlich um Schenkungen und Übertragungen handelte.«

»Eine Grauzone«, bemerkte Brandt.

»Sehr grau, fast schon schwarz. Schneider wusste genau, was er tat.«

»Als Consultant keine große Überraschung«, warf Aydin ein. »Wer sich auskennt, kann den Fiskus immer bescheißen. Nur Leute wie wir müssen bluten.«

»An wen hat er denn sein Vermögen verteilt?«

»Eine Summe ging an seinen Bruder, aber der größte Teil an seine Tochter.«

»Nicht an seine Frau? Vor vier Jahren müsste ihr Verhältnis doch noch nicht so gestört gewesen sein«, hakte

Brandt nach. Lag es nicht nahe, dass man in einem solchen Fall seine Ehefrau bedachte? »Gab es keine Gütertrennung?« Das wäre der einzige Grund, der ihm einfiel, warum Schneider seine Ehefrau nicht berücksichtigt hatte.

»Doch, gab es. Sogar einen Ehevertrag. Der einzige Grund, der mir einfällt, warum er seine Ehefrau da nicht mit einbezogen hat, wäre, dass er ihr nicht traute.«

»Die Ehe war also vermutlich schon viel länger kaputt, als es das Trennungsjahr annehmen lässt«, schlussfolgerte Aydin und Brandt nickte zustimmend.

»Was ist mit dem Bruder? Ist Schneider irgendwie an das Vermögen gekommen, das er dem Bruder übertragen hat?«

»Das ist eine Sackgasse. Es handelt sich um fünfzigtausend Euro, dabei muss man wissen, dass Schneider jetzt für seinen Bruder arbeitet, der ausgerechnet in dem Jahr eine Consultingfirma gegründet hat, in dem Schneider insolvent ging. Das Eigenkapital dieser Firma beträgt exakt fünfzigtausend.«

»Ein Schelm, der Böses dabei denkt«, bemerkte Brandt. »Hast du etwas über diese Consultingfirma des Bruders in Erfahrung gebracht?«

»Nicht viel. Es handelt sich um eine GmbH, sie läuft auf Martin Schneider. Er hält alle Anteile am Stammkapital. Die Firma heißt SchneiderConcept und hat sich vor allem auf Consulting und Rechtsberatung bei großen Immobilienprojekten spezialisiert. Sein Bruder ist Anwalt.«

»Lass mich raten: Immobilien sind das Kerngebiet von Albert Schneider.«

»Genau. Schneiders insolventes Unternehmen war unter anderem auf die Beratung in Sachen Immobilien spezialisiert. Der Bruder ist zuvor nicht in Erscheinung getreten. Er arbeitete als Anwalt in einer Kanzlei in Hamburg.«

»Dass das Finanzamt ihn nicht drangekriegt hat, wundert einen schon.« Brandt schüttelte fassungslos den Kopf. »So viele Zufälle kann es doch gar nicht geben.«

»Den Jungs wird das sicher bewusst sein, aber es ist nichts Ungesetzliches, dass der Bruder eine Firma gründet, die sich auf die Beratung in Sachen Immobilien spezialisiert. Ebenso wenig ist es ungesetzlich, dass Martin Schneider seinen Bruder einstellt.«

»Aber moralisch sauber ist das Ganze sicher nicht«, antwortete Aydin.

»Tja, Moral zählt in diesen Kreisen nicht. Heißt ja nicht umsonst, Geld stinkt nicht«, bemerkte Brandt bitter. Die Welt war schon verdammt ungerecht, das wurde ihm gerade einmal mehr bewusst. Erst am vergangenen Tag hatte er gelesen, dass eine alleinerziehende Mutter eine Bewährungsstrafe bekommen hatte, weil sie wiederholt Spielzeug für ihre Kinder gestohlen hatte. Von dem Hartz-IV-Satz, den sie bekam, hatte sie kein Spielzeug kaufen können. »Du musst unbedingt mehr über die finanziellen Verquickungen zwischen den beiden Brüdern herausfinden«, bat er Fischer.

»Das hatte ich eh vor. Gebt mir nur etwas Zeit. Auch an den anderen Themen und Fragen bin ich dran. Ich hoffe, dass ihr bis Ende der Woche auf viele offene Fragen eine Antwort erhaltet.«

»Danke. Gab es schon eine Resonanz auf die öffentlichen Fahndungen?«

»Da ist einiges reingekommen, gerade auf Facebook, allerdings so gut wie alles Müll. Manchmal habe ich das Gefühl, dass den Leuten langweilig ist und sie deshalb jeden Mist posten. Oder sie suchen Aufmerksamkeit. Falls was Verwertbares dabei ist, erfahrt ihr es als Erste.«

Brandt nickte und Aydin bedankte sich.

»Immer dranbleiben, aber das weißt du ja. Aydin und ich werden dem Bruder auf jeden Fall einen Besuch abstatten, wenn nötig. Hamburg ist immer eine Reise wert.«

Aydin nickte. Brandt wusste zwar noch nicht, wohin diese Spur mit dem Bruder und der Firma führte, aber es wäre nicht das erste Mal, dass Geld das Motiv für einen Mord war.

»Was genau hat er denn an seine Tochter übertragen?«

»Immobilien im Wert von sechs Millionen Euro und damit den größten Posten, der vor der Insolvenz verschoben wurde.«

»Sechs Millionen?« Aydin war fassungslos und Brandt sah in seinen Augen, dass sein Partner den gleichen Gedanken zu haben schien wie er, so gut kannte er ihn inzwischen.

Sechs Millionen Euro waren ein starkes Argument, jemanden zu töten. Marques hatte ihnen erzählt, dass Laura Schneider das alleinige Sorgerecht übertragen worden war. Was, wenn Albert Schneider durch den Mord an Laura sicherstellen wollte, dass er das alleinige Sorgerecht und damit Zugriff auf die Immobilien bekäme?

Brandt fand den Gedanken alles andere als abwegig. Und noch eine Idee kam ihm: Was, wenn Schneider einen Profi für den Mord an Laura angeheuert hatte, dieser aber auch die Tochter hatte ermorden müssen, weil er fürchtete, dass sie ihn verraten könnte? Für einen Profi war es jedenfalls ein Leichtes, sich Zutritt in die Villa zu verschaffen, selbst wenn Rech der Meinung war, dass Laura Schneider ihm die Tür geöffnet hatte.

Hatte Marques vielleicht doch recht und Schneider war für die Morde an Laura und seiner Tochter Alena verantwortlich?

9

»Ich muss dich hoffentlich nicht an dein Versprechen erinnern«, sagte Dunja, als sie Schneider einen Abschiedskuss gab.

»Musst du nicht. Ich bin ja kein kleines Kind.«

»Das freut mich sehr. Du glaubst gar nicht, wie. Dieser Alkohol macht dich zu jemandem, der du nicht bist.«

»Wenn du meinst.«

»Bist du jetzt zickig?«

»Nein, nur müde und abgeschlagen«, beschwichtigte Schneider, dabei war er wirklich schlecht gelaunt, aber auf eine Diskussion mit Dunja wollte er sich nicht einlassen. Er wollte nur seine Ruhe haben und alleine sein. »Ich kann Alenas unnötigen Tod nicht so einfach abschütteln«, setzte er noch einen drauf. Wenn etwas bei Frauen wirkte, dann die Argumentation mit Kindern.

»Ich weiß, Schatz.« Dunjas Stimme wurde plötzlich weich. Sie umarmte ihren Freund und gab ihm einen Kuss auf den Mund. »Es tut mir so unendlich leid, und ich wünschte, ich könnte irgendetwas tun, um dich abzulenken.«

Das hast du ja gestern Nacht bereits zur Genüge getan, dachte er und bewegte ihre Hand an seinen Schritt. Es mochte seltsam klingen, aber Sex lenkte ihn ungemein ab und half ihm, Druck abzubauen, das war schon so gewesen, als er noch ein Teenager war, und wenn er später Probleme im Studium gehabt hatte, hatte ein guter Fick immer geholfen.

Glücklicherweise hatte er nie Schwierigkeiten damit gehabt, Frauen kennenzulernen, selbst als Student, als er noch von Bafög gelebt hatte, hatte er jede Menge Verehrerinnen gehabt. Das musste vor allem an seinem guten Aussehen gelegen haben. Inzwischen war er sich nicht mehr sicher, ob das immer noch so war, sein Vermögen hatte wohl diesen Platz eingenommen. Er hielt sich zwar nicht für hässlich, aber so sportlich wie als Student war er nicht mehr, dafür aß und trank er zu gerne und für regelmäßige Besuche im Fitnessstudio fehlte ihm einfach die Zeit. Als Student war das Leben doch deutlich entspannter gewesen.

Moment, welches Geld?, dachte er bitter. Seit seiner Insolvenz hatte sich einiges geändert. Es war zwar nicht so, dass er am Hungertuch nagte, dennoch war es nicht wie früher.

Das Geräusch eines sich öffnenden Reißverschlusses, verbunden mit dem anregenden Gefühl, wie Dunjas rechte Hand nach seinem Glied griff, holte ihn aus seinen Überlegungen. Er war stolz auf seinen Penis, er war groß, größer als bei den meisten anderen Männern, die er kannte. Zudem war er nicht nur groß und dick, sondern auch allzeit bereit. Er hatte noch nie Probleme mit seiner Potenz gehabt. So auch jetzt nicht.

»Auf die Knie, du Miststück«, befahl er Dunja und drückte sie herunter, was gar nicht nötig war, denn Dunja gehorchte. »So ist es brav.« Dann nahm sie sein bestes Stück in den Mund. »Ich will deinen Mund ficken«, knurrte er. Sie ließ ihn gewähren. Immer wieder presste er sein Glied in die warme Höhle hinein, dabei hielt er ihre Haare fest. Endlich entlud er sich, begleitet von einem Schrei, der all den aufgestauten Druck herausließ. Er fühlte sich ausgezeichnet. Und erleichtert.

Abspritzen ist eben die beste Hilfe gegen den Druck, dachte er zufrieden.

»Schön runterschlucken und sauberlecken«, befahl er ihr. Auch jetzt gehorchte Dunja. Das mochte er an ihr. Beim Sex war sie so, wie er es von einer Frau erwartete. Devot! Weiber, die zu viel dachten oder glaubten, ihre eigene

Meinung durchsetzen zu müssen, waren ihm schon immer ein Dorn im Auge gewesen. Laura war früher wie Dunja gewesen, aber dann – streng genommen, seit Alena auf der Welt war – hatte sie begonnen, ihr Verhalten zu ändern. Sie sagte auch mal Nein. Noch schlimmer wurde es, als sie sich mit dieser Hexe aus dem Nachbarhaus anfreundete. Diese verdammte Emanze.

»Ich muss jetzt los. Das war wieder sehr lecker«, ließ sich Dunja vernehmen.

»Ist ja auch mein Sperma, du spermageiles Luder.« Dunja wollte ihm einen Kuss geben, aber Schneider drehte sich weg. »Spinnst du? Ich will doch keinen Spermageschmack im Mund.«

»War nur ein Scherz«, lachte sie. »Sehen wir uns heute Abend?«

»Klar. Lass uns um 19 Uhr essen gehen.«

»Wohin?«

»Zu Benjamin Adler. Habe Lust auf Italienisch.«

»Das hört sich gut an. Und denk an dein Versprechen.«

»Keine Sorge, bin ja nicht blöd.«

Dunja nahm ihre Handtasche, zog ihre Schuhe an und verließ sein Penthouse.

Schneider trat an den Kühlschrank und öffnete ihn. Sein Blick wanderte zur Wodkaflasche, doch er griff daneben nach der Wasserflasche, schraubte sie auf und gönnte sich einen Schluck. Mit der Flasche in der Hand ging er auf den Südbalkon. Die Sonne schien und es war hochsommerlich warm.

Unwillkürlich musste er an das Hemd denken, das ein paar Blutflecken am Kragen gehabt hatte. Er hatte das gar nicht gesehen, aber Dunja war es aufgefallen und für einen kurzen Augenblick hatte er keine Erklärung dafür gehabt. Doch dann hatte er sich erinnert. Er hatte sich beim Rasieren geschnitten. Die Wunde am Hals war sogar noch zu sehen und Dunja hatte keine weiteren Fragen gestellt.

»Warum in aller Welt hast du dich überhaupt nassrasiert?« Er schüttelte den Kopf. »Der Alkohol lässt dich Dinge tun, die du schwer kontrollieren kannst. Vielleicht hat Dunja recht. Wenn nicht jetzt, wann dann?«

Als wollte er seinen Entschluss bekräftigen, trank er noch einen großen Schluck Mineralwasser, da klingelte sein Handy. Er zog es aus der Hosentasche und sah, dass sein Bruder anrief. Er nahm das Gespräch an.

»Ist das wahr?«, fragte sein Bruder übergangslos.

»Was?« Schneider war überrumpelt, er wusste nicht, was Martin meinte.

»Na, dass Laura und Alena ermordet wurden.«

Jetzt dämmerte es ihm und er machte sich Vorwürfe, dass er seinen Bruder noch nicht informiert hatte. Er war in den vergangenen Tagen so durch den Wind gewesen, dass er alles um sich vergessen hatte und allein sein wollte.

»Ja«, antwortete er. Mehr konnte er gerade nicht sagen. Sein Mund wurde staubtrocken.

»Und wieso sagst du mir nicht Bescheid?« Vorwurf lag in den Worten seines älteren Bruders.

»Ich habe komplett neben mir gestanden, verzeih mir. Es fällt mir noch immer schwer, das alles zu begreifen. Dass Alena …« Schneider unterbrach sich, der Kloß in seinem Hals wurde immer größer und in seinen Augen sammelten sich Tränen. Er nahm einen Schluck aus der Flasche, aber die Enge im Hals wollte nicht verschwinden.

Verdammt! Wo ist der Wodka!

»Es tut mir so leid, Bruder. Ich nehme direkt die nächste Maschine zu dir.«

»Mach das.«

»Gegen 22 Uhr bin ich bei dir. Mach ja keine Dummheiten.«

»Ich doch nicht.« Ein Geräusch, das einem gequälten Lachen ähnelte, entrang sich seiner Kehle. »Ich muss eh mit dir sprechen.«

10

Bevor sie Schneider einen Besuch abstatteten, waren Brandt und Aydin zur Villa der Toten gefahren, um sich dort ein wenig umzuschauen. Sie standen gerade im Vorgarten der Villa, als sie von einer Frau angesprochen wurden.

»Was machen Sie da?«

Brandt schätzte die Frau auf Ende vierzig. Augenscheinlich hatte sie gesehen, dass sich die Beamten einem Fenster auf der rechten Seite der Villa näherten.

»Wir sind von der Kriminalpolizei. Wer sind Sie?«

»Das kann ja jeder sagen. Seit wann verschafft sich die Polizei durch ein Fenster Zutritt ins Haus? Sie sollten schleunigst verschwinden, sonst rufe ich die Polizei.«

Aydin konnte nicht anders, er musste lachen. Brandt hingegen blieb ernst. Er zollte dieser Frau höchste Bewunderung für die Zivilcourage, die sie bewies. Ob ihr Vorstoß echten Dieben gegenüber allerdings so klug gewesen wäre, bezweifelte er.

»Wir sind wirklich von der Polizei, von der Kriminalpolizei Köln. Ich zeige Ihnen meinen Ausweis.« Brandt wollte gerade in die hintere Hosentasche greifen, um seinen Ausweis herauszuziehen, als die Frau rief: »Keine faulen Tricks.«

»Es ist ehrlich nur der Ausweis«, entgegnete Brandt und fragte sich unwillkürlich, was die Frau wohl gemacht hätte, wenn er eine Waffe gezückt hätte. Ihre rechte Hand steckte plötzlich in ihrer Handtasche.

Hoffentlich hat sie keine Waffe da drin, dachte Brandt nicht ohne Sorge. Das Letzte, was er jetzt gebrauchen konnte, war eine Nachbarin, die vor Aufregung um sich ballerte.

Ganz langsam und vorsichtig nestelte er seinen Ausweis aus der Tasche und streckte ihn mit der rechten Hand nach vorne, damit die Frau ihn erkennen konnte. »Mein Name ist Lasse Brandt, von der Kölner Kriminalpolizei.«

»Was hat die Polizei auf dem Grundstück meiner Freundin zu suchen? Können Sie nicht klingeln wie jeder andere vernünftige Mensch? Sind denn alle bekloppt geworden?« Die Anspannung stand ihr ins Gesicht geschrieben, aber gleichzeitig wirkte ihre Stimme erleichtert. Vermutlich, weil sie Polizisten und keine Kriminellen waren.

»Wir müssen Ihnen leider mitteilen, dass Ihre Freundin Laura Schneider ermordet wurde«, antwortete Brandt. Er ging davon aus, dass die Nachbarin keinen Schimmer hatte, welche Tragödie sich hier abgespielt hatte.

»Sie scherzen!«, wurde sie laut. »Das kann nicht sein. Wir haben uns doch am Donnerstag noch gesehen. Ich finde das nicht lustig.«

»Frau ...«, antwortete nun Aydin.

»Manuela Janak«, unterbrach sie Aydin.

»Frau Janak, es tut mir sehr leid, aber mein Kollege hat leider recht. Ihre Freundin wurde in der Nacht zum 11. Juli ermordet.«

Janak schien nun zu begreifen, dass sich die Beamten keinen Scherz erlaubten. Ihre rechte Hand fuhr an den Mund und ihre Augen weiteten sich. »Was ist mit Alena?« Mit einem Schlag hatte ihre Stimme die Dominanz und das Selbstbewusste, das sie vorhin noch ausgestrahlt hatte, verloren.

»Sie wurde ebenfalls ermordet«, antwortete Aydin ernst.

Sprachlos starrte die Frau sie an, sie hatte augenscheinlich schwer damit zu kämpfen, keinen Heulkrampf zu bekommen. »Das kann nicht sein«, sagte sie schließlich matt.

»Wir haben uns doch noch am Donnerstag unterhalten. Wir saßen zusammen und haben über unseren gemeinsamen Urlaub mit Alena und meiner Tochter gesprochen.«

»Wo waren Sie die letzten Tage?«

»In Österreich.«

Das erklärte, warum sie nichts mitbekommen hatte.

»Sind Sie gerade zurückgekommen?«

»Gestern Abend. Ich wollte Laura zum Essen einladen. Wie konnte das geschehen? Das Haus hat doch eine Alarmanlage.« Die Angst stand ihr ins Gesicht geschrieben – nicht nur wegen der Morde an Alena und Laura, sondern vermutlich auch wegen ihrer eigenen Sicherheit. »Treibt sich ein Psychopath hier rum?«, fragte sie und bestätigte damit Brandts Annahme.

»Wir gehen nicht davon aus, aber wir stehen noch am Anfang unserer Ermittlungen«, versuchte Brandt, ihr ein wenig die Sorgen zu nehmen. »Sie sagten, dass Sie Laura Schneider am Donnerstag gesehen hätten. Wann genau war das?«

»Das war gegen 14 Uhr. Wir haben einen Kaffee auf ihrer Terrasse getrunken. Danach bin ich gefahren.« Brandt nickte und hatte damit die Antwort auf die Frage, warum kein Kollege von der Streife sie am Tag der Tatortbesichtigung als Zeugin in den Berichten vermerkt hatte.

»Sind Sie mit Ihrer Tochter nach Österreich geflogen?«

»Nein, alleine. Meine Tochter ist mit meinem Bruder und seinen Kindern in den Europapark gefahren. Einmal im Jahr treffe ich mich mit Freundinnen in Wien. Ich habe lange Zeit dort gelebt und noch immer regen Kontakt in die Stadt.«

Wieder nickte Brandt und schaute sich um. Der Zaun um die Villa war von dichten Büschen bewachsen, wodurch man hier vor neugierigen Blicken sicher war.

»Wie war Frau Schneider an dem Tag drauf?«, wollte Aydin wissen.

»Sie war sehr gut gelaunt. Es gab Grund zum Feiern.«

»Und der wäre?«

»Sie hatte erst kürzlich das alleinige Sorgerecht für Alena zugesprochen bekommen«, erklärte Janak und bestätigte damit die Worte von Marques. »Das war ein langer und steiniger Weg. Ich habe mich sehr für sie gefreut. Endlich schien das Glück auf ihrer Seite zu sein.«

»Warum? War es das vorher nicht?« Brandts Blick wanderte zur Villa, die deutlich machte, dass hier jemand wohnte, der keine Geldsorgen und somit ein großes Problem weniger hatte.

»Geld allein macht nicht glücklich«, sagte Janak, als hätte sie Brandts Gedanken erraten. »Glauben Sie mir, Sie hätten nicht mit Laura tauschen wollen.«

»Und warum nicht?«

»Weil sie mit einem egoistischen, kranken Soziopathen verheiratet war. Er hat sie in einem goldenen Käfig gehalten. Nach außen hin musste sie die perfekte Ehefrau spielen und er gab den großzügigen Gentleman. Aber ich habe ihn schnell durchschaut. Er war Gift für sie.« Sie schüttelte sich. Der Ekel, den sie Schneider gegenüber empfand, war nicht zu übersehen. Wieder schien Marques recht zu haben.

»Hat er seine Frau geschlagen?«

Sie nickte und fuhr sich mit der Hand über die Augen, als würde sie sich imaginäre Tränen wegwischen. »Ich habe immer wieder auf Laura eingeredet, sich von ihm zu trennen, aber sie kam nicht von ihm weg. Da war eine psychische Abhängigkeit, die nicht gesund war. Irgendwann habe ich aufgehört, zu zählen, wie oft sie blaue Flecken hatte, und das meistens an Stellen, wo andere es nicht sehen konnten, damit diese scheinheilige Fassade aufrechterhalten werden konnte.« Ihr Atem ging schnell und geräuschvoll. »Sie haben keine Vorstellung davon, welche Gewalt ein Mann über eine Frau haben kann. Außenstehende können das nicht verstehen, sie würden darüber lästern, dass Laura sich doch einfach hätte scheiden lassen können. Aber so leicht ist das nicht. Glauben Sie mir.«

Brandt ging darauf nicht ein, da er nicht beurteilen konnte, ob ihre Angaben stimmten. Grundsätzlich hatte sie in ihrer Einschätzung jedoch recht, sollte es wirklich so gewesen sein. Er war schon zu lange in seinem Job, um nicht zu wissen, was psychische Folter und Druck bedeuteten. Immer wieder hatte er in Fällen ermittelt, wo Frauen zum Opfer geworden waren, weil sie nicht von ihren gewalttätigen Männern loskamen. Er erinnerte sich an einen Bericht von einem spektakulären Gerichtsprozess. Vor Jahren hatte eine Frau keinen anderen Ausweg gewusst, als ihren Peiniger zu töten. Sie hatte dafür vier Jahre Haft bekommen. Ein Urteil, das in der Öffentlichkeit damals für viel Aufregung gesorgt hatte, weil keiner verstand, warum ein Richter eine Frau ins Gefängnis brachte, die zwanzig Jahre lang von ihrem Mann aufs Brutalste gequält worden war und sich am Ende nur durch einen Mord zu helfen gewusst hatte.

Als Mensch hatte er damals zwar moralisches Verständnis für die Frau gehabt, aber vor dem Gesetz musste man alle gleich behandeln, und Selbstjustiz war in Deutschland glücklicherweise strafbar. Die Frau hatte ihrem Mann, als er schlief, mit einer Axt den Kopf abgeschlagen. Für einen so heimtückischen Mord waren vier Jahre Gefängnis daher noch eine vergleichsweise milde Strafe gewesen, was in Brandts Augen dafür sprach, dass der Richter die Leiden der Frau bei seinem Urteil sehr wohl berücksichtigt hatte. Diese Tatsache schien die Öffentlichkeit allerdings nicht zu interessieren. Das Ganze lag inzwischen mehr als fünfzehn Jahre zurück und hatte jede Menge Wirbel verursacht. Dass Laura Schneider wirklich ein ähnliches Martyrium durchlebt hatte, konnte sich Brandt gerade schwer vorstellen.

»Hat Herr Schneider seiner Frau denn gedroht?«, fragte er daher.

»Dass er sie töten würde?«

»Oder andere Drohungen.«

»Nicht in meiner Gegenwart. Er hat sich in meinem Beisein ohnehin nie unhöflich oder primitiv gezeigt, was er eigentlich ist. Er hat immer dafür gesorgt, dass man ihn in einem guten Licht sah, aber Laura hat mir da ganz andere Sachen erzählt. Einmal hat das Schwein eine Zigarette auf ihrem Bauch ausgedrückt.« Sie schüttelte sich, als würde es ihr bei der Vorstellung eiskalt den Rücken herunterlaufen.

»Das heißt, all die körperliche und psychische Gewalt, die Herr Schneider seiner Frau angetan hat, haben Sie aus Erzählungen von ihr?«

»Nicht nur, ich habe den Brandfleck und die blauen Flecken gesehen. So etwas denkt sich Laura nicht aus. Sie war eine sehr solide, anständige Frau.« Janak erhob ihre Stimme, als müsste sie den Ruf ihrer Freundin verteidigen, dabei hatte Brandt das gar nicht despektierlich gemeint, es war eine reine Feststellung.

»Hat Ihnen Frau Schneider erzählt, dass sie sich bedroht fühlte?«, fragte nun Aydin.

»Sie hatte Sorge, dass sich Albert etwas Schlimmes einfallen lassen könnte wegen des Sorgerechts, da sie nicht glaubte, dass er sich mit dem Urteil zufriedengeben würde.«

»Und was wäre das Schlimme gewesen?«

»Na ja, Alena zu entführen oder so.«

»Er hat aber nichts dergleichen gesagt. Frau Schneider hat es nur angenommen, richtig?«

»Ja, so ist es. Mir gegenüber hat Laura jedenfalls nichts Derartiges erwähnt.« Ihre Augen wurden schmal und plötzlich wirkte ihre Körpersprache reserviert.

»Kennen Sie Boris Marques?«, fragte Brandt, er hatte

genug Informationen über das Verhältnis zwischen Albert und Laura bekommen.

»Natürlich kenne ich Boris, er war ihr Freund.«

»Und was ist er für ein Mensch?«

Ihre Augen blitzten kurz auf und ein Lächeln huschte über ihr Gesicht, somit war Brandt klar, was sie sagen würde. »Er ist ein toller Mann und ein begnadeter Künstler. Er hat Laura in dieser schweren Zeit so sehr zur Seite gestanden.«

»Soweit wir wissen, hat Frau Schneider seine Karriere gefördert, indem sie einige seiner Gemälde erworben hat«, wagte sich Brandt aus der Deckung. Er hoffte, dass Manuela Janak darüber ebenfalls etwas sagen könnte.

»Wen wundert es. Kunst ist eine Geldanlage. Ich habe auch zwei Gemälde von ihm gekauft.«

»Welche Summe haben Sie investiert?«

Janak antwortete nicht sofort, sie fuhr sich mit der Hand über die Haare. »Nicht viel. Es war ein überschaubares Investment.«

»Und wie überschaubar war dieses Investment?«, ließ Brandt nicht locker. Dass sie plötzlich so reserviert, fast steif wirkte, konnte doch nur bedeuten, dass sie glaubte, sie hätte zu viel bezahlt.

Oder sie mag nicht gerne über Geld reden, meldete sich ein anderer Gedanke.

»Knapp zehntausend Euro. In einigen Jahren dürften sie ein Vielfaches davon wert sein. Ich unterstütze gerne aufstrebende Künstler wie Boris. Ein wahnsinnig charismatischer Mann.«

»Glauben Sie, Herr Marques hatte ernste Absichten mit Laura?«, bohrte Brandt weiter. Zehntausend Euro waren sehr viel Geld, gerade für Gemälde von einem Künstler, der vermutlich noch keinen großen Namen in der Szene hatte. Er jedenfalls hatte noch nie etwas von ihm gehört, und von Kunst verstand Brandt etwas, da er ein Auge für schöne

Dinge hatte. Aydin und er hatten seinen Namen bereits gegoogelt, aber nicht viel über den Maler in Erfahrung gebracht. Fischer war noch dabei, weitere Informationen zu sammeln. Brandts Gefühl sagte ihm jedoch, dass Marques die Frauen über den Tisch gezogen hatte.

»Ich bin überzeugt, dass er keine lose Beziehung suchte. Jemand wie er kann doch jede haben, was soll er von uns ...« Sie unterbrach sich und korrigierte sich sofort. »Was soll er von einer Mutter wie Laura wollen, wenn er keine ernsten Absichten hat?«

Offensichtlich hatte sich auch Manuela Janak Hoffnungen gemacht, was Marques als Mann anging. Dass sie sich eben nur versprochen hatte, wollte Brandt nicht glauben.

»Nun ja, Frau Schneider ist nicht gerade mittellos«, entgegnete Aydin. »Das kann schon ein Argument sein.«

Janak machte eine wegwerfende Handbewegung. »Nicht Boris, da kennen Sie ihn schlecht. Junge Frauen mögen das mit alten Männern machen, die nicht akzeptieren können, dass sie keine tollen Hechte mehr sind, aber Boris lebt für seine Kunst. Geld war nie sein Antrieb und genau das macht doch einen wahren Künstler aus. Der könnte, wie gesagt, jede haben, er sieht schon verdammt attraktiv aus. Der liebe Gott hat es wirklich gut mit ihm gemeint.«

»Vielen Dank. Sollte Ihnen noch etwas einfallen, was bei unseren Ermittlungen helfen könnte, rufen Sie uns bitte an.« Brandt reichte ihr seine Visitenkarte, für weitere Fragen sah er keinen Grund.

»Das werde ich tun.« Sie nahm die Karte entgegen und verabschiedete sich von den beiden Beamten.

»Das war eine taffe Frau«, kommentierte Aydin die Unterhaltung.

»Stimmt. Ich frage mich, was mit ihrem Ehemann ist.«

»Warum hast du sie nicht gefragt?«

»Weil es keine Relevanz für die Ermittlungen hat, du

Keks. Komm.« Brandt trat wieder an die Südwand der Villa, um sich die Fenster etwas genauer anzuschauen.

»Glaubst du, sie hat auch ein Auge auf Marques geworfen?«

»Davon gehe ich aus«, nickte Brandt und schaute prüfend auf den Fensterrahmen. »Und wie es scheint, weiß Marques seinen Charme in bare Münze zu verwandeln.«

»Vielleicht waren sie von seinen Gemälden wirklich begeistert.«

»Sei doch nicht immer so naiv. Hast du gesehen, was er in seiner Galerie ausgestellt hat?«

»Ja, habe ich. Aber was hat das mit Naivität zu tun?« Aydin wirkte eingeschnappt.

»Ich mag keine Kunst studiert haben, aber ein Auge für Ästhetik, Formen und Farben habe ich auch, und das, was er da ausstellt, ist doch keine Kunst. Das sieht mir eher nach den Werken eines Straßenkünstlers aus, der glaubt, er wäre zu Höherem berufen. Wenn er die Frauen nicht über den Tisch gezogen hat, fresse ich einen Besen.«

»Das will ich sehen, und keine Sorge, den Besen besorge ich, den Spaß lasse ich mir was kosten.«

»Das wird nicht nötig sein, spar dein Geld, weil ich recht habe. Du hast Marques doch kennengelernt.«

»Entspann dich. Ich wollte damit nur ausdrücken, dass es möglich sein könnte, dass die Frauen die Gemälde aus freien Stücken gekauft haben und er sie nicht dazu gedrängt hat. Vielleicht findet Fischer ja mehr heraus.«

»Das wird er bestimmt. Lass uns in die Villa gehen, mir ist hier nichts aufgefallen, was uns helfen könnte. Dir?«

»Mir auch nicht. Die Jungs von der Spurensicherung machen ihre Arbeit schon sehr gut.«

»Daran zweifle ich keine Sekunde, trotzdem macht es Sinn, sich den Tatort selbst noch einmal genauer anzuschauen. Wäre ja möglich gewesen, dass wir einen Zugang finden, der für unsere Ermittlungen von Wert sein könnte.«

»Haben wir aber leider nicht.«

Sie gingen um das Haus herum und zogen sich Einmalhandschuhe an, da die Villa als Tatort noch versiegelt war und sie keine unnötigen Spuren hinterlassen wollten. Den Schlüssel für die Haustür hatte Brandt aus der Asservatenkammer des Kölner Präsidiums mitgenommen. Er öffnete die Tür und beide traten ein, wodurch das Polizeisiegel beschädigt wurde, aber das war zur Sekunde nicht von Belang.

Kaum waren sie eingetreten, stieg Brandt ein Geruch in die Nase, den er nicht so recht deuten konnte.

»Riechst du das?«

»Ja, als ob nicht ordentlich gelüftet wäre. Oder es ist die Chemikalie, die die Tatortreiniger benutzt haben.«

»Möglich, aber die Villa ist groß, das hätte längst verfliegen müssen.«

»Das Haus ist wohl gut isoliert. Die Fenster sind alle geschlossen.«

»Egal, lass uns mal umschauen.«

Aydin folgte Brandt und sie betraten das Wohnzimmer. Es war sehr hell, großzügig geschnitten und modern eingerichtet. Viel Weiß, etwas Grau und edle Materialien, ganz nach Brandts Geschmack. Einige Gemälde hingen an den Wänden.

»Ob eines davon von Marques ist?«, überlegte Aydin.

»Lass uns nachschauen.« Sie traten an die Gemälde heran, aber keines trug Marques' Schriftzug.

»Vielleicht hat er einen Künstlernamen.«

»Quatsch. Wir haben ihn doch gegoogelt.«

»Ich meine ja zusätzlich. Was, wenn wir deswegen nichts über ihn gefunden haben? So wie bei Banks, da weiß auch keiner, wer er ist.«

»Du vergleichst doch wohl nicht allen Ernstes Marques mit Banksy? Da liegen Welten, ganze Galaxien dazwischen. Marques ist durch und durch eitel. Künstler hin oder her, der veröffentlicht nur unter seinem Namen.«

»So meinte ich das doch nicht. Es wäre dennoch denkbar ...«

»Vergiss es. Das ergibt keinen Sinn. Viel eher wäre denkbar, dass Laura Schneider Ahnung von Kunst hatte und die Gemälde von Marques nicht in ihrem Wohnzimmer aufgehängt hat, weil sie wusste, dass es keine echte Kunst ist.«

»Meinst du, das wäre ihm nicht aufgefallen? Er war doch ihr Freund, so jemand wäre sofort eingeschnappt.«

»Im Schlafzimmer.«

»Was?«

»Jede Wette, wir finden die Gemälde im Schlafzimmer. Damit gibt sie sich keine Blöße und Besucher sehen die schrecklichen Gemälde nicht.«

»Da bin ich ja mal gespannt.«

Sie gingen weiter durch die Räume, bis sie das Schlafzimmer erreichten.

»Siehste«, bemerkte Brandt siegessicher, als sie zwei Gemälde von Marques an der Wand sahen.

»Bild dir bloß nichts darauf ein.«

»Ich bin halt ein verdammt guter Polizist. Bis dahin ist es noch ein langer Weg für dich.«

»Du bist ja auch schon steinalt«, schmunzelte Aydin.

Brandt grinste nur. Sie verließen das Schlafzimmer und schauten sich die letzten Räumlichkeiten an. Am Ende mussten sie feststellen, dass sie nichts gefunden hatten, was ihnen bei ihren Ermittlungen hätte helfen können. Brandt war enttäuscht, aber auch das gehörte zu ihrer Arbeit dazu. Immer wieder landete man in einer Sackgasse.

»Die Fenster im Wohnzimmer waren auf Kipp, die könnte ein Profi leicht aushebeln und sich so Zutritt zum Haus verschaffen«, resümierte Aydin.

»Mag sein, aber ich glaube immer noch, dass wir davon ausgehen müssen, dass der Täter durch die Haustür kam und dass er keine Maske trug.«

»Also kein Profi?«

»Vielleicht doch.« Es war an der Zeit, Aydin in seine Idee einzuweihen, die er nach dem Gespräch mit Fischer gehabt hatte. »Was, wenn er Laura Schneider einschüchtern sollte, die Sache aber aus dem Ruder lief und er sie erstochen hat? Die Tochter wurde Zeugin und er hat sie deswegen ebenfalls ermordet.«

Aydin nickte. »Oder Schneider war es.«

»Das wäre auch möglich. Höchste Zeit, ihm einen Besuch abzustatten.«

11

Kunst war das Ergebnis von Dreck, Leid und Not, davon war Marques überzeugt. Dass sie das Ergebnis eines kreativen Prozesses war, hielt er für eine Erfindung von irgendwelchen Kunstprofessoren, die keine Ahnung davon hatten, was Kunst bedeutete. Darin sah er auch den Grund, warum er vor unzähligen Jahren keinen Studienplatz an der Universität der Künste in Berlin erhalten hatte. Er hatte damals unbedingt diese Uni besuchen wollen, da sie nicht nur die größte Kunsthochschule Europas, sondern auch eine der ältesten war. Dass er abgelehnt wurde, war zu der Zeit, als er noch voller Naivität und Hoffnung war, ein schwerer Schlag gewesen. Selbst heute tat diese Wunde von Zeit zu Zeit weh.

»Die größten Künstler der Menschheitsgeschichte haben nicht studiert. Ihre Arbeit war das Ergebnis ihres Lebens, ihres Leidens und ihres Elends«, sagte er sich, um die Gedanken zu verbannen, die ihm heimlich zuflüsterten, dass er kein begnadeter Künstler war und in Wirklichkeit talentfrei, was mit ein Grund dafür war, dass bis heute kein Museum ihn ausstellen wollte.

»Die haben doch alle keine Ahnung. Ich bin ich.«

Er saß noch immer auf seinem Balkon und trank von seinem Riesling. Die Flasche war schon zur Hälfte leer und so langsam fühlte er sich etwas beschwipst. Er mochte dieses Gefühl. Wenn er betrunken war, konnte er sich fallen lassen, dann kam die kreative Seite in ihm mehr zum Vorschein. Noch besser war es, wenn er einen Joint rauchte. Er hatte auch mal härtere Drogen wie Koks oder LSD probiert, aber das Ergebnis war in seinen

Augen enttäuschend gewesen, daher hatte er es sein lassen.

Alkohol, Joints und Sex, mehr brauchte er nicht, um wirklich kreativ zu sein. Die anderen wichtigen Voraussetzungen für sein Künstlerdasein brachte sein Leben mit. Er war ständig pleite, hatte keinen Schulabschluss und das Leben hatte ihn nicht gerade auf der sonnigen Seite empfangen.

Während er seinen Blick vom Balkon schweifen ließ, fiel ihm ein Mann ins Auge, der in Richtung seiner Galerie ging. Er war Ende fünfzig und recht rundlich. Jetzt blieb der Mann vor seinem Atelier stehen.

»Zu wem wollen Sie?«, rief er von seinem Balkon. Er war aufgestanden und lehnte sich an die Balkonbrüstung.

»Verzeihen Sie, ich wollte zu Boris Marques.«

»Und wer sind Sie?«

»Mein Name ist Hans Köppel.«

»Hans Köppel? Der Galerist?«

»Genau.«

Konnte das wirklich sein? Stand da unten allen Ernstes einer der bekanntesten Galeristen Kölns und wollte zu ihm? Hatten sich seine Werke denn bis zu Köppel herumgesprochen? In der Kunstszene kam das einem Ritterschlag gleich.

»Ich bin Boris Marques. Warten Sie bitte kurz, ich bin gleich bei Ihnen.«

»Das mache ich doch gerne. Bis gleich.«

Bevor Marques die Wohnung verließ, eilte er ins Bad und gurgelte mit Mundwasser. Er wollte nicht nach Alkohol riechen. Dabei fiel ihm auf, dass er auch noch nach Schweiß roch. Kein Wunder, er hatte das T-Shirt seit gestern nicht gewechselt. Er zog es aus und nahm ein sauberes aus dem Kleiderschrank.

»Wenn das klappt ...«, sagte er zu sich, wollte sich aber nicht zu früh freuen. Zu oft hatte er sich in der Vergangenheit mit Enttäuschungen auseinandersetzen müssen. Die Spur der Verlierer war bislang seine gewesen. Nur eines hatte ihn nie verlassen: sein Talent.

»Und mein Charme«, fügte er hinzu. Dass Köppel zu ihm kam, war doch schon die halbe Miete. Mit seiner Ausstrahlung, seiner Begabung und seinen Werken würde er diesen naiven, dicklichen Typen um den Finger wickeln. Niemand konnte seinem Wesen widerstehen, das hatte er immer wieder unter Beweis gestellt.

Er verließ die Wohnung und eilte nach draußen, wo ein gut gelaunter Herr ihn erwartete.

»Verzeihen Sie, dass Sie warten mussten.«

»Nichts für ungut. Ist ja herrliches Wetter, da warte ich gerne kurz.« Köppel reichte ihm die Hand zum Gruß. Sein Händedruck war ebenso zart wie seine Hände. Vermutlich cremte er sie jeden Tag ein und mit Sicherheit hatten diese Hände noch nie harte Arbeit gesehen, was Marques nicht wunderte, denn er kannte den Lebenslauf von Kölns bekanntestem Galeristen und Auktionshändler. Er hatte schon Kölner Künstlern wie Richter, Polke, Trockel oder Hagenmeyer zu großem Ruhm und vollen Taschen verholfen. Auch sein Vater war ein einflussreicher Auktionshändler gewesen, der sogar Andy Warhol persönlich gekannt hatte. Allein, dass sich Köppel für ihn Zeit nahm, war eine unglaubliche Würdigung. Dennoch wollte sich Marques seine Nervosität nicht anmerken lassen. Immerhin war er der Künstler und Köppel nur jemand mit verdammt guten Kontakten, der ihm helfen konnte, Geld zu verdienen. Viel Geld.

Wie war das noch: Du brauchst nicht viel zum Leben? Nur Wein und so?, meldete sich der kritische Gedanke, den er lieber schnell wegwischte.

»Gehe ich recht in der Annahme, dass Sie direkt über Ihrer Ausstellung wohnen?«

»Genau. Mein Atelier befindet sich auch hier. Alles zentral, wenn mich die Kreativität packt, kann ich sofort loslegen.«

»Sehr gut. Viele große Künstler gehen so vor. Das gefällt mir. Sie malen zeitgenössische Kunst, richtig?«

»Richtig. Meistens jedenfalls.«

»Wollen wir uns Ihre Werke anschauen? Ich bin neugierig.« Köppel lächelte. Ob es ein aufrichtiges Lächeln oder nur gewohnte Freundlichkeit war, konnte Marques nicht einschätzen. Er öffnete die Tür und bat Köppel, einzutreten.

»Darf ich mir die Frage erlauben, wie Sie auf mich aufmerksam geworden sind?«

»Sie wurden mir von einem Kunden empfohlen«, blieb Köppel vage.

Er wollte den Namen der Person also nicht preisgeben. Ob er damit einen Mann oder eine Frau meinte, blieb ebenfalls offen. Am Ende war das auch egal. Köppel war hier und seine Kunst würde schon für sich selbst sprechen.

Köppel schaute sich die Gemälde mit geschultem Blick an. Er sagte nichts. Bei einigen Werken trat er näher heran, um sie genauer in Augenschein zu nehmen.

»Ist das alles?«

»Alles?«

»Na, was Sie gemalt haben? Gibt es noch andere Werke?«

»Reicht das nicht? Hier hängen fast dreißig Gemälde von mir.«

»Verstehe«, nickte er und strich sich über den Mund. Marques glaubte, ein Schmunzeln wahrgenommen zu haben. Ob das ein gutes Zeichen war, konnte er nicht einschätzen.

Erneut trat Köppel an einige Gemälde heran, um sie näher zu betrachten, dabei nickte er immer wieder mit dem Kopf, als würde er seine Gedanken bestätigen. In der gespannten Stille vernahm Marques deutlich die laute Nasenatmung des Mannes, die vielleicht seinem Übergewicht geschuldet war.

»Ich habe genug gesehen«, sagte Köppel dann und trat zu ihm.

»Und das heißt?«

»Dass ich nicht zu den Personen gehöre, die um den heißen Brei herumreden.«

»Sehr gut. Ich mag geradlinige Menschen. Ich bin genauso. Auch wenn mir das manchmal jede Menge Ärger eingebracht hat.«

»Dann verstehen wir uns ja«, antwortete Köppel.

Gespannt wartete Marques darauf, dass Köppel ihm im nächsten Satz anbieten würde, seine Kunst in seinem Auktionshaus anzubieten.

12

Albert Schneider wohnte am Friesenwall und somit in zentraler Lage in Köln. Das Penthouse war großzügig geschnitten und sehr modern, aber kein Vergleich zu der Villa, in der seine Frau und seine Tochter gelebt hatten.

Brandt und Aydin hatten ihm bereits ihr Beileid bekundet. Schneider wirkte angeschlagen, aber nicht wie jemand, der in tiefer Trauer war. Seine Augen waren zwar rot unterlaufen, doch Brandt glaubte nicht, dass die sichtbaren Äderchen vom vielen Weinen kamen. Vermutlich war Schneider einfach übermüdet oder er war Alkoholiker, auch die hatten häufig gerötete Augen.

»Haben Sie schon eine heiße Spur?«, fragte Schneider.

»Wir stehen noch am Beginn unserer Ermittlungen.«

»Verstehe. Ich kann nicht begreifen, wie jemand so brutal sein kann, meine kleine Tochter zu ermorden. Ein Kind! Sie war doch erst sechs und vollkommen unschuldig.« Schneider schnaubte und presste die Kiefer aufeinander. Er wirkte plötzlich angespannt. Seine blauen Augen waren kalt und leer, sie wirkten wie ein zugefrorener See.

»Hatte Ihre Frau Probleme mit jemandem?«, fragte Brandt. Er wollte zunächst mit harmlosen Fragen starten, bevor er Schneider in die Mangel nahm. Immerhin war es denkbar, dass Schneider etwas wusste, was die anderen bisher nicht ausgesagt hatten. Hätte Brandt gleich einen Angriff gegen ihn gestartet, wären möglicherweise wichtige Informationen verloren gegangen. Taktik war die halbe Miete bei Befragungen.

»Woher soll ich das wissen? Wir waren so gut wie geschieden. Sie hat mich nicht mehr an ihrem Privatleben teilnehmen lassen«, reagierte Schneider gereizt. »Ich will mir gar nicht ausmalen, welchen schlechten Einflüssen sie ausgesetzt war. Sie müssen wissen, Laura war ziemlich naiv und leichtgläubig.«

Brandt runzelte innerlich die Stirn. Sprach so jemand, der gerade seine Frau und sein Kind verloren hatte? Er hatte da große Zweifel.

»Sie befanden sich im Trennungsjahr. Ging die Trennung von Ihnen aus?«

»Nein, warum hätte ich mich trennen sollen? Ja, Laura und ich hatten unsere Differenzen, aber welche Eheleute haben die nicht? Schmeißt man deswegen denn gleich die Flinte ins Korn?« Schneider schüttelte den Kopf und fuhr sich mit beiden Händen über die dichten braunen Haare, die kurz geschnitten und zu einem Rechtsscheitel gekämmt waren. Einzelne graue Strähnen blitzten dazwischen hervor, die wenigen Falten in seinem Gesicht zeugten davon, dass er Mitte vierzig war.

»Und warum wollte Ihre Frau die Trennung?«, hakte Brandt nach. Sicherlich wollte Schneider die Fassade der heilen Familie aufrechterhalten.

»Weil sie naiv war. Diesen Floh hat ihr diese Hexe Manuela ins Ohr gesetzt. Seit sie in das Nachbarhaus eingezogen ist, gab es nur Ärger.«

»Inwiefern?«

»Sie hat meine Frau mit ihren Worten manipuliert. Manuela hat selbst eine Scheidung hinter sich und fühlte sich offensichtlich danach erst so richtig frei. Solchen Blödsinn hat sie meiner Frau erzählt! Außerdem meinte sie, dass ich ein Macho wäre und sie nicht schätzen würde. So ein Unsinn. Manuela ist eine Emanze, eine, die Männer hasst. Ich habe meine Frau geliebt. Hat Laura bei diesem Mist denn ein Mal an Alena gedacht?« Schneider atmete immer schneller und Brandt sah, dass seine rechte Hand leicht zitterte.

Also doch Alkoholiker?, dachte er sofort.

»Wollen Sie damit sagen, dass Ihre Frau die Scheidung nicht eingereicht hätte, wenn Frau Janak sie nicht, wie Sie es nennen, manipuliert hätte?«

»Selbstverständlich. Es gab keinen Grund dafür. Mich hat das Ganze wie aus heiterem Himmel getroffen.«

»Uns wurde aber erzählt, dass Sie Ihrer Frau gegenüber gewalttätig waren«, provozierte Brandt.

»So ein Blödsinn. Das kann doch nur diese Schla…« Schneider unterbrach sich und sprach das Offensichtliche nicht aus. »Ich bin mit Sicherheit kein Engel, aber ich habe meiner Frau niemals Gewalt angetan.«

»Und die blauen Flecken, die sie während Ihres Zusammenlebens immer wieder am Körper hatte?«

»Das hat sie gewollt.«

»Sie wollte, dass Sie ihr Gewalt antun?« Brandt zog die Augenbrauen hoch. Er hatte schon viele Ausreden gehört, aber diese hier war besonders dreist.

»Beim Sex. Wir beide standen auf harten Sex. Sie ist sehr devot, sie mochte es, wenn ich sie hart angepackt habe.«

Dass Schneider auf harten Sex stand, mochte stimmen, dass die blauen Flecken auf dem Körper seiner Frau aber nur vom Liebesspiel herrührten, hielt Brandt für eine Lüge.

»Es liegt eine einstweilige Verfügung gegen Sie vor, dass Sie sich Ihrer Frau auf nicht mehr als hundert Meter nähern dürfen. Warum hätte sie so etwas erwirken sollen, wenn Sie ein gutes Verhältnis hatten?«, fragte nun Aydin.

»Hören Sie mir denn nicht zu?« Schneider platzte augenscheinlich der Kragen. »Das war dieses Miststück Manuela. Sie hat es nicht ertragen, dass ich nur Laura geliebt habe.«

»Wollen Sie damit sagen, dass Frau Janak auf Sie stand?«

»Was für eine Frage, natürlich. Aber ich habe ihr die kalte Schulter gezeigt.«

»Ihnen ist bewusst, dass wir dem nachgehen werden. Haben Sie dafür Belege?« Brandt wollte, dass Schneider wusste, dass er nicht mit jedem Schwindel bei ihm durchkam.

»Glauben Sie etwa, dass ich lüge? Warum sollte ich Sie anlügen?«

»Wir gehen nur jeder Aussage nach, die für die Ermittlungen relevant ist, und Sie belasten gerade Frau Janak. Gibt es Nachrichten oder Aufzeichnungen, die das belegen?«

»Sie hat mir anzügliche Nachrichten geschickt.«

»Dann können Sie uns diese sicherlich zeigen.« Brandt wollte ihm noch immer nicht glauben.

»Ich weiß nicht, ob ich die noch auf meinem Handy habe.«

»Dann sollten Sie nachschauen.«

»Das ist nicht Ihr Ernst?«

»Ist es«, blieb Brandt kühl.

»Waren es WhatsApp-Nachrichten?«, fragte Aydin.

»Ja.«

»Die können Sie doch suchen, einfach nach dem Namen des Kontaktes filtern.«

Schneider brummte etwas. Er schien zu überlegen, schließlich sagte er: »Die sind auf meinem anderen Handy.«

»Dann holen Sie das Handy doch bitte. Falls Sie das nicht wollen, werden wir diesen Hinweis durch Sie ignorieren.«

»Sie glauben mir nicht.« Er schüttelte verständnislos den Kopf. »Ich bin gleich zurück. Das Handy ist im Büro.«

»Wir warten.«

Schneider entfernte sich. Aydin schaute ihm nach.

»Glaubst du ihm?«

»Nicht wirklich, der will sich doch nur ins rechte Licht

rücken. Fürsorglicher Ehemann und guter Vater, dass ich nicht lache. Hast du gesehen, was für kalte Augen er hat, wenn er über Laura spricht?«

»Ist mir nicht entgangen. Aber wenn er jetzt ohne Handy zurückkommt, macht er sich doch vollends zum Affen«, flüsterte Aydin.

»Das ist ihm vermutlich gar nicht bewusst. Hast du gesehen, wie seine Hände zittern?«

»Alkoholiker?«

»Unter Garantie.«

Schneider ließ auf sich warten, womöglich, weil es dieses zweite Handy gar nicht gab oder weil sich besagte Nachrichten nicht darin befanden. Brandt ließ seinen Blick ein weiteres Mal durch das Wohnzimmer wandern. Es hingen einige Bilder an der Wand, aber keines davon zeigte Laura Schneider oder seine Tochter.

»Hat man als Vater nicht zumindest ein Foto von seiner Tochter im Wohnzimmer?«, bemerkte Brandt.

»Natürlich. Ich habe in jedem Zimmer Bilder von Leah. Sogar in meiner Brieftasche. Du doch auch.«

»Ja sicher«, nickte Brandt. Er war Leahs Patenonkel und hatte ein sehr enges Verhältnis zu ihr. Für sie war er einfach der Onkel, wie Tolga. »Schneider hat kein Foto von seiner Tochter im Wohnzimmer.«

»Doch«, entgegnete Aydin.

»Wo?«

»Na da.« Brandt folgte Aydins ausgestrecktem Zeigefinger, der neben das Lowboard, auf dem der Fernseher stand, wies.

»Ist mir doch tatsächlich entgangen.« An der Kante des Lowboards stand ein kleiner Bilderrahmen, darin war ein Bild von Alena. Aus Brandts Blickwinkel war das kaum zu sehen gewesen.

In diesem Moment kam Schneider zurück und zu Brandts Erstaunen hielt er ein Handy in der Hand.

»Damit Sie sehen, dass ich nicht lüge«, sagte er. Seine Stimme hatte etwas Triumphierendes, beinahe schien er zu grinsen.

Schneider reichte Brandt das Handy. Auf dem Display war ein Chat zwischen Schneider und Manuela Janak über WhatsApp zu sehen.

Brandt und Aydin lasen die Nachrichten. Kein Zweifel, Schneider hatte nicht gelogen. Der Chatverlauf erweckte tatsächlich den Eindruck, als hätte Manuela Janak Interesse an ihm gezeigt. Erstaunlich war, dass in keiner Nachricht auf Laura Schneider eingegangen wurde. Ob die beiden sie einfach ausgeblendet hatten?

»Können wir das Handy mitnehmen?«

»Mit Sicherheit nicht. Ich wollte nur, dass Sie sehen, dass ich nicht lüge. Diese Manuela ist nicht ohne. Wenn sie nicht wäre, hätte Laura nie die Scheidung eingereicht und könnte jetzt noch leben.«

»Ich möchte Sie bitten, die Nachrichten nicht zu löschen. Sie könnten Gegenstand der Ermittlungen werden«, wurde Brandt deutlich. Dass Schneider ihm das Mobiltelefon nicht mitgeben wollte, passte ihm gar nicht.

Die Flirterei zwischen Janak und Schneider entsprach nicht dem Bild, das Brandt von ihr gewonnen hatte. Er hatte geglaubt, sie wäre eine geradlinige Frau, die es mit Sicherheit nicht auf den Ehemann ihrer Freundin abgesehen hatte, oder gehörte sie doch zu den Frauen, die gerade die Partner ihrer Freundinnen interessant fanden?

Ob sie auch mit Marques was am Laufen hatte?, überlegte er. Immerhin hatte Lauras Nachbarin fast zehntausend Euro für dessen Kunstwerke bezahlt. War das vielleicht der Preis für besondere Liebesdienste, die Marques ihr erbracht hatte? Brandt wollte nicht zu sehr spekulieren, aber er musste Manuela Janak mit diesen neuen Informationen konfrontieren, das stand außer Frage.

»Warum hat Ihre Frau das alleinige Sorgerecht beantragt?«

»Weil sie unter dem Einfluss von Manuela und diesem Freak stand.«

»Welchem Freak?«

»Na, diesem Loser, diesem Möchtegernkünstler. Boris Marques.«

»Und wie kommen Sie darauf, dass er ein Möchtegernkünstler ist?«

»Weil ich meine Hausaufgaben mache. Glauben Sie allen Ernstes, dass ich nur zuschaue, wenn ein anderer Mann Einfluss auf meine Tochter nimmt? Ich habe Erkundigungen eingeholt.«

»Was für Erkundigungen?«

»Was er so treibt, wovon er lebt.«

»Und was war das Ergebnis?«

»Was wohl, der hat nix. Wohnt zur Miete und kein namhaftes Auktionshaus hat je ein Gemälde von ihm verkauft. Er ist ein Blender.«

Die Antworten von Schneider erstaunten Brandt nicht, denn genau den Eindruck hatte auch er von Marques gewonnen. Zwar nicht in so drastischer Weise, aber doch so weit, dass er bezweifelte, dass er sich in der Kölner Kunstszene einen Namen gemacht hatte.

»Und Sie glauben wirklich, dass Ihre Frau allein aufgrund des Einflusses dieser beiden Personen nicht nur eine einstweilige Verfügung gegen Sie erwirkt, sondern auch noch das alleinige Sorgerecht erstritten hat?«, bohrte Aydin nach. Ihm war anzusehen, dass er kein Wort von dem, was Schneider sagte, glaubte.

»Selbstverständlich.«

»Und warum hat das Gericht Ihrer Frau das Sorgerecht zugesprochen?«

»Weil dort nur Arschlöcher sitzen«, reagierte Schneider gereizt. »Da muss eine Mutter doch nur heulen und schon sind wir Männer die größten Verbrecher, die es gibt. Dass es hier um meine Tochter ging, hat das Gericht gar nicht interessiert. Meine Tochter!«

»Sie machen es sich zu leicht, wenn Sie denken, dass wir Ihnen einfach so glauben. Wir werden Akteneinsicht beim Gericht einfordern und dann werden wir die Argumente überprüfen und analysieren. Sie tun sich keinen Gefallen damit, wenn Sie uns Dinge verschweigen oder uns anlügen«, wurde Brandt deutlich. Er hatte die Taktik hinter Schneiders Worten durchschaut: Der Mann wollte jeden Verdacht von sich weisen.

»Ich habe es nicht nötig, zu lügen. Ich habe Alena geliebt. Glauben Sie wirklich, dass ich, ihr Vater, sie töten könnte? Glauben Sie das im Ernst? Ich habe ein Alibi, falls Sie das vergessen haben.«

»Das haben wir nicht«, antwortete Brandt.

Dunja Rost hatte ihnen gegenüber bereits ausgesagt, dass sie den Abend zur Tatzeit mit Schneider verbracht hatte. Sie wirkte zwar glaubwürdig und machte nicht den Eindruck, als würde sie um jeden Preis für ihren Lebensgefährten lügen, aber das musste nicht viel heißen. Brandt hatte es berufsbedingt häufig mit Menschen zu tun, die logen und gleichzeitig hoch und heilig schworen, die Wahrheit zu sagen.

»Wir verdächtigen Sie ja auch nicht«, ergänzte Aydin. »Unser Job ist es, den Mörder zu finden, dafür sind diese Fragen notwendig.«

»Ach tatsächlich? Wie könnte ich Ihnen wohl helfen, den Mörder zu finden? Ich hatte keinen Kontakt mehr zu meiner Frau, sie ließ mich an ihrem Leben nicht teilhaben. Wie soll ich Ihnen da helfen?«

»Wann hatten Sie denn das letzte Mal persönlichen Kontakt zu Ihrer Frau?«

»Das war vor Gericht, letzten Monat, irgendwann im Juni.«

Aydin machte sich eine Notiz auf seinem Schreibblock, Brandt tat dasselbe in Gedanken. Diese Angabe würden sie überprüfen.

»Wie haben Sie reagiert, als Ihnen das Sorgerecht entzogen wurde?«

»Ich war wütend und enttäuscht.«

»Haben Sie Ihre Frau aufgesucht?«

»Nein.«

»Haben Sie sie angerufen oder ihr geschrieben?«

»Nein.«

»Sie sollten wissen, dass wir das Handy Ihrer Frau haben, wir werden die Daten auswerten.«

»Verdammt, ja, ich habe sie angerufen und ihr böse Nachrichten geschrieben. Aber würden Sie in meiner Situation nicht auch so handeln? Alena war meine Tochter. Wie können Sie von mir erwarten, dass ich tatenlos dasitze und akzeptiere, dass dieser Nichtsnutz sich bei meiner Tochter einschleimt und den Papa spielt? Sie ist meine Tochter.«

»Und wie kommen Sie darauf, dass Herr Marques sich bei Ihrer Tochter einschleimen wollte? Patchworkfamilien sind in der heutigen Zeit nichts Ungewöhnliches.«

»Weil ich seinen Plan durchschaut habe.«

»Welchen Plan?«

»Er hat es auf das Vermögen meiner Tochter abgesehen, über das Laura allein die Verfügungsgewalt hatte, seit ihr das alleinige Sorgerecht zugesprochen wurde.«

»Durch das Sorgerecht wurde Ihnen der Zugriff auf das Vermögen Ihrer Tochter entzogen?«, fragte Aydin.

»Das war doch der Plan, von Anfang an. Glauben Sie, ich habe das nicht erkannt? Dieser Marques wollte an mein Geld, wann kapieren Sie das endlich?«, platzte Schneider heraus und verriet damit, dass es auch ihm am Ende nur um das Geld und nicht um das Sorgerecht für seine Tochter ging.

Langsam bekam Brandt das Gefühl, dass Mutter und Tochter wegen der Gier eines anderen Menschen hatten sterben müssen, auch wenn es noch viel zu früh war, voreilige Schlüsse zu ziehen. Nicht nur einmal hatte er erlebt, dass es am Ende anders kam, als er geglaubt hatte.

»Wollen Sie damit sagen, dass Herr Marques Ihre Frau und Ihre Tochter getötet hat?«

»Ja, endlich kapieren Sie es.« Schneider atmete erleichtert aus und schüttelte den Kopf.

»Was hätte ihm das denn gebracht? Er war nicht mit Ihrer Frau verheiratet. Dass es ein Testament gibt, in dem Herr Marques bedacht wird, halten wir für ausgeschlossen.«

»Womöglich hat er sie erpresst.« Schneider wirkte wieder unwirsch und genervt. »Sie sind doch die Polizisten, es ist Ihr Job, herauszufinden, warum dieser Nichtsnutz meine Tochter getötet hat. Trotzdem möchte ich wetten, dass es um Geld ging.«

»Das liebe Geld. Es drängt die Menschen zu den dümmsten Taten. Sie müssen seit Ihrer Insolvenz sicher finanzielle Einbußen hinnehmen, oder nicht?«

»Nicht in dem Maße«, antwortete Schneider und ließ seine Zähne aufblitzen.

»Soweit wir informiert sind, musste Ihre Consultingfirma Konkurs anmelden. Sie waren mit Privatbürgschaften in der Haftung und haben Ihr gesamtes Vermögen verloren.« Die Sache mit den Privatbürgschaften hatte Fischer ihnen zuvor noch gemailt, Aydin hatte die E-Mail während der Fahrt zu Schneider vorgelesen.

»Sie sollten nicht alles glauben, was in den Medien berichtet wird.«

»Wir beziehen unsere Informationen sicherlich nicht aus den Medien. Es gab Ermittlungen gegen Sie wegen Steuerbetrugs.«

»Das ist Deutschland. Wenn man mal auf die Fresse

fliegt, wird noch auf einem herumgetrampelt statt geholfen. Das Drecksfinanzamt konnte mir nichts nachweisen. Es gab kein Urteil, weil ich nichts Unrechtmäßiges getan habe.«

»Sie haben vor der Insolvenz große Summen an Ihre Tochter übertragen.«

»Ein ganz normaler Vorgang bei Unternehmern. Es geht um Steuersparmodelle. Ein Unternehmer, der nicht versucht, maximal Steuern zu sparen, hat sein Geschäft nicht verstanden. Alles völlig legal. Die Finanzbehörden haben das komplett durchleuchtet und nichts gefunden. Ehrlich gesagt, weiß ich gar nicht, worauf Sie hinauswollen.« Schneider schäumte und ihm war anzusehen, dass die Geschichte mit dem Finanzamt ein ganz wunder Punkt bei ihm war.

»Sie arbeiten jetzt für Ihren Bruder, richtig?«, fragte Aydin.

»Na und? Ist es verboten, für seinen Bruder zu arbeiten?«, blaffte Schneider.

»Das nicht. Ich frage mich nur, wie Sie sich dieses Penthouse leisten können, wenn Sie eigentlich pleite sind«, provozierte Brandt.

»Weil Sie ein Neidhammel sind, ein einfacher Staatsdiener, der nicht damit klarkommt, dass Menschen wie ich es immer wieder schaffen, auf die Beine zu kommen. Wenn Sie mir nicht glauben, dass alles mit rechten Dingen zugeht, können Sie mit meinem Bruder persönlich sprechen. Er kommt heute nach Köln«, giftete Schneider zurück. Seine Augen stachen hervor und sein Brustkorb hob und senkte sich sichtbar, so heftig atmete er.

»Seien Sie unbesorgt, Neid liegt mir fern, aber mich lässt der Mord an zwei Menschen, davon ein kleines Kind, nicht kalt, und wenn diese Morde aus purer Geldgier begangen wurden, dann macht mich das unglaublich wütend«, stellte Brandt klar. Er richtete sich auf und spannte seinen Oberkörper an, sodass man seine Armmuskeln deutlich sehen konnte. Brandt trug an diesem Tag ein Poloshirt, da es ihm für ein Hemd zu warm war.

»Ich habe meine Tochter nicht getötet. Sie war der einzige Mensch, der mir etwas bedeutet hat.« Schneider spielte an seinem Hemdkragen und öffnete die oberen Knöpfe. Ein Pflaster wurde an seinem Hals sichtbar.

13

»Was für ein Wichser«, fluchte Boris Marques. Obwohl das Treffen mit Hans Köppel mehr als eine Stunde zurücklag, hatte sich seine Wut noch nicht gelegt. Er lag auf der Couch, neben ihm auf dem Boden zwei leere Flaschen Wein, die dritte hielt er in der Hand.

»Der wollte mich doch nur vorführen. Von wegen, ich wurde ihm empfohlen. Jede Wette, der hat sich einen darauf gewichst, mich zu verarschen.«

Es war ihm schwergefallen, seine Enttäuschung zu verbergen, als Köppel ihm kein Angebot für seine Kunst gemacht hatte. Aber er hatte sich am Riemen gerissen, dabei hatte alles in ihm danach geschrien diesem fetten Möchtegernkunstkenner die Faust zwischen die Zähne zu schieben.

Und was, wenn dich doch jemand empfohlen hat, aber deine Kunst einfach nur Müll ist?, meldete sich der kritische Gedanke, der ihn schon lange begleitete. So lange, wie er versuchte, sich als selbstständiger Maler einen Namen zu machen. Konnte es sein, dass er vielleicht doch weniger Talent hatte, als er glauben wollte?

»Nein!«, rief er. »Du bist nicht so weit gekommen, um dich von einem fetten Arschloch einschüchtern und dein Talent infrage stellen zu lassen. Du bist gut, die Welt will das nur nicht begreifen.«

Die kritische Stimme trat in letzter Zeit immer öfter in Erscheinung und belastete ihn sehr, denn wenn sie sich bemerkbar machte, war er unfähig, zu malen. Doch wenn er nicht malte, konnte er der Welt kaum beweisen, dass er ein großartiger Künstler war. Es war ein Teufelskreis, dem er schwer entkommen konnte.

Als ihm dieses Dilemma wieder bewusst wurde, überkam ihn eine unbändige Wut. Eine maßlose Erbitterung, in der er dazu tendierte, wirklich alles um sich herum infrage zu stellen, selbst sein eigenes Leben. Dabei gehörte er nicht zu den Leuten, die depressiv waren oder einen Hang zum Selbstmitleid hatten. Er empfand sich als jemand, der mit beiden Beinen im Leben stand.

Doch diese Enttäuschungen, die ihn wie ein Schatten verfolgten, waren nur schwer zu ertragen. Ein Künstler brauchte die Bestätigung, ein Erfolgserlebnis ab und an.

Das letzte Erfolgserlebnis hatte er gehabt, als Laura zwei seiner Gemälde gekauft hatte, das hatte sich gut angefühlt. Sie war eine Kunstkennerin, in ihrem Wohnzimmer hingen die Werke bekannter Künstler. Dass sie zwei seiner Bilder nur ihm zuliebe gekauft hatte, mochte er nicht glauben.

»Aber warum hat sie sie dann im Schlafzimmer aufgehängt und nicht im Wohnzimmer oder im Flur?« Er gönnte sich einen großen Schluck aus der Flasche. Sein Kopf schmerzte schon vor lauter Nachdenken.

Da hatte er mit einem Mal die Antwort auf die Frage: Laura hatte ihn ehren wollen, indem sie seine Bilder im Schlafzimmer aufgehängt hatte, das war etwas sehr Intimes. Sie wollte ihm damit zeigen, wie sehr sie seine Arbeit schätzte.

»Unsinn«, wurde er laut und stand von der Couch auf, weil die Flasche leer war. Er brauchte eine neue, diesmal eine Rotweinflasche.

»Du hast kein Talent. Sieh es doch ein. Du bist pleite, das Wasser steht dir bis zum Hals und warum? Weil du talentfrei bist. All die Bilder, die in deiner Galerie hängen, sind wertloser Müll. Köppel war nur ehrlich zu dir.«

Marques seufzte und zog die Nase hoch, dann hatte er eine Eingebung, die so gewaltig war, dass er sie sofort umsetzen wollte.

»Vernichte diesen Ballast. Fang ein neues Leben an. Meinetwegen als Straßenkünstler. Scheiß auf alles.«

Statt eine neue Weinflasche zu holen, verließ er seine Wohnung und ging in seine Galerie. Er schloss hinter sich ab und schaute die Gemälde seiner Ausstellung an, die er die letzten Jahre gemalt hatte und in die er viel Herzblut hineingesteckt hatte; die am Ende seine Persönlichkeit, sein Denken, sein Weltbild und sein Verständnis von Kunst darstellten.

»Alles nur billiger Ramsch«, brüllte er und griff nach dem ersten Gemälde, um es zu zerstören. Er boxte gegen die Leinwand. Nach dem zweiten Anlauf zeigte sich ein großes Loch in dem Bild.

Das Erstaunliche war: Es fühlte sich gut an. Also griff er sich das nächste Gemälde und riss auch in dieses ein Loch hinein. Da klingelte sein Handy. Er fischte es aus seiner Hosentasche und sah aufs Display.

Manuela Janak rief an.

14

»Den Kuchen haben wir uns aber so was von verdient«, sagte Aydin, als er und Brandt auf der Terrasse des Café Rico Platz nahmen.

Brandt schmunzelte nur, er behielt seinen Gedanken für sich.

»Ach, das süße Paar, das keines ist«, wurden sie überschwänglich von Raúl Salvatore, dem Kellner des beliebten Cafés in der Kölner Mittelstraße, empfangen. »Seid mir gegrüßt, ihr beiden Sonnenscheine.«

»Hallo«, antworteten Brandt und Aydin.

»Du siehst aber gestresst aus. Unterzuckert?« Raúl verdrehte leicht die Augen, seine Stimmlage hatte den gewohnt hohen Singsang angenommen.

»Das kannst du laut sagen. Ich glaube, wir können auch sofort bestellen.«

»Gerne doch. Was kann ich schönes für euch tun?«

»Einen Espresso für mich«, antwortete Brandt.

»Keinen Kuchen?«

»Erst mal nicht.«

»Für mich einen doppelten Espresso und einen Erdbeerkuchen.«

»Mit Sahne, oder?«

»Auf jeden Fall.« Aydin grinste breit.

»Sicher, dass du keinen Kuchen willst?«, fragte Raúl und berührte dabei sanft Brandts Schulter.

»Ganz sicher«, nickte der. »Einer muss ja auf seine Figur achten.«

»So schlecht sieht Emre doch gar nicht aus. Es muss nicht immer ein Sixpack sein. Ich beneide ihn. Weißt du, was das für eine Arbeit ist? Aber als Single und dann noch in der Gayszene, da hat man ja keine Wahl. Dabei hasse ich diese Oberflächlichkeiten.« Raúl verdrehte wieder die Augen und entfernte sich.

»Das ist echt ein Paradiesvogel«, bemerkte Brandt schmunzelnd. Sie hatten Raúl vor ein paar Wochen in dem Café kennen und schätzen gelernt, inzwischen duzten sie sich. Brandt gefiel, dass er sagte, was er dachte. Jedenfalls hatte er nicht das Gefühl, dass Raúl sich seine Worte lange im Voraus zurechtlegte.

»Deswegen ist Köln auch die toleranteste Stadt Deutschlands. Ich mag Raúl. Es müsste mehr Menschen wie ihn geben und weniger Idioten wie diesen Schneider. Wie der sich aufgespielt hat, einfach nur widerlich.«

»So unrecht hatte Marques mit einigen Behauptungen wohl nicht. Schneider zeigt eindeutig Züge eines egoistischen Soziopathen. Aber macht ihn das zu einem Mörder? Ich bin geneigt, ihm abzukaufen, dass ihm der Verlust seiner Tochter sehr zusetzt.«

»Das Gefühl hatte ich auch. Jedenfalls hat er weniger emotional reagiert, als es um den Mord an seiner Frau ging.«

»Ist mir auch nicht entgangen.«

Raúl kam mit der Bestellung zurück. Er reichte den beiden ihren Espresso, Aydin seinen Kuchen.

»Und der geht aufs Haus«, sagte Raúl und stellte Brandt ein weiteres Stück Erdbeerkuchen auf den Tisch.

»Das wäre aber nicht nötig gewesen«, antwortete Brandt.

»Es wäre sehr unhöflich, ihn nicht zu essen«, entgegnete Aydin, der Mühe hatte, sich ein Grinsen zu verkneifen.

»Heute ist ein guter Tag für einen Cheatday, und glaube mir, dieses Stück Kuchen wird deinem Astralkörper nichts anhaben«, antwortete Raúl.

»Vielen lieben Dank. Dann habe ich wohl keine Wahl.«

»So ist's brav.« Raúl zwinkerte ihm zu.

Brandt fand das schon etwas übergriffig, aber irgendwie auch sympathisch und es bestätigte seinen Eindruck von Raúl.

»Komm, gib zu, der Kuchen ist echt Bombe.« Aydin hatte bereits ein großes Stück in seinem Mund verschwinden lassen, ein wenig Sahne klebte an seinem Bart.

»Schlecht ist er nicht«, blieb Brandt vage, dabei schmeckte er wirklich sehr gut. Er schob sich ein kleines Stück davon auf die Gabel. »Trotzdem sollte man versuchen, es zu genießen. Es ist niemand da, der ihn dir wegisst.«

Als Antwort teilte Aydin ein extra großes Stück von seinem Kuchen ab und spießte es auf die Gabel.

»Ich hätte niemals geglaubt, dass Manuela Janak sich an Schneider rangemacht hat, wenn ich die Nachrichten nicht gesehen hätte.«

»Das ist in der Tat befremdlich, aber ich fand es auch komisch, dass er uns das Handy nicht zur Verfügung gestellt hat. Vor allem, warum hat er ein zweites Handy?«, sinnierte Brandt.

»Tussifon.«

»Möglich. Was, wenn er seine Frau regelmäßig betrogen hat und sie auch deswegen die Scheidung wollte? Wir müssen unbedingt die Gründe dafür herausfinden. Das müsste doch in der Akte zu finden sein, die beiden standen schon vor Gericht.«

»Soll ich Fischer anrufen?«

»Nachher. Die Pause haben wir uns verdient.« Brandt leerte seine Espressotasse. »Raúl, kannst du mir bitte noch einen Espresso bringen?«, bat er den Kellner, der gerade an ihm vorbeikam.

»Sehr gerne. Und, war es ein Fehler mit dem Kuchen?«

»Nein, der war ausgesprochen lecker. Vielen Dank noch mal.«

»Dafür doch nicht, hübscher Mann. Wobei«, Raúl beugte sich ein wenig herunter, »der da drüben hat auch was. Sehr viel sogar. Was für ein Traum.« Er seufzte.

»Wieso seufzt du?«

»Weil er nicht schwul ist, oder von sich glaubt, es nicht zu sein. Er ist neu in Köln, sonst wäre er mir längst aufgefallen. Diese Ausstrahlung ist schon unheimlich und wenn er einen berührt ...«

»Genug geschwärmt. Wen meinst du denn?« Brandt fand, dass Raúl übertrieb. Vermutlich war es nur ein gutaussehender Mann, der bei Raúl die Hormone durcheinanderbrachte, was offensichtlich auch nicht schwer war.

»Na, da. Er kommt direkt auf uns zu. Und dann ist ausgerechnet heute die Terrasse pickepacke voll. Mehr Pech kann ich doch nicht haben«, jammerte er und machte seine typische Handbewegung.

Jetzt erkannte Brandt den Mann.

»Ist das nicht Dr. Glück?«, fragte Aydin.

»Genau«, sagte Raúl. »Wie kann ein Arzt so sexy aussehen und dabei so nett sein? Ihr kennt ihn?«

»Nur flüchtig. Wir hatten während der Ermittlungen in unserem letzten Fall Kontakt mit ihm.«

»Ermittlungen? Sagt nicht ...«

»Nein, alles ganz harmlos. Er war nur der behandelnde Arzt einer Zeugin«, erklärte Brandt und sah, wie sich die Gesichtszüge von Raúl deutlich entspannten.

»Alles andere hätte mich auch gewundert.«

Dr. Glück stand inzwischen zwei Meter von ihnen entfernt und suchte nach einem freien Platz auf der Terrasse, aber wegen des schönen Wetters war alles belegt.

»Macht es euch was aus, wenn er sich zu euch setzt?«, fragte Raúl. »Es wäre doch furchtbar schade, wenn der hübsche Mann gehen müsste.«

»Ganz und gar nicht«, antwortete Aydin.

Brandt hingegen war sich nicht so sicher, ob das eine

gute Idee war, obwohl er Glück auch sympathisch fand. Bereits bei ihrer ersten Begegnung hatte er diese anziehende, positive Energie gespürt, die Glück ausstrahlte. Brandt konnte diese Eigenschaft gar nicht in Worte fassen.

Er beobachtete, wie Raúl auf Glück zusteuerte und sich kurz mit ihm unterhielt. Glück schaute zu den beiden Beamten und kam dann auf sie zu. »Guten Tag, die Herren, ich möchte Sie nicht stören, Sie haben sich Ihre Pause mehr als verdient. Ich komme gerne später noch einmal wieder, aber vielen lieben Dank ...«

»Sie stören uns ganz und gar nicht. Bei dem schönen Wetter wäre es doch schade, wenn Sie nicht auf der Terrasse einen Espresso trinken«, fiel Aydin Glück ins Wort.

»Sicher?« Glücks Blick wanderte von Aydin zu Brandt. Auch Brandt hatte sehr blaue Augen, die je nach Lichteinfall besonders leuchteten, aber die Augen des Arztes waren noch einmal eine andere Dimension. Sie strahlten in einer Intensität, dass man beinahe hypnotisiert wurde, hinzu kam seine Ausstrahlung, die sich Brandt nicht erklären konnte, die jedoch bestimmt jeden dazu brachte, ihm keinen Wunsch abzuschlagen.

»Ganz sicher, nehmen Sie doch bitte Platz.«

»Danke, das werde ich gerne tun.« Er gab zuerst Aydin die Hand, danach Brandt.

Sofort spürte er wieder diese Energie, die durch seine Hand bis zu seinem Herzen wanderte. Eine Energie, die voller Lebensfreude war. Brandt musste an Rémy denken, einen jungen Straßenmusiker, den sie vor einiger Zeit kennengelernt hatten und der wie durch ein Wunder einen schweren Busunfall, bei dem alle Insassen bis auf ihn ums Leben gekommen waren, überlebt hatte. Auch Rémy umgab eine solch besondere Aura, die Brandt sich bis heute nicht erklären konnte. Walter hingegen hatte eine einfache Antwort darauf: Für ihn war Rémy eine alte Seele in einem jungen Körper – ein Wunder. Brandt machte es sich nicht so leicht, er war Realist, mit Wundern hatte er es nicht so. Doch bei Rémy war er fast geneigt, dieses Wort in den Mund zu nehmen, allerdings sicherlich nicht bei Dr. Glück.

»Ich werde Ihnen nicht allzu lange Ihre kostbare Zeit stehlen, versprochen«, ergänzte Dr. Glück und setzte sich.

»Alles gut. Das tun Sie nicht«, antwortete Brandt. Er mochte es, wenn Menschen gute Manieren zeigten, das kam vielen in seinen Augen leider immer mehr abhanden. Die Leute wurden in letzter Zeit egoistischer, das war zumindest sein Eindruck.

»Was darf ich denn Schönes für Sie tun?«, fragte Raúl. Sein schmachtender Blick war nicht zu übersehen, dabei sah Raúl ebenfalls sehr attraktiv aus. Der einen Meter achtzig große Brasilianer mit dem durchtrainierten Körper hatte sicherlich jede Menge Verehrer.

»Einen Espresso und ein stilles Wasser bitte. Wenn es noch ein Stück von diesem leckeren Kuchen gibt, würde ich dazu nicht Nein sagen. Gerne mit etwas Sahne.«

»Keine Sorge, den gibt es. Und wenn nicht, backe ich Ihnen einen.«

Aydin lachte. Glück nickte nur freundlich und der Kellner entfernte sich.

»Raúl meinte, Sie wären neu in der Stadt«, sagte Aydin.

»Da hat er recht. Ich bin im März nach Köln gezogen.«

»Und wo waren Sie vorher?«

»In Afrika, Südamerika und Asien, verschiedene Stationen.«

»Ärzte ohne Grenzen?«, fragte Aydin.

»Auch«, blieb Glück vage.

Seltsamerweise erstaunte es Brandt nicht, dass der Arzt in diesen Ländern gearbeitet hatte. Vermutlich war er Arzt aus Überzeugung und nicht, weil er viel Geld verdienen wollte. Das bewunderte Brandt.

Raúl kam mit der Bestellung zurück und servierte sie

formvollendet. Die Sahne neben dem Kuchen zeigte ein Herzmotiv. »Wollt ihr Hübschen noch was?«

»Derzeit nicht. Danke«, antwortete Brandt.

»Ich glaube, Raúl mag Sie«, konnte sich Aydin eine Bemerkung nicht verkneifen. Sein Blick wanderte zu dem Herz.

»Raúl ist ein besonderer Mensch, der zeigt, was er fühlt. Ich wünschte, es gäbe mehr Menschen wie ihn. Es ist doch schön, wenn man gemocht wird, gerade von Menschen, die einen kaum kennen. Die Fähigkeit, Gefühle zu zeigen, geht leider immer mehr verloren. Dabei gibt es kaum etwas Schöneres, als jemandem zu sagen, dass man ihn mag. Das ist heute wichtiger denn je. Haben Sie Schwierigkeiten, Ihre Gefühle zu zeigen?«

»Ich weniger als er«, schoss es aus Aydin heraus.

»Das habe ich mir gedacht.«

»Warum?«, erkundigte sich Brandt.

»Sie wirken nachdenklich, wie jemand, der Schmerz erfahren hat. Viel Schmerz.« Der Blick des Arztes tauchte tief in Brandts Augen ein, fast war ihm, als würde Glück in seine Seele schauen.

»Als Polizist sieht man viel Leid, Schmerz und leider eine Menge Brutalität. Man hat es ständig mit sehr boshaften und schlechten Menschen zu tun. Das prägt einen«, gestand Brandt ein. Dass sein damals bester Freund vor Jahren bei einem Polizeieinsatz gestorben war, weil er eine Kugel abfing, die ihm gegolten hatte, behielt er für sich.

»Da haben Sie leider recht«, bestätigte Glück.

»Das wird bei Ihnen aber doch nicht anders sein. Gerade in den Regionen, in denen Sie gearbeitet haben, haben Sie bestimmt ständig mit Not und Elend zu tun gehabt und mit Regimen, die Sie bedroht haben, oder?«

»Wieder haben Sie recht. Unsere Berufe sind gar nicht so unterschiedlich. Ideale waren der Grund, warum wir uns für unsere Arbeit entschieden haben. Sie versuchen, die bösen Jungs zu verhaften und der Gerechtigkeit Genüge zu tun. Ich möchte Schmerz und Elend lindern, indem ich versuche, den Menschen ihre körperlichen Leiden zu nehmen. Mit der Zeit haben wir alle viel Enttäuschung und Wut erlebt. Gesehen, wie böse die Welt und die Menschen sein können. Aber gerade deswegen sollten wir niemals die Hoffnung verlieren und auch nicht den Mut, weiter an das Gute zu glauben. Das sind wir uns selbst und denen, die uns lieben, schuldig.«

Uns selbst schuldig, der Satz hallte in Brandt nach.

Er hatte nicht das Gefühl, dass der Mediziner hier mit Floskeln um sich warf, um sich in einem guten Licht zu präsentieren, er glaubte ihm jedes Wort. Wieder musste er an Rémy denken, der ihm damals etwas Ähnliches gesagt hatte. Rémy hörte immer nur auf sein Herz, egal wie ungerecht die Welt zu ihm war. Brandt bewunderte ihn dafür sehr, denn er wusste, dass er selbst niemals so sein könnte, weil er nicht jede Ungerechtigkeit oder Bosheit ertragen konnte. Er würde auch die Faust sprechen lassen, wenn jemand ihm ernsthaft schaden wollte.

»Das haben Sie sehr schön gesagt, deswegen bin ich zur Polizei gegangen«, bestätigte Aydin.

»Ich weiß«, nickte Glück und sah Brandts jüngeren Kollegen seltsam an, beinahe väterlich, dabei war er nicht viel älter als Aydin. Brandt schätzte ihn auf Mitte dreißig. Aydins Wangen liefen für einen Moment rot an und er schaute kurz zur Seite, als wäre er verlegen.

Glück blickte auf seine Uhr, eine iWatch, dann auf sein Handy. »Ich muss leider zurück ins Krankenhaus. Die Pflicht ruft.« Mit seinen Blicken suchte er Raúl. »Können Sie mir bitte die Rechnung bringen?«, bat er den Kellner, der rasch an ihren Tisch getreten war.

»Müssen Sie etwa schon los?«, fragte Raúl. »Das wäre doch sehr schade.«

»Die Pflicht ruft. Ich hätte gerne noch etwas Zeit mit Ihnen verbracht.«

»Kommen Sie unbedingt bald wieder.« Raúl lächelte.

»Bestimmt. Ich möchte die beiden Herren gerne einladen, immerhin waren sie so freundlich, mich an ihrem Tisch sitzen zu lassen.«

»Wir übernehmen die Rechnung. Das kommt gar nicht infrage«, erwiderte Brandt.

»Das ist sehr freundlich, aber ich würde wirklich gerne ...«

»Lassen Sie stecken. Wir machen das und nächstes Mal können Sie sich revanchieren«, antwortete Aydin.

Glück zögerte. »Na gut, aber dann übernehme ich wirklich. Es wäre mir sonst sehr unangenehm.«

»Keine Sorge, das muss es nicht. Es hat uns sehr gefreut«, erklärte Brandt aufrichtig.

»Danke.« Glück verabschiedete sich von allen und entfernte sich dann.

»Was für ein Mann«, schwärmte Raúl und machte eine seltsame Handbewegung, dabei verdrehte er einmal mehr die Augen. »Jede Wette, der ist nicht nur der perfekte Gentleman, sondern auch ein Romantiker durch und durch.«

»Und vielleicht verheiratet«, ergänzte Brandt trocken.

»Wir wissen es nicht. Und wenn, ist seine Frau nur zu beneiden. Für ihn würde ich mich jederzeit auf den OP-Tisch legen. Wollt ihr Hübschen noch was?«

Beide Beamten bestellten noch einen Espresso und Raúl entfernte sich.

»Hat mich nicht gewundert, dass Glück so lange bei Ärzte ohne Grenzen und in Ländern ohne medizinische Versorgung tätig war. Schon bei unserer ersten Begegnung hatte er diese Wahnsinnsausstrahlung. Das ist echt selten. Ich kriege da jedes Mal Gänsehaut.«

»Dich zum Schwärmen zu bringen, ist nicht schwer. Bist

du jetzt nach Walsh auch ein Dr.-Glück-Fanboy?« Diese Steilvorlage musste er einfach nutzen.

»Witzig. Sag bloß, dass du nicht von ihm angetan warst? Der hat ja nicht nur diese unglaubliche Aura, er ist dazu noch absolut selbstlos. Wo findest du das heute schon?«

»Entspann dich, ich finde ihn auch sehr smart. Wollte dich nur ein bisschen aufziehen.« Brandts Blick wanderte kurz über die Terrasse. »Egal, wir sollten uns morgen unbedingt mit Manuela Janak unterhalten. Ich möchte wissen, was sie dazu sagt, dass Schneider behauptet, sie hätte Interesse an ihm gehabt.«

»Dann sollten wir sie auch wegen Boris Marques in die Mangel nehmen. Was, wenn sie das Gemälde gekauft hat, weil sie andere Absichten hatte?«

»Habe ich gerade den Namen Boris Marques gehört?«, fragte Raúl, der plötzlich wieder an ihrem Tisch stand und beiden ihren Espresso reichte.

»Ja, kennst du ihn?«

»Wenn ihr den Möchtegernmaler meint, Ja.«

»Genau den. Und woher?« Brandt war gespannt, damit hatte er nicht gerechnet.

»Der ist doch ein bekannter Typ in der Schwulenszene.«

Brandt hatte Mühe, seine Überraschung zu verbergen. War Marques homosexuell und die Beziehung zu Laura Schneider nur vorgetäuscht, weil er es auf ihr Geld abgesehen hatte?

15

Der Alkohol war stärker.

Aber nur, weil die Wut so groß war, dass er nicht wusste, wie er sie bändigen sollte. Immerhin, der Alkohol half.

»Du hattest es Dunja versprochen«, sagte er zu sich und schüttelte sofort den Kopf. »Wer ist schon Dunja? Seit wann tust du, was eine Schlampe von dir will? Du bist ein Mann!«

Ein Klirren schreckte ihn auf. Dann ein Schrei. Es war sein Schrei.

Er schaute auf seinen rechten Fuß, er blutete. »Verdammte Scheiße«, brüllte er. Schneider war auf eine Scherbe getreten. Eine zerbrochene Flasche lag auf dem Boden. Wie sie hatte kaputtgehen können, war ihm ein Rätsel.

Vielleicht, weil du sie vorhin gegen die Wand geworfen hast. Du hast deine Wut nicht unter Kontrolle, meldete sich seine innere Stimme, die er gerade gar nicht gebrauchen konnte.

Er ging ins Badezimmer, öffnete einen Schrank und nahm ein Pflaster heraus, das er auf die blutende Stelle klebte. Dann ging er zurück in die offene Wohnküche, trat an den Kühlschrank und holte eine volle Flasche Wodka heraus. Er öffnete sie und nahm direkt im Stehen einen Schluck daraus. Inzwischen schmeckte der Wodka wie Wasser, ein klares Zeichen, dass er mehr als nur betrunken war, dennoch trank er weiter.

Sein Handy klingelte. Er nahm den Anruf entgegen, es war sein Bruder.

»Ich kann leider erst morgen kommen«, sagte Martin.

»Warum?«

»Weil die dämliche Lufthansa den Flug storniert hat, ohne Angabe von Gründen.«

»Das tut mir leid. Mach dir keinen Stress. Morgen ist auch okay.«

»Bist du betrunken?«

»Nicht wirklich«, antwortete Schneider, schließlich hatte er alles unter Kontrolle.

»Du nuschelst, natürlich hast du getrunken«, erwiderte sein Bruder.

»Und wenn schon, ist doch egal. Ich habe meine Tochter verloren, verdammt noch mal.«

»Das tut mir sehr leid, aber du musst dich im Griff haben, das weißt du.«

»Das habe ich ja auch. Mich haben nur diese beiden Bullen genervt.«

»Was für Polizisten?«

»Na, die von der Kölner Kriminalpolizei. Die ermitteln und haben mir echt nervige Fragen gestellt. Als ob ich meine Tochter töten würde.«

»Dann lass dich nicht so einfach reizen, die machen nur ihren Job.«

»Du hast leicht reden, dir sind sie ja nicht auf die Eier gegangen. Egal, mein Bester, ich kriege das schon hin.«

»Das merke ich.« Den Vorwurf konnte er trotz des hohen Alkoholpegels nicht überhören. Aber so war sein älterer Bruder schon immer gewesen, ständig in Sorge um ihn, dabei war er es, der erfolgreicher war und sein Leben viel besser gemeistert hatte. Wenn da diese dämliche Insolvenz nicht gewesen wäre.

»Ich kriege das hin«, wiederholte Schneider und wollte die Flasche wieder an die Lippen heben, ließ es dann aber bleiben.

»Wir unterhalten uns morgen. Ich hoffe, dass ich gegen 14 Uhr bei dir bin.«

»Alles klar.«

»Gute Nacht.«

»Gute ...« Schneider hielt inne. »Höre ich da eine Frauenstimme?«

»Nein, das ist der Fernseher.«

Schneider lachte. Jetzt verstand er, warum sein Bruder erst morgen anreisen würde. »Hast du dir eine Nutte kommen lassen?«

»Quatsch. Du bist echt betrunken.«

»Du musst dich dafür nicht schämen. Das hat doch jeder schon mal gemacht. Nichts hilft besser gegen Stress als ein schöner Fick.«

»Du bist echt sternhagelvoll. Wir reden morgen weiter. Und nein, da ist niemand bei mir.« Bevor Schneider etwas erwidern konnte, wurde das Gespräch beendet.

»Eine Nutte«, lachte Schneider und gönnte sich nun doch einen kräftigen Schluck aus der Flasche. Er torkelte. Dass sein Bruder so herumdruckste, war typisch für ihn, dabei gab es keinen Grund dafür. Sie waren Männer und Männer hatten Bedürfnisse. Martin war der geborene Junggeselle, er hatte sich mit Frauen schon immer schwergetan. Sicher lag das vor allem daran, dass sein älterer Bruder auf Frauen stand, die einfach eine Nummer zu groß für ihn waren.

Er setzte sich auf die Couch und trank, bis er müde wurde. Schließlich stellte er die Flasche weg, rollte sich auf die Couch und schlief ein.

»Verdammt, Albert«, wurde er unsanft geweckt.

»Was ist los?« Ein diffuses Schädelbrummen meldete sich.

»Was hast du hier veranstaltet?«

»Nichts, warum?«

»Du bist doch total betrunken.«

»Nein, bin ich nicht.«

»Lüg mich nicht an. Du hast versprochen, nichts zu trinken, und jetzt schau dir diesen Saustall an! Überall liegen Flaschen und es stinkt nach Wodka. Ist die Flasche umgekippt?«

»Welche Flasche?«

»Die da!«, Dunja zeigte auf die Wodkaflasche am Boden, um die sich eine kleine Pfütze gebildet hatte.

»Entspann dich, ist halt passiert. Ich habe den Drecksteppich eh nie gemocht.«

»Entspann dich«, äffte Dunja ihn nach. »Du hast es mir versprochen«, konstatierte sie vorwurfsvoll. Seine Kopfschmerzen wurden immer stärker, er vernahm sie inzwischen als lautes Pochen.

»Mein Gott, geh mir nicht auf die Eier. Hast du deine Tochter verloren oder ich? Wieso musst du mich so stressen?« Schneider setzte sich auf. In seinem Kopf drehte es sich und das Pochen wurde immer lauter, als würde jemand auf seinem Kopf sitzen und mit einem Hammer auf ihn einschlagen.

So ein kleiner fieser Wikingerzwerg mit Hammer!

»Willst du das denn nicht sehen? Der Alkohol zerstört unsere Beziehung. Er hat auch deine Ehe zerstört.«

»Halt meine Ehe da raus. Außerdem hatte das überhaupt nichts damit zu tun. Laura war eine fiese, hinterhältige Fotze. Das hat rein gar nichts mit dem Alkohol zu tun.«

»Rede dir das mal weiter schön. Du bist gerade einfach nur erbärmlich.«

»Wie redest du denn mit mir?« Schneider stand auf.

»Willst du mich schlagen? Zeigen, wie männlich du bist?«, provozierte Dunja ihn weiter. »Du bist nur noch peinlich. Kannst ja nicht mal mehr auf deinen Beinen stehen.« Ihr Blick wanderte zu seinem Schritt. »Und in die Hosen gemacht hast du dir auch. Ekelhaft.«

»Ihr Frauen seid doch alle gleich. Immer müsst ihr uns

Männer blöd anmachen, und dann wundert ihr euch, wenn ihr eine gelangt bekommt.«

»Willst du mich wirklich schlagen?« Dunja machte sich groß. »Du Feigling.«

»Ich zeige dir, wie feige ich bin, du Schlampe!« Schneider war bis aufs Blut gereizt. Er holte mit der Faust aus und traf Dunja am Kopf. Sie stürzte zu Boden.

16

Köln, 15. Juli

»Glaubt ihr wirklich, dass Marques schwul ist?«, fragte Fischer an Brandt und Aydin gewandt, die in seinem Büro standen.

»Warum sollte uns Raúl anlügen?«, antwortete Aydin. »Was ist mit seinen sozialen Profilen?«

»Auf Instagram hat er nichts gepostet, was explizit darauf hinweisen würde, ansonsten ist er nirgends aktiv. Ich entnehme deinen Worten, dass du Raúl für glaubwürdig hältst.«

»Ganz sicher. Er ist selbst schwul«, bestätigte Aydin. »Er sagte, dass Marques regelmäßig in den Schwulenbars in Köln verkehrt, dabei hat er es vor allem auf die Gutbetuchten abgesehen.«

»Das wundert mich nicht, der muss ganz schön in Geldnöten sein«, bemerkte Fischer.

»Hast du was Konkretes?«

»Keine Zahl, aber was ich herausgefunden habe, lässt nichts anderes annehmen. Die Banken geben keine Auskunft, solange es keine richterliche Verfügung gibt, trotzdem konnte ich einiges herausfinden. Schufa und Creditreform sei Dank.«

»Und das wäre?«

»Er hat einige Einträge. Seine Bonität ist nicht die beste, was am Ende nur bedeuten kann, dass er Schulden hat. Wenn ihr wollt, bohre ich da weiter nach.«

»Erst mal nicht. Nicht, dass du dich da in was …«

»Ich doch nicht.« Das Schmunzeln, das sich in Fischers Gesicht zauberte, sagte etwas anderes.

»Konntest du denn herausfinden, wie viel Geld Laura

Schneider für die Gemälde bezahlt hat?«, fragte Brandt.

»Wir haben die Kontobewegungen ausgewertet. Es gab zwei Zahlungen.«

»Wie viel ist insgesamt an ihn geflossen?«

»Fünfzehntausend Euro.«

»Fünfzehntausend für Schund?« Brandt war mehr als überrascht. Auf der anderen Seite hatte auch Manuela Janak schon fast zehntausend gezahlt. Unterm Strich hatte Marques die beiden Frauen also um fünfundzwanzigtausend Euro erleichtert, anders konnte man es in seinen Augen nicht bezeichnen. Er war gespannt, wann Marques sich melden und welche Summe er ihnen nennen würde.

»Mein Geschmack ist es auch nicht. Die Gemälde auf seiner Homepage sind irgendwie sehr unspektakulär«, bestätigte Fischer Brandts Worte, nur etwas diplomatischer ausgedrückt.

»Was ist mit dem Handy und dem Laptop von Laura Schneider?«

»Die Auswertungen liegen vor, aber ich muss euch leider enttäuschen. Nichts, was auf den Mörder schließen lassen könnte. Keine Drohungen.«

»Hatte sie noch mit Albert Schneider Kontakt?«

»Es wurden Nachrichten ausgetauscht. Die letzte einen Tag vor ihrem Tod.«

»Und was stand drin?«

»Ich zeig' sie euch.« Fischer betätigte die Maus, ein Programm wurde gestartet, dann tippte er etwas in die Tastatur und auf dem Bildschirm erschien der Nachrichtenverlauf zwischen Schneider und seiner Frau.

Brandt las die Nachrichten und war ein wenig enttäuscht, er hatte mit einem deutlich heftigeren Wortwechsel gerechnet.

»*Du wirst mir Alena niemals wegnehmen, das lasse ich nicht zu, du Miststück …*«, las Aydin die letzte Nachricht laut vor. »Das ist zu wenig, um ihn wegen Mordes zu überführen.«

»Glaubt ihr, dass es Schneider war?«

»Schneider und Marques haben beide ein Motiv«, erklärte Aydin.

»Geld?«

»Leider. Sieht ganz nach Mord aus Habgier aus. Kranke Welt«, bemerkte Brandt.

»Ich fürchte, diesmal bin ich euch keine allzu große Hilfe.«

»Quatsch«, antwortete Aydin. »Hat er sie auch angerufen?«

»Ja, zwei Tage vor der Tat. Das Gespräch hat einige Minuten gedauert.«

»Verstehe. Ich frage mich, warum Schneider uns belogen hat.«

»Wirklich belogen hat er uns nicht«, entgegnete Brandt. »Er hat sie im Juni das letzte Mal persönlich gesehen, aber er hat zugegeben, dass er ihr geschrieben und sie angerufen hat, was auch Marques bestätigt hat. Wobei ich denke, dass Marques übertrieben haben könnte.«

»Du hast recht, da habe ich kurz was verwechselt. Marques' Taktik war von Anfang an, uns Schneider als perfekten Täter zu präsentieren«, antwortete Aydin und biss sich auf die Unterlippe.

»Beide haben Geldprobleme, also war es vermutlich einer von den beiden. Das dürfte die Ermittlungen deutlich vereinfachen«, schlussfolgerte Fischer.

»Abwarten.« Für Brandt gab es keinen Grund zur Freude, noch standen sie am Anfang ihrer Untersuchungen. Sie hatten zwar einiges an Informationen gesammelt, aber damit sich der Verdacht gegen einen der Männer erhärtete, brauchten sie weitere Hinweise. »Hast du darüber hinaus Informationen zu den finanziellen Verbindungen zwischen den Brüdern finden können?«

»Leider nichts, was euch helfen könnte. Die GmbH läuft auf den älteren Bruder, der in Hamburg wohnt. Die Immobilie, in der Schneider hier in Köln wohnt, ist offiziell von der GmbH gemietet. Wie das steuerlich zu sehen ist, kann ich euch nicht sagen. Dürfte vorerst aber auch uninteressant sein. Das Gehalt, das Schneider bezieht, wird abzüglich des verpfändeten Anteils wegen der Privatinsolvenz pünktlich an ihn überwiesen. Alles sauber. Der Bruder scheint ein guter Anwalt zu sein. Was darüber hinaus schwarz läuft, kann ich leider nicht einschätzen.«

»Ich wette, jede Menge. Schneider hat mir nicht den Eindruck gemacht, als würde er von tausend Euro im Monat leben.« Aydin schnaubte.

»Vielleicht ist die Spur mit dem Bruder auch eine Sackgasse. Es gibt derzeit keinen Hinweis, dass er irgendwie in die Sache involviert war, zumal er in Hamburg wohnt.«

»Wenn Schneider der Täter ist«, gab Fischer zu bedenken.

»Genau. Steck nicht so viel Arbeit in die finanziellen Verstrickungen zwischen den Brüdern, außer, du stößt auf etwas sehr Interessantes. Bitte konzentriere dich mehr auf den Künstler Marques und die Freundin Manuela Janak. Dass sie mit dem Ehemann geflirtet und Marques ein Gemälde abgekauft hat, halte ich nicht für einen Zufall.«

»Du glaubst aber nicht, dass sie etwas mit den Morden zu tun hat?«

»Eher nicht. Trotzdem – du weißt ja, in der Phase, in der wir uns bei den Ermittlungen gerade befinden, schließe ich nichts aus.«

»Sie hat ein Alibi. Sie war in Österreich.«

»Was wir nicht überprüft haben«, ergänzte Brandt.

»Ich kann mir beim besten Willen nicht vorstellen, dass eine Frau einem Kind die Kehle durchschneidet. Wir wollten uns doch eh mit ihr unterhalten, da können wir das Alibi überprüfen«, beharrte Aydin.

»Du hast ja vermutlich recht, dennoch sollten wir mehr

über sie herausfinden. Fischer, kannst du das bitte übernehmen? Es wäre nicht das erste Mal, dass wir mit etwas konfrontiert werden, was wir nicht für möglich gehalten hätten«, sagte Brandt. »Dass Ermittlungen immer wieder in eine Sackgasse führen, muss ich dir ja nicht erklären, schließlich bist du schon einige Jahre aus der Akademie raus und deine Rookiezeit ist längst vorbei.«

»Ich kümmere mich darum. Was ich bisher über Manuela Janak herausgefunden habe, deutet allerdings eher in Emres Richtung«, antwortete Fischer.

Es klopfte kurz an der Tür und Rech trat ein.

»Dach«, machte sich der Leiter der Spurensicherung bemerkbar.

»Hallo«, antwortete Fischer.

»Gut, dass du da bist. Zu dir wollten wir auch noch«, sagte Brandt.

»Na, dann schieß mal los. Ich sollte Fischer abholen. Bender will uns sprechen.«

»Wir wollten nur wissen, ob es neue Hinweise von der Spurensicherung gibt.«

»Da habt ihr ja Glück gehabt, dass ihr euch den Weg gespart habt.«

»Also nix«, brummte Brandt.

»Gut geraten, Schöner.« Rech klopfte ihm auf die Schulter. Er war fast so groß wie Brandt, aber beleibter, da er sich nicht wie Brandt mehrmals die Woche im Fitnessstudio quälte. Außerdem liebte Rech gutes Essen und achtete nicht immer darauf, was er aß. Essen war für ihn Lebensqualität.

»Ach, bevor wir es vergessen. Fischer, kannst du uns die Akte von Laura Schneider und ihrem Mann besorgen? Sie hatten ja wegen des Sorgerechts eine gerichtliche Auseinandersetzung. In diesem Zusammenhang würde mich auch die Akte wegen der einstweiligen Verfügung interessieren. Ihr Mann durfte sich ihr nicht nähern.«

»Ich weiß, da bin ich schon dran.«

»Danke.«

»So, nun habt ihr den armen Jungen genug genervt. Komm, Lutz, bevor Bender sich wieder aufregt, dass wir wegen der beiden hier zu spät sind.«

»Also *wir* hindern euch nicht am Gehen«, entgegnete Brandt. Die beiden Beamten verabschiedeten sich und verließen Fischers Büro.

»Wir haben noch ein bisschen Zeit bis zum Gespräch mit Manuela Janak«, sagte Aydin, als sie in den Dienstwagen von Brandt stiegen.

»Stimmt. Was jetzt?«

»Wir könnten Walter einen kurzen Besuch abstatten.«

»Verstehe, du hast Hunger.«

»Nicht wirklich.«

Brandt lachte und sparte sich einen weiteren Kommentar, er kannte seinen besten Freund zu gut, um nicht zu wissen, dass Aydin schummelte.

»Was für eine Freude«, begrüßte Walter die beiden überschwänglich. Er stand am Grill und wendete ein paar Würstchen. »Jungs, ihr habt ein perfektes Timing. Hier warten gerade eine leckere Currywurst und eine Rindswurst auf euch.«

»Na, dann her damit«, antwortete Aydin und reichte dem großen, rundlichen Brummbären die Hand zur Begrüßung, Brandt tat es ihm gleich.

»Und, kommt ihr in eurem aktuellen Fall voran?«, fragte Walter, während er Brandt die kleingeschnippelte Currywurst mit seiner Spezialsoße servierte. Danach gab er Aydin die Rindswurst auf einem Teller und öffnete zwei Flaschen Kölsch und ein Pils. Das Pils schob er zu Brandt, da dieser kein Kölsch mochte.

»Das Ganze läuft ziemlich schleppend«, antwortete Aydin und biss von der Rindswurst ab. »Wir haben bisher zwei Verdächtige, darunter der Vater.«

»Da dreht sich mir echt der Magen um«, knurrte Walter. »Wenn der Vater tatsächlich seiner eigenen Tochter die Kehle ...« Er unterbrach sich, als wollte er den offensichtlichen Gedanken nicht aussprechen. »Mit dem müsstet ihr mir zwei Minuten geben, mehr bräuchte ich nicht.« Seine Augen funkelten wütend, und Brandt wusste, dass Walter nicht scherzte.

»Deswegen bist du auch nicht bei der Polizei«, entgegnete er und ließ ein Stück von der Currywurst in seinem Mund verschwinden. Obwohl er sich gar nicht hungrig fühlte, genoss er wie immer die kleine Geschmacksexplosion, die Appetit auf mehr machte.

Walter schüttelte den Kopf. »Ich beneide euch echt nicht. In was für einer kranken Welt leben wir, wo Menschen Kindern die Kehle durchschneiden? Und da soll man als Mann locker bleiben und so einem ...«, er unterdrückte scheinbar ein derbes Schimpfwort, »Idioten nur die Handschellen anlegen? Man sollte ihn zumindest kastrieren oder ihm irgendetwas antun, damit er diesen Schmerz sein Leben lang nicht vergisst. Ich verstehe manchmal unsere Welt nicht mehr.«

»Das brauchst du auch nicht, ich tue es genauso wenig«, pflichtete Aydin ihm bei.

»Genau deswegen habt ihr ja mich«, nutzte Brandt die Steilvorlage.

Walter grummelte etwas Unverständliches, dann sagte er: »Du kannst mir erzählen, was du willst, aber dass dich das kaltlässt, glaube ich dir keine Sekunde.«

»Das habe ich auch nie behauptet, allerdings leben wir in einem Rechtsstaat und wir können nicht jedem Verbrecher einfach die Eier abschneiden, so funktioniert das nicht.«

»Nicht jedem. Nur den Männern, die sich an Kindern vergehen.«

»Ich verstehe, was du meinst«, pflichtete Aydin Walter

ein weiteres Mal bei. »Deswegen hoffe ich, dass wir den Täter schnell verhaften können, damit er zur Verantwortung gezogen wird.«

»Das kriegt ihr hin, da habe ich keine Zweifel. Und ihr wisst ja, ich stehe euch jederzeit mit Rat und Tat zur Seite. Ich mag nur einen kleinen bescheidenen Imbiss haben, aber mein Netzwerk ist noch immer nicht zu verachten.«

»Vielleicht könntest du uns wirklich helfen«, antwortete Brandt, er hatte eine Idee. Walter hatte ihnen schon hin und wieder mit Informationen geholfen, da er noch den einen oder anderen Kontakt zur Unterwelt hatte. Vor seinem Leben als Imbissbudenbesitzer war er öfter mit dem Gesetz in Konflikt geraten, meist jedoch durch kleinere Vergehen oder Laufburschendienste. Walter war für Brandt der beste Beweis, dass sich Menschen ändern konnten.

»Na, dann mal raus mit der Sprache.« Walter gönnte sich einen großen Schluck aus der Kölschflasche und schaute sie aufmerksam an.

»Wir brauchen Informationen über einen Boris Marques.«

»Boris Marques? Der Kölner Maler?«

»Du kennst ihn?«, fragte Brandt überrascht.

17

»Von wegen Frauen sind die besseren Menschen«, sagte Marques bitter.

»Wie meinst du das?«, riss ihn Franco aus seinen Gedanken. Er hatte die Galerie betreten, ohne dass Marques ihn bemerkt hatte.

»So, wie ich es sagte.« Marques machte einen Schritt auf den jungen Mann zu. »Und nächstes Mal erschreck' mich nicht so.«

»Das war gar nicht meine Absicht. Ich wollte nur kurz Hallo sagen, weil ich dich hier gesehen habe.«

Marques atmete aus. »Musst du nicht zur Schule?«

»Wie oft soll ich es noch sagen, ich gehe nicht mehr in die Schule. Ich studiere.«

»Ist doch dasselbe. Warum bist du dann nicht in der Uni?«

»Weil ich heute nur einen Kurs hatte.«

»Was für ein Leben.«

»Na, du musst dich auch nicht gerade beschweren. Die Kohle, die du für ein Bild bekommst, davon kann ich nur träumen. Dabei könnte ich das genauso.«

»Und warum machst du es dann nicht?« Marques konnte mit solchen platten Sprüchen nichts anfangen. Die Menschen erzählten ihm immer wieder, dass sie ebenfalls Talent zum Malen hätten, aber wenn er sie fragte, warum sie es nicht täten, kamen die dämlichsten Ausreden. Sicherlich würde Franco ihm gleich auch so eine bescheuerte Ausrede liefern.

»Wann soll ich das denn schaffen? Ich studiere, das erfordert viel Zeit. Außerdem habe ich keine Kohle für diese

Ölfarben und Leinwände. Das ist doch bestimmt teuer.«

»Spinner. Erzähl nicht so einen Unsinn, du bist vollkommen talentfrei. Wenn du talentiert wärst, hättest du längst etwas gemalt.«

»Nein, wirklich. Glaub mir.«

Marques ignorierte ihn und ging in sein Atelier, das in dem Raum hinter der Galerie untergebracht war.

»Willst du mir nicht sagen, warum Frauen nicht die besseren Menschen sind?«

»Was ist los? Hast du heute einen Neugierfrosch geschluckt?«

»Was ist ein Neugierfrosch?«

»Du.«

»Quatsch, so was gibt es doch gar nicht.«

»Du bist echt anstrengend heute. Musst du nichts lernen?«

»Nein. Ich habe da mal eine Frage an dich.«

»Und die wäre?« Marques bereute es jetzt schon, dass er überhaupt gefragt hatte.

»Du bist doch hier ganz alleine, das ist bestimmt viel Arbeit. Suchst du nicht jemanden, der dir etwas unter die Arme greift?«

»Willst du malen?« Marques lachte.

»Nein, das nicht. Aber ich könnte die Kasse machen oder auf den Laden aufpassen und Kunden betreuen, wenn du nicht da bist. Ich möchte gar nicht wissen, wie viele Kunden du verlierst, nur weil du nicht regelmäßig aufhast.«

»Wie kommst du auf so einen Unsinn?«

»Weil ich BWL studiere.«

»Und da lernt man so was?«

»Genau.«

So unrecht hatte Franco nicht, das musste Marques zugeben. Er hatte seine Galerie nur sehr unregelmäßig geöffnet, es wäre also tatsächlich möglich, dass er Kunden verlor. Aber wie sollte er den jungen Mann bezahlen?

»Ich mach dir einen Vorschlag.«

»Schieß los.«

»Du kannst auf Probe arbeiten.«

»Wie, auf Probe? Also umsonst?«

»Einen Monat.«

»Einen Monat ohne Kohle? Spinnst du?«

»Entspann dich, das habe ich doch gar nicht gesagt.«

»Aber was soll Probearbeiten sonst bedeuten?«

»Bist du so auch im Studium?«

»Nein, ich suche halt einen Job und möchte sicherlich nicht für lau arbeiten.«

»Das sollst du ja gar nicht. Wenn du mich mal ausreden lassen würdest.« Marques machte eine Pause, Franco schwieg. »Geht doch. Also, wir testen das Ganze einen Monat lang. Wenn du ein Gemälde verkaufst, beteilige ich dich am Gewinn.«

»Echt? Wie viel?«

»Sagen wir, fünf Prozent.«

»Fünf Prozent? Hört sich nicht viel an. Was kostet denn so ein Bild von dir?«

»Geht ab fünftausend Euro los«, log Marques.

»Das wären zweihundertfünfzig Euro für mich.«

»Gut gerechnet. Bei zehntausend Euro wären es fünfhundert. Also, haben wir einen Deal?«

»Wie oft muss ich denn dafür hier stehen?«

»Fünfzehn Stunden die Woche.«

Franco überlegte, er runzelte die Stirn, dann trat er an ein Gemälde. »WTF«, sagte er. »Das kostet sogar zwanzigtausend.«

»Ist halt kein Ramsch.«

»Und ich kriege echt fünf Prozent?«

»Sagte ich doch.«

»Okay, Deal.« Franco reichte ihm die Hand, Marques schlug ein.

»Dann fang gleich mal an.«

»Jetzt?«

»Ja, jetzt. Ich bin im Atelier, arbeiten, und du passt hier auf. Oder drückst du dich?«

»Nein, aber ich dachte, wir starten nächste Woche oder so.«

»Also doch ein fauler Sack.«

»Ganz und gar nicht.«

»Dann fängst du jetzt an.«

»Okay, ich kann aber nur bis 18 Uhr.«

»Passt. Kennst du dich eigentlich mit Webseiten aus?«

»So ein bisschen, warum?«

»Dann schau dir mal meine an, die könnte ein Fresh-Up benötigen.«

»Sorry, da bin ich raus. Ich dachte, du meinst damit, auf Webseiten surfen und sich dort zurechtfinden.«

»Dann nicht. Ich bin im Atelier und will nicht gestört werden.«

»Okay, Boss.«

Marques betrat sein Atelier, schloss die Tür hinter sich und stellte sich vor eine weiße Leinwand, die nur darauf wartete, mit seinen kreativen Einfällen bedeckt zu werden. Doch statt den Pinsel in die Hand zu nehmen, starrte er die leere Leinwand nur an.

»Malen ist nicht schreiben«, murmelte er. In diesem Moment schien es ihm, als hätten es Schriftsteller leichter, gerade Thriller- und Krimiautoren. Schließlich gab es Geschichten wie Sand am Meer, man musste nur die Tageszeitung aufmachen und sich dann eben an so einer Geschichte abarbeiten. Malen jedoch war etwas völlig anderes, es erforderte Inspiration und einen freien Geist.

»So ein Quatsch«, fluchte er. »Was war mit van Goghs freiem Geist, als er sich sein Ohr abgeschnitten hat? Letztlich leben Künstler ebenso wie Schriftsteller bloß von den Geschichten, die das Leben schreibt. Schau dir Banksy an oder Alec Monopoly oder Jeff Koons. Kunst ist Ausdruck unserer Zeit. Du bist einfach eine Flasche, eine talentlose Flasche. Hans Köppel hatte schon recht. Sieh es endlich ein.«

Wut überkam ihn, doch plötzlich wurde sie von dieser furchtbaren Leere abgelöst, die ihn in den unmöglichsten Momenten heimsuchte. Sein Psychologe hatte es Depressionen genannt, aber das hatte er nicht glauben oder akzeptieren wollen, daher hatte er sich von dem Psychologen getrennt.

»Am Ende hätte er mir noch erzählt, dass es an meiner Kindheit und an meiner Mutter liegt. Das sind doch alles nur Quacksalber«, fluchte er und starrte weiter die Leinwand an, als hoffte er, dass sie sich von selbst in ein wertvolles Kunstwerk verwandeln würde.

»Das macht doch alles keinen Sinn.« Resigniert nahm er die Leinwand und warf sie auf den Boden, dann trampelte er mit den Füßen darauf herum. Wütend trat er aus dem Atelier.

Franco schaute ihn an, wagte aber nichts zu sagen. Vermutlich ahnte er, dass Marques furchtbar wütend war.

»Du kannst gehen. Für heute ist Feierabend.«

»Okay«, nickte Franco. Sein Blick wirkte ängstlich, von seiner vorlauten Klappe war nicht mehr viel übrig. Mit schnellen Schritten verließ er die Galerie.

Marques atmete ein paar Mal deutlich hörbar ein und aus und fuhr sich mit der rechten Hand über die Haare, um sich zu beruhigen. Dann beschloss er, den Laden zu schließen und in seine Wohnung zu gehen.

Mit einer Flasche Wein und einem Glas in der Hand betrat er seinen kleinen Balkon, setzte sich, füllte das Glas zur Hälfte und gönnte sich einen Schluck von dem exzellenten Primitivo.

Der Wein beruhigte ihn, also gönnte er sich immer noch einen weiteren Schluck, bis das Glas leer war und er sich nachschenkte.

Seine Gedanken wanderten zu Laura, dabei wollte er das gar nicht, zumal er dann auch an Alena denken musste, und das passte ihm noch weniger.

»Könnt ihr mich nicht in Ruhe lassen wie alle anderen auch? Lasst mich doch einfach in Ruhe, verdammt noch mal.«

Aber die Gedanken ließen ihn nicht in Ruhe. Sie pochten immer heftiger in seinem Kopf. Er versuchte, sie mit einer Handbewegung wegzuwischen, als würde er eine Fliege oder Wespe verjagen. Im selben Moment vibrierte sein Handy, das er auf den kleinen französischen Bistrotisch gelegt hatte. Er hatte eine Nachricht erhalten.

Er nahm das Handy und las die Nachricht:

Ich möchte deinen geilen, großen Schwanz spüren.

18

Planänderung!

Da sie noch Zeit hatten, beschlossen Brandt und Aydin, den Kontakt, den Walter ihnen weitergegeben hatte, aufzusuchen. Es war der Inhaber einer kleinen Kneipe, nicht weit entfernt von Walters Imbiss.

»Vielleicht hätten wir Walter doch mitnehmen sollen.«

»So ein Quatsch. Hast du Angst?«

»Das nicht, aber Walter kennt ihn. Gut möglich, dass er ihm gegenüber mehr Informationen preisgeben würde.«

»Kann sein, damit würden wir allerdings riskieren, dass Walters Deckung auffliegt, möchtest du das? Es spricht sich doch schnell rum, dass er der Polizei Informationen zusteckt.«

»Vielleicht hast du recht.«

»Nicht nur vielleicht, ich habe recht. Wir sollten Walters Namen gar nicht erst erwähnen.«

»Okay. Aber er meinte, dass Ali Özdil ihn kennt und es kein Thema wäre, wenn wir sagen, dass er uns schickt.«

»Walter denkt genau wie du nicht ein paar Schritte weiter, wir sagen nichts.«

Aydin nickte. Etwas lag ihm wohl auf der Zunge, aber statt es auszusprechen, schaute er schweigend aus dem Beifahrerfenster, als wollte er kurz mit seinen Gedanken allein sein.

Brandt gab ihm die Zeit und nutzte diesen Moment, um seine eigenen Gedanken zu sortieren. Dass Walter Boris Marques kannte, war unter Umständen ein glücklicher Zufall, der ihnen in die Hände spielte. Wobei streng genommen nur sein Kontakt ihn sehr gut kannte und sich bei

Walter über den Maler ausgelassen hatte. Am Ende war das auch unwichtig. Maßgeblich war, dass sie neue Hinweise hatten, die ihnen vielleicht halfen, dem Täter einen Schritt näher zu kommen.

Die Kneipe Özdils lag in Kalk, an der Kalker Hauptstraße. Brandt fand direkt davor einen Parkplatz und stellte den Wagen ab.

»Also kein Wort von Walter«, wiederholte Brandt, als er und Aydin aus dem Fahrzeug ausstiegen. Sie hatten ihr Vorgehen auf der Fahrt noch kurz abgestimmt.

»Sollte ich hinbekommen.«

Sie betraten das Lokal. Es wirkte auf den ersten Blick sehr trist. Zwei Spielautomaten standen an der Wand, vor dem kleinen Tresen waren vier Tische. Dass hier wirklich mit dem Ausschank von Alkohol Geld verdient wurde, bezweifelte Brandt. Vielmehr nahm er an, dass der Laden eine Tarnung für andere Geschäfte war. Welche das waren, hatten die beiden bei Walter nicht erfragt.

»Hallo«, machte sich Aydin bemerkbar, der zuerst an den Tresen getreten war.

»Hallo. Was kann ich für euch tun?«, fragte ein Mann, den Brandt auf Ende dreißig schätzte. Er war größer als er und breit gebaut. Ein Muscleshirt brachte seine Muskeln zur Geltung, deren Wachstum Brandt auf die Einnahme von Steroiden zurückführte. Wie das Ergebnis harter Arbeit sahen sie jedenfalls nicht aus, Brandt kannte sich da sehr gut aus.

»Sind Sie Ali Özdil?«, erkundigte sich Brandt.

»Warum?«

»Wir möchten Ihnen ein paar Fragen stellen«, antwortete er, da er davon ausging, dass sie es mit Özdil zu tun hatten. Allein von der Beschreibung her, die Walter ihnen gegeben hatte, passte es.

»Seid ihr Bullen?« Özdil zog die Nase hoch und richtete sich zu voller Größe auf, dabei verschränkte er die tätowierten Arme vor der Brust. Er wirkte angriffslustig.

»Wir sind von der Kölner Kriminalpolizei.«

»Dann habt ihr sicherlich auch Dienstmarken«, unterbrach der Kneipenbesitzer ihn mit trockenem Unterton. Brandt schmeckte dieses Verhalten nicht, aber er ließ es sich nicht anmerken, er brauchte Özdil.

Aydin zückte seine als Erster, Brandt folgte seinem Beispiel. Özdil prüfte beide genau und reichte erst Brandt, dann Aydin die Dienstmarken zurück.

»Muss ich meinen Anwalt rufen?«

»Nein, es geht nicht um Sie«, antwortete Aydin. Özdils Miene entspannte sich. Sein Bizeps gab nach und die Ader, die man entlang seines bulligen Halses bis eben gesehen hatte, pulsierte weniger gefährlich.

Dann geschah etwas, womit Brandt nicht gerechnet hatte. Özdil nahm drei kleine türkische Teegläser, füllte sie mit Tee und reichte jedem eines. »Zucker?«

»Ein Würfelstück. Danke«, antwortete Aydin, Brandt verneinte.

Den Tee konnten sie unmöglich ablehnen, denn die Geste nährte in Brandt die leise Hoffnung, dass das Gespräch mit Özdil vielleicht entspannter werden könnte, als sein Aussehen es vermuten ließ. Auch Walter hatte gesagt, dass man mit Özdil reden könne und dass er recht umgänglich sei.

»Dann schießt mal los, wer hat Dreck am Stecken?«

»Es geht um Boris Marques«, erklärte Brandt und gönnte sich einen Schluck Tee.

»Was ist mit diesem arroganten Arschloch?«, wurde Özdil etwas lauter; auch er trank einen Schluck Tee.

»Wir haben gehört, dass er Schulden bei Ihnen hat.«

»Nicht bei mir. Bei einem Kumpel.«

»Aber Sie treiben das Geld ein?«

»Ich unterstütze meinen Freund dabei, dass seine Schuldner pünktlich zahlen.« Özdil schmunzelte breit, dabei war zu sehen, dass ihm ein Zahn fehlte.

»Und wie hoch sind die Schulden?«

»Hoch genug. Warum? Hat er Scheiße gebaut?«

»Das nicht. Wir ermitteln in einem Mordfall und Herr Marques ist bisher ein Zeuge.«

»Ein Zeuge? So ein Müll. Wenn Sie nach Dreck über ihn suchen, ist er bestimmt kein Zeuge. Sie sprechen von Mord.«

»Es geht um einen Mord, genau«, antwortete Aydin. Sein Teeglas war schon fast leer.

»Ich kann mir schwer vorstellen, dass dieser Schwanzlutscher jemanden killt, der hat doch keine Eier dafür.«

»Wissen Sie genau, dass Herr Marques homosexuell ist?«, fragte Brandt.

»Keine Ahnung. Hab nur gehört, dass er anschaffen geht, um die Miete zu bezahlen. Will ja keiner seinen Dreck kaufen.«

»Wenn Sie das wissen, warum hat Ihr Freund ihm dann Geld geliehen?«

»Weil er ein gutes Herz hat.«

»Oder wegen der hohen Zinsen«, entgegnete Brandt. Dass Geldhaie wie dieser Freund aus purer Nächstenliebe Geld verliehen, glaubte er keine Sekunde.

»Niemand hat Boris gezwungen, den Kredit anzunehmen. Freie Marktwirtschaft.«

»Wie hoch war der Kredit?«, wiederholte Brandt seine Frage.

»Warum ist das wichtig? Ganz ehrlich, wen soll er denn ermordet haben? Der ist so eine Flasche. Sobald der mich sieht, sucht er das Weite.«

»Wir haben nicht gesagt, dass er jemanden ermordet hat, sondern lediglich, dass er Zeuge in unseren aktuellen Ermittlungen ist«, erklärte Aydin.

»Und deshalb wollt ihr wissen, wie viel Kohle er meinem Kumpel schuldet? Klingt schon komisch. Wer wurde denn ermordet?« Özdil wirkte nicht überzeugt. Immer wieder rutschte er ins Du, aber Brandt wollte ihn darauf nicht aufmerksam machen, es hatte momentan keine Relevanz.

Aydin warf ihm einen kurzen Blick zu, daraufhin antwortete Brandt: »Es geht um einen Mord an einer Mutter und ihrer sechsjährigen Tochter.«

»Sie meinen doch nicht etwa diese reiche Tussi und ihr Kind? Da stand heute was im Express.«

»Genau die.«

»Was für ein Feigling tötet Frau und Kind? Glauben Sie mir, wenn ich diesen Hurensohn erwische ...«

»Das überlassen Sie bitte uns. Noch mal meine Frage: Wie hoch sind die Schulden, die Herr Marques bei Ihrem Kumpel angehäuft hat?«

Özdil antwortete nicht sofort, er kniff die Augen leicht zusammen und schien mit sich zu ringen. »Achtzigtausend Euro«, sagte er dann.

»Einschließlich Zinsen.«

»Ja.«

»Und bis wann muss er sie zurückzahlen?«

»Bis letzte Woche.«

Brandt sog unhörbar die Luft ein. Achtzigtausend Euro Schulden und ein Geldeintreiber im Nacken, das konnten leider genug Gründe für einen Menschen sein, die Nerven zu verlieren und zum Mörder zu werden, zumal die Fälligkeit kurz vor den beiden brutalen und sinnlosen Morden angesetzt war. War die Lösung des Falls wirklich so einfach?

»Also ist er in Verzug?«, vergewisserte sich Brandt.

»Gut erkannt.«

»Was geschieht in so einem Fall?«, fragte Aydin.

»Echt jetzt?« Özdil wirkte überrascht, nein, vielmehr so, als fühlte er sich auf den Arm genommen. »So ein Fall sollte am besten gar nicht erst eintreten. Man leiht sich ja wohl kein Geld, um es dann nicht zurückzahlen. Was ist das für eine Moral?«

»Wenn die Schulden seit einer Woche fällig sind, bedeutet das doch, dass Herr Marques das Geld nicht hat und vermutlich auch nicht auftreiben kann. Haben Sie ihm eine Verlängerung angeboten?«

»Guter Mann«, nickte Özdil. »Mein Kumpel hat ihm Zeit bis zum Monatsende gegeben.«

»Vermutlich mit einer zusätzlichen Verzinsung.«

»Im Leben gibt es nichts geschenkt. Boris kann sich freuen, dass mein Kumpel überhaupt so nachsichtig war. Was Sie da unterstellen, entspricht nicht der Wahrheit.«

»Und wenn er es dann immer noch nicht zurückzahlen kann?«

»Das sollte nicht Ihre Sorge sein.« Özdil lächelte vielsagend. Auch wenn der Mann sich freundlich und smart zu geben versuchte, am Ende war er ein eiskalter Geldeintreiber, der Marques vermutlich alle Rippen brechen würde, wenn dieser nicht zahlte. »Ich verstehe eh nicht, was der Kerl für ein Scheißproblem hat.«

»Warum?«, wollte Aydin wissen.

»Angeblich hat er doch so eine reiche Fotze an Land gezogen.«

»Sie haben ein beeindruckendes Frauenbild«, entgegnete Aydin.

»Entspann dich, Bruder. Welche Frau mit Kind verlässt ihren Mann, um sich von so einem Nichtsnutz vögeln zu lassen? Die sind am Ende doch alle nur Huren. Wo bleibt die Mutterliebe? Mutter sein heißt auch, zu verzichten. Alles andere …« Özdil unterbrach sich. »Warte, wurde sie ermordet? Scheiße, dann ging es in dem Artikel im Express doch um seine Alte.«

Aydin nickte. Brandt hätte sich am liebsten an den Kopf gefasst. Özdil schien nicht gerade eine helle Leuchte zu sein oder spielte er nur mit ihnen?

»Verdammt, das hat mir der Dreckskerl gar nicht erzählt. Hat er sie und das Kind also tatsächlich kaltblütig ermordet. Bestimmt wegen der Kohle.« Özdil sprach mehr mit sich als mit den Beamten, so schien es Brandt jedenfalls.

»Sie wussten von Laura Schneider?«, fragte er.

»Er hat von ihr erzählt. Dass sie frisch wäre und seine Kunst schätzen würde. Sie hat ihm zwei Gemälde abgekauft.«

»Und was ist mit dem Geld passiert?«, erkundigte sich Aydin.

»Damit hat er andere Schulden bei uns beglichen.«

»Was hat er genau über Frau Schneider gesagt?«, fragte Brandt.

»Wie ich schon sagte, dass sie Kohle hat und dass sie sich scheiden lassen möchte. Boris wollte sie dann heiraten.«

»Hat er erwähnt, ob er sie liebt?«, hakte Aydin nach.

Özdil lachte und zeigte dabei wieder seine Zähne. »So jemand verliebt sich nicht. Boris ist ein Narzisst, der ist nur auf seinen eigenen Vorteil bedacht. Und unter uns, was soll er mit einer Frau, die schon ein Kind hat? Boris ist zwar dumm, aber nicht hässlich und zudem Künstler. Junge Dinger stehen doch auf so einen Typ Mann. Der wollte sie nur abziehen, wenn Sie mich fragen.«

»Hat er das Ihnen gegenüber zugegeben?«

»Nein, hat er nicht« Özdil lehnte sich vor. »Nur dass wir uns richtig verstehen: Dieses Gespräch hier ist nur zwischen uns. Ich gebe nichts zu Protokoll und mache keine Aussage, das ist ja wohl klar.«

»Entspannen Sie sich, unsere Unterhaltung ist streng vertraulich.«

»Das will ich auch hoffen. Ich habe eh schon mehr gesagt, als ich sollte. Ich wünsche dem Mistkerl, dass er es nicht war.«

»Er ist nur ein Zeuge«, wiederholte Aydin.

»Gegen einen Zeugen ermittelt ihr doch nicht, so ein

Mist. Wen wollt ihr eigentlich verarschen? Er darf nicht in den Knast.«

»Und warum nicht?«

»Weil er erst seine Schulden bezahlen muss, ist das so schwer zu kapieren? Wir werden nicht zulassen, dass er vorher in U-Haft kommt.«

19

Martin Schneider saß auf der großzügigen Dachterrasse auf einem Loungestuhl, als sich sein jüngerer Bruder Albert mit einer Flasche Wein und zwei Gläsern zu ihm gesellte. Martin hatte ihm gleich zu Beginn noch einmal sein aufrichtiges Beileid ausgedrückt und Albert musste sich eingestehen, dass es schön war, seinen Bruder hier zu wissen. Die letzten Tage hatten doch heftiger an seinen Nerven gezerrt, als er es sich hatte eingestehen wollen.

»Ist das ein Weißburgunder?«

»Ja. Bei dem Wetter genau das Richtige. Ich weiß ja, dass du eher Weißen als Roten magst.«

»Stimmt.« Martin griff nach dem Glas, das Albert indessen zur Hälfte gefüllt hatte.

Sie stießen an und nahmen einen kleinen Schluck.

»Gibt es schon Hinweise von der Polizei?«, fragte Martin, als wollte er die Stille, die sich nun eingestellt hatte, durchbrechen.

»Du bist doch Anwalt, du weißt, wie das läuft. Die machen es sich einfach und verdächtigen immer erst den Ehemann, bevor sie sich wirklich bemühen.«

»Dann darfst du ihnen eben keinen Grund geben, dich zu verdächtigen. Du brauchst einen guten Anwalt, der sich in Strafrecht auskennt.« Dass sein älterer Bruder sich nicht selbst anbot, lag daran, dass er sich auf Wirtschaftsrecht spezialisiert hatte.

»Nein, brauche ich nicht. Es macht sie doch nur noch misstrauischer, wenn ich sofort mit einem Anwalt komme.«

»Mag sein, aber ich kenne dich. Du bist impulsiv und vergisst dich manchmal.«

»Ich habe alles im Griff, mach dir keine Sorgen. Es gibt keinen Grund, mich zu verdächtigen. Außerdem habe ich ein Alibi.«

»Dunja?«

»Genau.«

»Die Freundin ist nicht das beste Alibi.«

»Es reicht, vertrau mir.«

»Wo ist sie?«

»Die hat was zu tun.« Schneider presste die Lippen zusammen.

»Was hat sie zu tun? Und woher hast du eigentlich das blaue Auge?«

»Was meinst du?«

Martin schüttelte den Kopf, nahm einen Schluck aus seinem Weinglas und ließ ihn einen Moment um seinen Gaumen spielen, damit sich der Geschmack noch stärker entfalten konnte. »Gibt es jemanden, der dich besser kennt als ich?«

»Nein, warum?«

»Warum lügst du mich dann an? Diese blauen Flecken sind doch frisch.«

»Na und ...« Albert traute sich nicht, seinen Bruder anzuschauen, weil er sich ertappt fühlte. So war es schon immer gewesen, er konnte Martin schwer etwas vormachen. Er durchschaute ihn, und das, obwohl er mit seinen vierundvierzig Jahren nun wirklich kein Kind mehr war.

»Hast du dich mit Dunja geschlagen?«

Albert atmete hörbar aus, machte sich lang und reckte kurz den Kopf, um seinen Hals zu strecken. »Die kennt ihre Grenzen nicht«, gab er dann zu.

»Mensch, Albert. Ich dachte, du bist in Behandlung wegen deiner Aggressionen. Nur deswegen und wegen deiner Trunksucht hat sich Laura doch von dir getrennt. Sie hätte noch leben können ...«

»Lass Laura aus dem Spiel«, blaffte Albert. Auf Vorwürfe und Hätte-wenn-Geschichten hatte er überhaupt keine Lust.

»Du musst dich beherrschen, mein Lieber. Versöhne dich mit Dunja. Sie kann sehr dickköpfig und unberechenbar sein.«

»Sie ist halt temperamentvoll«, entgegnete Albert, aber er wusste, was sein Bruder meinte. Dunja war so ganz anders als Laura. Sie war taff, sie sagte, was sie dachte, und konnte auch austeilen. Trotzdem wusste sie, wo ihr Platz war und dass sie niemals auf Augenhöhe mit ihm sein würde. Bis gestern zumindest, als der Streit eskalierte, weil er betrunken war, obwohl er ihr versprochen hatte, nichts zu trinken. Aber sie musste doch verstehen, dass er nicht anders gekonnt hatte, der Druck war zu groß. Nur statt verständnisvoll zu sein, hatte sie ihre schlechte Laune an ihm ausgelassen, entsetzlich herumgezickt. Da hatte er sich nicht anders zu helfen gewusst, als sie zu schlagen. Sie hatte sich gewehrt, aber am Ende hatte er sie mit einem gezielten Faustschlag auf den Kopf K. o. geschlagen. Danach hatte sie ein paar Sachen gepackt und die Wohnung verlassen. Bis jetzt hatte er nichts mehr von ihr gehört.

»Das habe ich bei unserer letzten Begegnung schon bemerkt. Sie hat ihre Nerven nicht im Griff. Ich weiß eh nicht, was du von so einer willst.«

»Was heißt denn ›so eine‹?«

»Na, eine verkappte Türkin, die auch noch tätowiert ist. Die hat doch eine Vergangenheit.«

»Verkappt ist sie bestimmt nicht, da schätzt du sie falsch ein.«

»Und deswegen hat sie den Nachnamen ihres Ex-Mannes behalten? Frau Rost. Ich bitte dich, natürlich ist sie verkappt, sie steht nicht zu ihrer Herkunft.«

»Du tust ihr unrecht. Lass uns das Thema wechseln«, drängte Albert. Er mochte es nicht, dass sein Bruder so schlecht über Dunja sprach. Ihre bewegte Vergangenheit war ihm mehr als bewusst, aber gerade weil sie nicht so langweilig war, fühlte er sich zu ihr hingezogen.

»Wie du magst.« Martin schien nicht begeistert. »Mir trotzdem unverständlich, wie jemand wie du mit einer aus der Gosse zusammen sein kann. Die hat doch den Intellekt einer Tomate.«

»Dafür fickt sie wie ein Weltmeister und sagt zu nichts Nein von dem, was ich will. Sie sagt, ich soll mit ihr machen, was ich will. Das hat Laura nie gesagt. Sie lag manchmal da wie ein Stück totes Holz.«

»Mit Sex kriegt man jeden Mann klein.«

»Quatsch. Aber seien wir ehrlich, am Ende geht es doch nur um Sex. All das hier ist bloß ein Produkt unserer Fantasie. Wir sind auch nur Tiere, die sich fortpflanzen müssen, das ist die echte Bestimmung von uns Menschen. Trotzdem glauben wir, wir müssten in teuren Luxusimmobilien wohnen, ein fettes Auto fahren und den teuersten Wein saufen. Das ist doch alles bloß eine Lüge. All das Geld, das ich hatte, hat mich nicht so glücklich gemacht wie der Sex mit Dunja.«

Martin atmete hörbar aus, schaute zur Seite und dann wieder zu seinem Bruder. »Wie du magst. Du bist mein Bruder und ich liebe dich. Aber als dein Anwalt rate ich dir, dich mit ihr zu vertragen, obwohl ich nicht viel von ihr halte.«

»Du musst dich nicht wiederholen, ich habe dir doch längst zugestimmt. Sie meldet sich schon, das hat sie bisher immer getan. Das sind die Spielchen zwischen uns, die ich ihr noch austreiben werde.«

»Nein, du rufst sie an und entschuldigst dich bei ihr.«

»Das kann ich nicht machen. Ich bin der Mann und sie hat mich provoziert. Warum sollte ich mich bei ihr entschuldigen?«

»Du Idiot, weil sie dein Alibi ist.«

»Na und?«

»Was, wenn sie es zurückzieht, weil sie dich hasst?«

20

»Glaubst du, dass wir Marques mit dem Gespräch bei Özdil in Gefahr gebracht haben?«, fragte Aydin, als Brandt den Wagen zur Anschrift von Manuela Janak fuhr.

»Warum? Marques war so blöd und hat sich von einem Geldhai Geld geliehen. Da weiß doch jeder, dass das eine ganz dumme Idee ist und dass man davon nicht so schnell wegkommt. Eigentlich müsste Marques uns anbetteln, dass wir ihn verhaften.«

»Also ist er längst in Gefahr?«

»Vielleicht. Aber glaubst du wirklich, dass er bis zum Monatsende achtzigtausend Euro aufbringen wird?«

»Eher unwahrscheinlich.«

»Siehst du. Im Gefängnis ist er vor den Jungs sicher.«

»Nicht unbedingt. Du weißt, dass die genug Leute im Knast haben. Die werden ihm das Leben zur Hölle machen.«

»Nicht, wenn er in eine Einzelzelle kommt.«

»Wir reden, als wäre klar, dass er der Mörder ist.«

»Wenn wir ehrlich sind, wäre das für alle Beteiligten die beste Lösung. Das Gespräch mit Özdil war gut. Wir haben ein Druckmittel gegen Marques.«

»Ich bin auf seine Reaktion gespannt.«

»Ich auch«, nickte Brandt. Natürlich wusste er, dass es noch viel zu früh war, in Marques den Hauptverdächtigen zu sehen, zumal der Ehemann Albert Schneider ebenfalls genug Motive hatte, um der Mörder zu sein. Dennoch war es beruhigend, dass sie nur zwei Verdächtige hatten, gerade vor dem Hintergrund ihres letzten Falles, wo es plötzlich sehr viele gewesen waren. Dass die Nachbarin Manuela Janak Laura und Alena ermordet haben könnte, wollten weder Brandt noch Aydin glauben, trotzdem mussten sie ihr Alibi überprüfen und ihr ein paar Fragen stellen, die helfen könnten, etwas Licht ins Dunkel der Ermittlungen zu bringen.

Manuela Janak bat die beiden Beamten in ihr Wohnzimmer. »Und, haben Sie schon eine heiße Spur?«, fragte sie.

»Wir stehen noch am Anfang unserer Ermittlungen«, antwortete Brandt. Die Nachbarin wirkte angespannt. Ob es daran lag, dass ihr die beiden sinnlosen Morde zu schaffen machten, oder ob es etwas anderes war, konnte Brandt gerade nicht sagen. Ihm war aber beim Reinkommen schon eine Sache aufgefallen, die er später ansprechen wollte.

»Ich hoffe, Sie finden ihn. Es fällt mir noch immer schwer, zu realisieren, dass Laura und Alena tot sind, dass sie nie wieder zurückkommen werden. Dass ich nicht mehr auf ihrer Terrasse sitzen und mit ihr lachen kann. Dass Alena und meine Tochter Anna nicht mehr zusammen spielen können. Wie kann jemand etwas so Furchtbares tun?« Sie zog die Nase hoch, ihre Augenlider bewegten sich hektisch. Es war nicht zu übersehen, dass sie sehr nervös und emotional war.

»Ist Ihre Tochter gerade da?«

»Nein, sie ist bei ihrem Vater. Ich möchte nicht, dass sie das alles hier mitkriegt, das wäre zu viel für sie. Sie ist sehr nah am Wasser gebaut und hatte ein inniges Verhältnis zu Alena. Ich will ihr diesen Schmerz, so gut es geht, ersparen.«

»Das ist nur allzu verständlich«, zeigte sich Aydin mitfühlend.

»Wie kann ich Ihnen denn helfen?«

»Wir müssen mehr über Laura Schneider in Erfahrung bringen. Wir wissen, dass sie große Probleme mit ihrem

Mann hatte. Gab es noch andere Männer oder Menschen, mit denen sie Schwierigkeiten hatte?«

»Nein, nicht Laura. Sie war ein Goldengel. Nur ihr Mann hat das nicht kapiert, dieser egoistische, gewalttätige Narzisst.«

»Welches Verhältnis hatten Sie zu Albert Schneider?«, fragte Brandt. Er glaubte, dass ein guter Zeitpunkt gekommen war, um ihr diese Frage zu stellen und sie etwas nervös zu machen. Sein Plan schien aufzugehen, sie schaute ihn erstaunt an.

»Keines, warum?«, antwortete sie dann. Ihre Stimme klang vorsichtig, als witterte sie eine Falle.

Brandt warf Aydin einen kurzen Blick zu. Der verstand sofort und erklärte: »Wir hatten ein Gespräch mit Herrn Schneider. Er behauptet, dass Sie an ihm interessiert wären.«

»So ein Unsinn. Wieso lügt er? Reicht es ihm nicht, dass Laura tot ist? Muss er dazu auch noch lügen? Was bringt ihm das?« Ihre Stimme war schrill. Aydins Worte machten sie offensichtlich ungehalten.

»Er hat uns den Chatverlauf mit Ihnen gezeigt«, bemerkte Aydin. Seine Worte klangen bei Weitem nicht so scharf, wie es bei Brandt in solchen Situationen der Fall gewesen wäre.

»Dieser elende …« Janak verengte die Augen. »Jetzt dämmert es mir.« Damit verschwand sie, ohne einen weiteren Satz zu sagen.

»Was geht denn hier ab?«, fragte Aydin.

»Das werden wir gleich erfahren, aber ich habe da so eine Ahnung.«

»Sie zeigt uns den Chatverlauf?«

»Vermutlich.« Brandt erinnerte sich an die Szene, als Schneider sein altes Handy geholt, aber ewig gebraucht hatte, bis er zurück ins Wohnzimmer gekommen war. Bei Manuela Janak ging das deutlich schneller.

»Dieser Mistkerl«, schimpfte sie. »Was hat er Ihnen genau erzählt?«

»Dass Sie Interesse an ihm hätten und ihn seiner Frau ausspannen wollten«, erklärte Aydin.

»So eine linke Bazille.« Janak kriegte sich gar nicht mehr ein. »Nicht mit mir. Gut, dass ich den Chatverlauf noch habe. Ich hatte das längst vergessen.« Ihr Blick war auf das Handy gerichtet und sie wischte und tippte, bis sie gefunden hatte, was sie augenscheinlich gesucht hatte. Dann reichte sie das Handy an Brandt, der die Nachrichten las.

»Wie haben Sie ihn kennengelernt?«

»Das Ganze liegt schon ein paar Jahre zurück. Müssten vier oder so sein. Ich bin da gerade frisch nach Köln gezogen und kannte Laura noch gar nicht. Ich habe ihn damals in einer Bar kennengelernt. Er war sehr galant. Wir haben uns auf Anhieb verstanden und er trug keinen Ehering, darauf achte ich genau. Er hat auch mit keiner Silbe erwähnt, dass er verheiratet wäre.«

»Und wie sind Sie darauf gekommen, dass er der Ehemann von Laura Schneider ist?«

»Ein paar Tage später habe ich Laura kennengelernt. Wir waren uns gleich sympathisch. Sie hat mir von ihrem Ehemann erzählt, der zufälligerweise denselben Namen hatte wie meine Bekanntschaft aus der Bar. Als ich den Mistkerl dann zufällig als meinen neuen Nachbarn gesehen habe, wusste ich, dass er ein falsches Spiel spielt, und habe den Kontakt sofort beendet. Das können Sie alles im Chatverlauf nachlesen.«

»Sie haben Frau Schneider aber nichts davon erzählt?«

»Leider nicht.« Sie presste die Lippen zusammen. Vorwurf schwang in ihrer Stimme mit. »Hätte ich das mal bloß getan. Ich wollte halt keine Ehe zerstören und wir hatten uns ja gerade erst kennengelernt. Ehrlich gesagt, hatte ich auch Sorge, dass sie mir nicht glaubt und womöglich denkt, dass ich ihr doch den Mann ausspannen will. Also sagte ich mir, das Beste für alle Parteien wäre, die Sache zu vergessen. Er ist sicherlich nicht der erste und der letzte verheiratete Mann, der mit anderen Frauen flirtet.«

»Haben Sie etwas dagegen, uns die Nachrichten weiterzuleiten? Mein Kollege könnte sie auch abfotografieren.« Brandt glaubte der Frau.

»Überhaupt nicht. Da war ja auch nichts. Es war ein großes Missverständnis, das ich schnell aus der Welt geschafft habe. Laura war meine Freundin. Glauben Sie wirklich, dass ich ihr ihren Mann ausgespannt hätte? Und dann noch einen, der seine Frau schlägt und ein egoistischer Narzisst ist? Niemals.« Ihre Mundwinkel wiesen nach unten, ihre Augen wirkten gefährlich, fast war es Brandt, als könnte er ein Feuer darin lodern sehen. »Laura war meine Freundin, ich hätte niemals etwas getan, was ihr wehgetan hätte.« Ihre Stimme erstarb, sie wirkte deutlich angeschlagen. »Niemals«, wiederholte sie. Ihre Augen wurden feucht, aber sie weinte nicht.

Beide Beamten sagten nichts, sie sollte Zeit haben, sich zu beruhigen. Aydin leitete die Nachrichten aus dem Chat an sein Diensthandy weiter, dessen Rufnummer öffentlich war.

Brandt fragte sich, warum Schneider gelogen hatte. Die Antwort würde er ihnen auf jeden Fall selbst liefern müssen, das stand für ihn außer Frage. Doch jetzt hatte er genug über Schneider erfahren, er wollte mehr über das Verhältnis zwischen Janak und Marques wissen.

»Können wir das Gemälde sehen, welches Sie Boris Marques abgekauft haben?«, fragte Brandt daher. Der abrupte Themenwechsel überraschte Janak ganz offensichtlich, mit dieser Frage hatte sie wohl nicht gerechnet.

»Warum?«, antwortete sie mit einer Gegenfrage und schaute sie erstaunt an.

»Weil wir wissen wollen, was für ein Gemälde zehntausend Euro kostet.«

145

Janak lag augenscheinlich etwas auf der Zunge, aber sie schwieg und machte nur eine komische Kopfbewegung, als würde sie mit sich ringen, doch dann sagte sie: »Kommen Sie bitte mit.«

Beide Beamten folgten ihr und betraten ein Zimmer, vermutlich das Kinderzimmer.

»Da ist es. Ich finde es außerordentlich gelungen.«

Brandt und Aydin traten an das Ölgemälde. Es war knapp einen Meter hoch und siebzig Zentimeter breit. Das Ganze erinnerte Brandt an die billige Kopie eines Van-Gogh-Bildes. Da war nichts, was einen derart hohen Kaufpreis in seinen Augen rechtfertige.

»Ist das das Zimmer Ihrer Tochter?«, erkundigte sich Aydin.

»Es ist ihr Kinderzimmer, warum?« Janaks Blicke wanderten zwischen Brandt und Aydin hin und her. Es wirkte, als hätte man sie bei etwas ertappt, wofür sie sich schämte.

»Warum hängt das Gemälde ausgerechnet hier?«, fragte Brandt.

»Weil ich es für den perfekten Ort halte. In dieses Zimmer fällt viel Licht und ich möchte, dass meine Tochter sich schon früh für Kunst interessiert.«

Brandt glaubte ihr kein Wort. Vielmehr nahm er an, dass sie das Bild an einen Ort gehängt hatte, wo es Freunde und Gäste wohl kaum zu sehen bekämen. Sie schämte sich also für das Gemälde, ähnlich wie Laura Schneider. Aber warum hatte sie dann so viel Geld dafür bezahlt?

»Frau Janak«, sagte er und machte einen Schritt auf die Mittvierzigerin zu. »Uns ist aufgefallen, dass Laura Schneider und Sie sehr viel Geld für Gemälde eines Künstlers bezahlt haben, der in der Szene keinen Namen hat, und erstaunlicherweise hängen ausgerechnet diese Bilder nicht im Wohnzimmer, im Flur oder an einem Ort, wo jeder diese Kunst bestaunen kann, sondern in Zimmern, wo Gäste kaum Zutritt haben. Möchte man denn nicht, dass die Gemälde aufstrebender Künstler von möglichst vielen gesehen werden? Ist es nicht so, dass man sich mit der Entdeckung von Talenten auch ein Stück weit hervorheben will?«

»Nein, dem ist nicht so«, antwortete sie. Ihre Stimme klang dünn, sie wagte es nicht, Brandt anzuschauen.

»Kann es sein, dass Sie Herrn Marques einen Gefallen tun wollten, weil er der Freund Ihrer sehr guten Freundin war?«, fragte Aydin. Er schien ihr eine Brücke bauen zu wollen, damit sie ihr Lügengebilde nicht komplett zum Einstürzen bringen musste.

»Nein, so war es nicht. Ich mag das Gemälde und sehe es als sinnvolles Investment in einen aufstrebenden Künstler. Es würde nicht ins Wohnzimmer passen, weil ich dort sehr moderne Kunst habe.«

»Herr Marques malt auch moderne Kunst, wir haben seine Werke gesehen. Helfen Sie uns bitte, das zu verstehen«, antwortete Aydin.

Janak atmete tief ein und aus und verzog ihr Gesicht, es war deutlich zu sehen, dass es in ihr arbeitete.

»Also gut, Sie haben recht. Ich wollte Laura einen Gefallen tun. Dieses Bild ist so gar nicht mein Geschmack, aber Laura war derart begeistert von ihm und Boris ist so nett gewesen, da konnte ich nicht anders.«

»Warum wollten Sie Laura einen Gefallen tun?«, bohrte Brandt weiter.

»Weil er Schulden hatte und sie ihm helfen wollte, ohne dass er davon erfuhr.«

»Hatte Herr Marques ihr denn nichts über seine finanziell angespannte Situation verraten?«

»Doch, schon. Aber er wollte keinen Kredit von ihr.«

»Warum nicht?«

»Männlicher Stolz«, antwortete sie. Brandt bezweifelte,

dass das Marques' wahre Motivation war. Er kannte solche Männer aus anderen Fällen. Männer, die sich das Vertrauen von Frauen erschlichen, sie mit ihrer Männlichkeit und ihrem Freiheitswunsch umgarnten und erst irgendwann später von Schulden sprachen. Die Frauen wollten ihnen dann helfen, aber die Männer wiegelten ab, so lange, bis sie die Frauen dermaßen im Griff hatten, dass sie das Geld bekamen, meistens sogar noch viel mehr, als ihnen zuerst angeboten worden war. Solche Männer nannten sich Heiratsschwindler und die schlimmste Sorte von ihnen waren die Loverboys. Sie manipulierten vor allem junge Frauen emotional so weit, dass sie ihnen hörig wurden und für ihre »große Liebe« am Ende sogar anschaffen gingen, damit der Mann seine angeblichen Schulden bezahlen konnte. Es war schon erschreckend, wie häufig und in welchem Maße Frauen mit der Mär von der »wahren Liebe« eingewickelt wurden. War auch Boris Marques so eine Person?

»Stolz hin oder her«, entgegnete Aydin, »einen Kredit muss man zurückzahlen. Sie beide haben ihm durch den Kauf der Gemälde praktisch fünfundzwanzigtausend Euro geschenkt, obwohl Sie wussten, dass seine Kunst das nicht wert ist.«

»Ich habe nur zehn bezahlt«, korrigierte Janak, dabei rümpfte sie die Nase, als schätzte sie es nicht, getadelt zu werden. Das war vermutlich zu viel für ihr Ego.

»Hat Laura Schneider Sie um den Gefallen gebeten?«, fragte Brandt.

»Nein, hat sie nicht. Aber mir war klar, dass Boris' finanzielle Probleme eine größere Summe umfassten als die fünfzehntausend, die Laura ihm gegeben hat.«

»Und wie kamen Sie darauf?«

»Weil ich einmal unfreiwillig Zeuge eines Gespräches wurde.«

»Wann und wo war das?«

»Das war vor zwei Monaten in seiner Galerie.«

»Worum ging es in dem Gespräch?«

»Darum, dass Boris seine Schulden zurückzahlen sollte. Er hat geantwortet, dass er doch schon zwanzig bezahlt habe, aber darauf hat der andere Mann nur gelacht und gefragt, ob er scherze. Ich glaube, die beiden haben dann bemerkt, dass ich die Galerie betreten hatte, und aufgehört zu reden. Sie waren in dem hinteren Raum, dem Atelier.«

»Haben Sie Herrn Marques darauf angesprochen?«

»Nein, ich wollte nicht, dass er denkt, ich würde lauschen.«

»Obwohl Sie wussten, dass er bei einem Geldeintreiber Schulden hatte, haben Sie ihn nicht darauf angesprochen, sondern ihm ein Gemälde abgekauft?«

»Genau. Ich wollte doch nur helfen, da ich gesehen habe, dass er in großen Schwierigkeiten steckt, aber zu stolz ist, um Geld zu bitten.«

»Können Sie sich noch an den Mann erinnern?«

Brandt verstand nicht, warum Janak ein so großes Interesse daran hatte, Marques zu helfen. Sie war doch nur die Freundin von Laura Schneider und sie hatte zu dem Künstler angeblich keine Beziehung.

»Den Typen vergesse ich nicht so schnell. Das war einer Ihrer Landsmänner.« Ihr Blick wanderte zu Aydin. »Groß, muskulös und natürlich tätowiert.«

»Hieß er zufällig Ali Özdil?« Alles andere ergab für Brandt keinen Sinn.

»Ali hieß er, ganz sicher, den Nachnamen weiß ich nicht. Boris hat ihn auf jeden Fall Ali genannt. Aber Sie kennen ihn ja augenscheinlich.«

»Eine Sache verstehe ich nicht. Laura Schneider und Boris Marques waren knapp fünf Monate ein Paar. Vor knapp drei Monaten hat Laura ihm fünfzehntausend Euro gegeben und einen Monat später Sie nochmals zehntausend. Hätten Sie Laura als gute Freundin da nicht ins Gewissen reden müssen?«

»Wie meinen Sie das?«

»Kann man nach nicht mal drei Monaten tatsächlich von einer so ernsthaften und seriösen Beziehung sprechen, dass man dem neuen Partner derart viel Geld schenkt? Waren Sie beide wirklich so naiv oder verschweigen Sie uns etwas?«, wurde Brandt deutlicher. Dass Janak ihn nicht verstanden hatte, glaubte er nicht, also provozierte er sie.

Manuela Janak knirschte mit den Zähnen. Sie wirkte, als fühlte sie sich ertappt.

21

Boris Marques hatte sein Handy ausgeschaltet. In den vergangenen Stunden hatte er bloß noch Nachrichten bekommen, die ihn nervten.

»Denkt ihr, ich bin euer Hampelmann? Euer sprechender Dildo, den ihr rufen könnt, wann immer ihr wollt?«, schimpfte er. Inzwischen hatte er schon eine Flasche Wein geleert und die zweite angebrochen. Es war nach 20 Uhr. Die Sonne hatte längst ihren höchsten Punkt am Himmel verlassen und nur ein paar zarte Schönwetterwolken zogen ihre Streifen am Horizont.

Es war angenehm warm. T-Shirt-Wetter. Er trug ein Muscleshirt, auf dem Bistrotischchen vor ihm lag ein Joint bereit, den er jetzt genießen wollte.

So langsam verflog der Stress des Tages und er spürte, dass dieser unendliche Druck nicht mehr so stark auf seinen Schultern lastete.

»Wein, du schaffst es«, sagte Marques und schaute auf die samtrote Flüssigkeit in seinem Glas. »Fast«, fügte er dann lächelnd hinzu und zog an dem Joint, den er sich nebenbei angezündet hatte. »Mit Vater Gras klappt es garantiert. Eine perfekte Symbiose, Wein und Gras.« Er überlegte. »Vielleicht sollte ich mal ein Glas Wein und einen Joint malen, aber in abstrakter Form, als Vektor.«

Er nickte, diese Idee war gar nicht schlecht. Früher hätte das gereicht, um von seinem Platz aufzuspringen und in sein Atelier zu laufen, um den Geistesblitz direkt auf die Leinwand zu malen. Aber heute nicht. Er wollte nur auf dem Balkon sitzen, Wein trinken, einen Joint rauchen und sich einbilden, dass die Welt gut war. Auch zu ihm.

Doch etwas anderes geschah. Der Joint brachte nicht die erhoffte Wirkung, er kam nicht runter, die Droge verstärkte nicht die positive Wirkung des Weines. Im Gegenteil.

»Was passiert hier?«, murmelte er und bekam plötzlich eine Gänsehaut. Ihm wurde kalt, er fuhr sich mit beiden Händen über die Arme. Irritierende Gedanken geisterten durch seinen Kopf und ließen ihn nicht mehr los. Er sah Gefahr, er sah Schmerz und er sah Tod.

Seine Augäpfel bewegten sich schnell, auch die beunruhigenden Gedanken kreisten immer schneller in seinem Kopf, als wären sie kleine Dämonen, die auf Hexenbesen herumflogen.

Er wusste, dass das nicht real sein konnte, dass diese Vorstellung nur seiner Fantasie entsprang, dennoch erwischte er sich dabei, wie er mit der rechten Hand versuchte, einen dieser kleinen Dämonen zu vertreiben wie eine Fliege, aber sie ließen sich nicht vertreiben, sie kreisten munter weiter.

Marques schüttelte sich und als die Wesen noch immer nicht verschwanden, schloss er die Augen. Das alles war gerade zu viel für ihn, verstört warf er den restlichen Joint auf den Boden. Er hatte ja schon die komischsten Geschichten über die Nebenwirkungen von Gras gehört, aber so etwas noch nicht. Persönlich hatte er bisher auch nie schlechte Erfahrungen mit Marihuana gemacht. Normalerweise war es seine Rettung, sein Mittel, um aus dieser kalten, kapitalistischen, oberflächlichen Welt zu entfliehen. Doch diesmal war alles anders.

Er schloss die Augen und merkte, dass es half, er beruhigte sich allmählich und die kleinen Dämonen verschwanden nach und nach. Ganz langsam öffnete er zunächst das linke Auge.

»Keine fiesen Dämonen«, stellte er fest und atmete erleichtert aus. Dann öffnete er das rechte Auge. Noch immer keine Dämonen. Er schaute sich um, wie erwartet war er alleine auf dem Balkon.

»Hallo, reale Welt«, sagte er und griff nach der Weinflasche. »Der Wein hat mich noch nie enttäuscht.« Er gönnte sich einen großen Schluck, nach diesem komischen Film hatte er das absolut verdient. »Vielleicht sollte ich mal wieder eine Therapie machen«, murmelte er, obwohl er seit den Erfahrungen mit der letzten Therapie nicht mehr viel von Psychologen hielt.

Der Wein machte ihn müde und nachdenklich. Ins Bett wollte er aber noch nicht.

»Du musst dich deinen Problemen stellen, immer davor weglaufen oder den Kopf in den Sand stecken ist keine Lösung.«

Er dachte an die unzähligen Briefe, die auf dem Schreibtisch lagen, ungeöffnet, einige von ihnen seit Wochen. Er war einfach nicht in der Lage, hineinzuschauen, so seltsam sich das anhören mochte. Er konnte es nicht und schob es immer wieder vor sich her.

»Warum sollte ich auch? Sind doch eh nur Rechnungen und Mahnungen«, suchte er eine Rechtfertigung für sein Verhalten.

Lebensverweigerer hatte sein Psychologe ihn einmal genannt. Auch wenn er ein anderes Wort benutzt hatte, am Ende hatte er genau das gemeint, aber das stimmte nicht. Er war kein Lebensverweigerer.

Eigentlich war er im Reinen mit seinem Leben und er liebte es, zu malen. Man konnte meinen, dass es nichts gäbe, was ihm verbieten würde, glücklich zu sein. Wie viele Menschen durften schon in dem Beruf arbeiten, den sie liebten? Sicherlich viel zu wenige. Dennoch war da diese Schwere, die in diesem Moment wieder stärker auf seine sensible Seele drückte: die Schulden.

»Mist, wie konnte das bloß passieren?« Eine Antwort auf diese Frage hatte er nicht. Es war einfach so gewachsen in den letzten Jahren. Er hatte zu wenige Gemälde verkauft, während die Kosten die gleichen geblieben waren. Die Miete für den Laden, seine Wohnung, ein Auto, das läpperte sich mit der Zeit zusammen. Dazu die Farbe, die Leinwände, Lebensmittel – alles kostete Geld. Da häuften sich schnell Schulden an. Irgendwann hatte die Bank den Dispo gesperrt und ihm die Kredite gekündigt. In der Not hatte er dann den dümmsten Fehler begangen, den man machen konnte, und sich Geld von jemandem geliehen, der nicht nach einer Schufaauskunft gefragt, sondern ihm bereitwillig ein Darlehen gegeben hatte.

Dass die Zinsen jenseits von Gut und Böse waren, war ihm damals egal gewesen. Er hatte das Geld gebraucht, um andere Schulden zu tilgen, ansonsten hätte er seine Wohnung und seine Galerie verloren. Eine Zeitlang hatte er dann Schulden gegen Schulden ausgetauscht. Dass das nicht wirklich klug gewesen war, war ihm bewusst, dennoch hatte er das Spiel weitergespielt und sich immer tiefer in die Scheiße geritten.

»Du hättest damals eine Privatinsolvenz anmelden sollen«, machte er sich weiter Vorwürfe. Doch dafür war es nun zu spät, weil eine Privatinsolvenz mit seinem jetzigen großen Gläubiger nicht funktionieren würde. Kredithaie wie er würden ihm eher sämtliche Knochen brechen, wenn sie ihr Geld nicht bekämen.

»Dabei war ich meinem Ziel so nahe. Laura hatte mir ja schon fünfzehntausend gegeben.« Sie war für ihn wie ein Jackpot gewesen. Dank seines Charmes war es für ihn ein Leichtes gewesen, ihre Liebe für sich zu gewinnen. Sie hatte sich regelrecht nach jemandem wie ihm verzehrt. Kein Wunder, sie war ja schon lange Zeit mit einem durchgeknallten, gewalttätigen Narzissten und Alkoholiker verheiratet gewesen, der sie wie ein Stück Dreck behandelt hatte. Bei ihm dagegen hatte sie wieder eine gleichberechtigte Frau sein dürfen, er hatte ihr das Gefühl gegeben, dass sie etwas ganz Besonderes war.

»Aber dann musste sie sterben. Verdammt, das war wirklich sehr dumm.« Mit Sicherheit hätte sie ihm auch das restliche Geld gegeben, damit hätte er seine Schulden abbezahlt und jetzt keine Kopfschmerzen mehr.

»Muss ich wohl dieses Biest Manuela Janak manipulieren«, murmelte er. Die Janak war allerdings ein ganz anderes Kaliber als Laura. Laura war naiv gewesen, eine reife Frucht, die sich nach Liebe und Anerkennung sehnte. Sie für sich zu gewinnen, war nicht schwer gewesen. Trotzdem waren es nicht nur Berechnung und die Hoffnung, über sie an Geld zu kommen, weshalb er sich mit ihr eingelassen hatte, es waren auch Gefühle im Spiel gewesen. Er hatte Laura gemocht, sie war gut zu ihm gewesen und hatte seine Macken scheinbar toleriert. Marques wusste, dass er kein einfacher Mensch war.

»Klar hat sie das toleriert, weil sie unsterblich in dich verliebt war und ihr Ehemann ein viel größeres Scheusal ist, als du es je sein wirst.« Er presste die Lippen zusammen. »Hätte sie mir doch bloß vorher das Geld gegeben«, sagte er bitter. Ob er bei Manuela auch so ein leichtes Spiel haben würde, bezweifelte er. Sie war vorsichtig und agierte ebenso taktisch wie berechnend. So jedenfalls wirkte sie auf ihn.

»Und sie sitzt auf ihrem verdammten Geld, das eigentlich ihrem Mann gehört hat. Dabei ist es doch unser Geld. Die Frauen nehmen es uns immer wieder weg.«

Trotzdem hatte sie ein Gemälde von ihm gekauft. »Aber nur, weil sie Laura damit einen Gefallen tun wollte.« Marques schüttelte den Kopf, zog die Nase hoch, fuhr sich über die langen dunklen Haare und gönnte sich einen Schluck Wein.

»Sei nicht so naiv! Sie hat damit ihr Gewissen beruhigt.«

Er schnaufte, um seiner Wut ein Ventil zu bieten. In Momenten wie diesen hasste er sein Leben, weil er keinen Schritt vorankam. Dabei wollte er das Leben, sein Leben, lieben, weil er gerne lebte, weil er ein Freigeist und ein geselliger Typ war. Gute Eigenschaften, aber er schaffte es trotzdem nicht, sein Leben in den Griff zu bekommen, und warum?

»Geld!«

Dieses verfluchte Geld hinderte ihn daran, frei zu sein. Er war doch kein schlechter Mensch. Er hatte zwar im Leben ein paar falsche Entscheidungen getroffen, sich mit den falschen Leuten angelegt, aber sollte er deswegen ein Leben lang darunter leiden?

Tauch unter. Hau ab, meldete sich wieder der eine Gedanke, den er immer in solchen Situationen hatte. Als ob eine Flucht seine Probleme lösen könnte.

Wo sollte er denn hin?

Wovon sollte er leben?

Auch im Ausland brauchte man Geld, ohne Geld war man auf dieser Welt kaum etwas wert. Da konnte man als Künstler noch so oft jedem erzählen, dass man frei von materiellen Zwängen sei, aber spätestens am Monatsende, wenn die Miete gezahlt werden musste oder der Espresso im Café, holte einen die Realität ein. Kein Mensch war frei von materiellen Zwängen und er selbst erst recht nicht!

Inzwischen war er ziemlich betrunken. Nur in solchen Momenten war er bereit, sich einzugestehen, dass er in Wahrheit Geld und Wohlstand liebte. Er liebte das schöne Leben und dafür brauchte er nun mal Geld.

»Immer nur Geld. Es reicht, kann ich denn mal einen Tag nicht an etwas anderes denken?«, fluchte er lauter als gewöhnlich, doch in diesem Zustand interessierte es ihn nicht, ob ihn jemand hören konnte, was ohnehin unwahrscheinlich war. Zur Straße hin war seine Wohnung die einzige, die einen Balkon hatte.

Marques lachte. »Du wolltest immer ein gefeierter Künstler, ein anerkannter Maler sein, aber am Ende bist du an deiner Arroganz und Sturheit gescheitert.«

»Mach die Tür auf, du Depp«, hörte er von unten eine laute Stimme. Er schaute auf die Straße und sah, dass Ali Özdil vor der Haustür stand. Sein Klingeln hatte er gar nicht gehört.

Panik machte sich in Marques breit und er überlegte, wie er abhauen könnte. Dass Ali ihn um diese Zeit besuchte, konnte nur bedeuten, dass er ihm an den Kragen wollte. Plötzlich war er hellwach, als hätte selbst der Alkohol in seinem Körper die Flucht ergriffen, er fühlte sich von jetzt auf gleich stocknüchtern.

»Verdammt noch mal, mach auf«, wurde Özdil nun lauter.

Marques schaute panisch nach rechts und links. Keine Möglichkeit, die ihm eine Flucht erleichtert hätte, nicht mal eine Regenrinne, an der er sich hätte herabgleiten lassen können – was auch ziemlich dämlich gewesen wäre, denn unten wartete ja Özdil.

Der Innenhof!, dachte er. Er überlegte nicht lange, stand auf und eilte aus der Wohnung in der Hoffnung, dass Özdil davon ausginge, er würde ihm die Tür öffnen.

Marques rannte die Treppe im Flur hinunter, gleich mehrere Stufen auf einmal nehmend, öffnete die Tür, die zum Innenhof führte, und lief bis zur gegenüberliegenden Seite, wo sich die Tür zum Flur des nächsten Wohnblocks befand.

»Offen«, stellte er erleichtert fest. Er rannte durch den Hausflur und erreichte den Haupteingang. Rüttelte an der Tür.

»Verschlossen, verdammt!«, fluchte er und versuchte, die Tür mit seinem Schlüssel zu öffnen, was ihm aber nicht gelang.

In dem gesamten Wohnkomplex gab es die für ihn unverständliche Anweisung, dass nach 22 Uhr alle Eingangstüren abgeschlossen zu sein hatten, damit niemand sich unberechtigt Zutritt zu den Wohnungen verschaffen konnte. Die Regelung war vor knapp zwei Jahren eingeführt worden, als es einige Einbrüche gegeben hatte, und ausgerechnet diese dämliche Anweisung sollte ihm jetzt zum Verhängnis werden?

Er schaute sich um, hoffte, dass er ein Fenster fände, aber hier im Erdgeschoss gab es keines. Also nahm er die Treppe in den ersten Stock, doch auch dort hatte er Pech.

»Das kann ja wohl nicht wahr sein!«

Unzählige Gedanken schossen wie Atome durch seinen Kopf, aber es war keiner dabei, der ihm in seiner Lage helfen konnte.

Du Idiot, wieso hast du ihm nicht einfach geöffnet? Warum sollte er dir etwas tun? Die wollen nur ihre Kohle, die brauchen dich. Sehr überzeugend war der Gedanke leider nicht.

»Verstecken«, sagte er zu sich. Am Ende war das die einzige Option, die ihm blieb: Sich verstecken, bis Özdil abhauen würde. Schließlich würde dieser Schläger mit Sicherheit nicht die ganze Nacht vor seiner Wohnung warten.

Dumm genug dafür wäre er aber, schoss es ihm durch den Kopf und unwillkürlich musste er schmunzeln, trotz seiner misslichen Lage.

Schlussendlich entschied sich Marques, unten vor dem Gebäudeeingang zu warten. Vielleicht würde einer der Bewohner nach Hause kommen oder nach draußen gehen.

»Du bist ja noch dämlicher als mein Neffe«, hörte er plötzlich eine männliche Stimme sagen.

»Du verstehst das falsch«, antwortete Marques, zu mehr war er nicht fähig. Sein Körper zitterte vor Angst und er fühlte sich, als hätte man ihm in diesem Moment zentnerschwere Kugeln an die Beine gebunden. Dabei hatte er immer angenommen, kein besonders ängstlicher Mensch zu sein.

»Was verstehe ich falsch? Du Hund«, schimpfte Özdil. »Warum hast du mir nicht die Tür aufgemacht? Hast du geglaubt, ich komme nicht rein?«

»Das war wirklich nicht meine Absicht«, suchte Marques nach den richtigen Worten, um diesen Riesen zu besänftigen, der ihm gefährlicher erschien als ein Pitbull.

»Ach, was dann?« Özdil stand nun vor ihm. Groß, breit und mit unheilvoll funkelnden Augen. Sein Bizeps war dermaßen angespannt, dass die Adern aussahen, als würden sie gleich hervorschießen. »Du Idiot, du hättest deine Wohnungstür schließen sollen, als du abgehauen bist. Aber so ist es, wenn man Angst hat, da vergisst man alles. Ich musste nur deinem Angstgeruch folgen.« Özdil lachte und verengte seine Augen zu Schlitzen, dann packte er Marques und verpasste ihm mit der Handfläche einen Schlag auf den Kopf. »Wir gehen jetzt in deine Wohnung, du Hund.«

»Entspann dich, du tust mir weh«, reagierte Marques nun selbst etwas gereizt, obwohl die Angst ihn weiterhin fest im Griff hatte. Özdil hatte ihm seine rechte Hand schmerzhaft hinter den Rücken gedreht.

»Halts Maul«, blieb der Geldeintreiber unbeeindruckt und schob Marques mit schnellen Schritten in seine Wohnung.

»Es tut mir wirklich leid, das war sehr dumm von mir. Ich habe zu viel getrunken, da ist meine Fantasie mit mir durchgegangen«, versuchte es Marques erneut und hoffte, endlich die richtigen Worte gefunden zu haben, um diesen gefährlichen Anabolhünen besänftigen zu können.

»Ich scheiß' auf deine Fantasie«, brüllte Özdil und packte Marques am Kragen, dann drückte er ihn gegen die Wand. »Was glaubst du eigentlich, wer du bist?«

»Was habe ich denn getan? Ihr habt mir doch Aufschub bis Ende des Monats gegeben.«

»Und warum? Weil ich mich für dich eingesetzt habe. Ich mag dich, ich mag sogar deine Gemälde. Das, was du mir geschenkt hast, hängt im Wohnzimmer und ich gebe ein bisschen mit dir an. Das ändert aber nichts daran, dass du uns eine Menge Kohle schuldest.«

»Willst du noch eins? Ich schenke dir eins.« Marques suchte weiterhin krampfhaft nach einem Weg, Özdil zu beruhigen. Zur Not würde er ihm noch mehr seiner Gemälde überlassen, immerhin war Özdil wohl einer der wenigen, die seine Kunst zu schätzen wussten. Eigentlich traurig, denn Marques hielt diesen brutalen Hünen keinesfalls für einen Kunstkenner, sondern für jemanden, der sich sogar billige Kunstdrucke ins Wohnzimmer hängen würde. Aber diese Tatsache war der beste Rettungsanker, den er gerade hatte, und er war gewillt, ihn zu nutzen.

»Glaubst du, du kannst mich bestechen, du Hund?«

»Nein, ganz und gar nicht. Ich wollte nur nett sein.«

»Warum bist du so ein Idiot?«

»Was willst du überhaupt von mir?«

»Das weißt du ganz genau.«

»Nein, tue ich nicht.«

»Warum bist du dann weggelaufen?«

»Das sagte ich doch, ich habe gesoffen und Panik geschoben.«

»Du lügst.«

»Musst du mich deswegen gleich anspucken?« Marques hatte für einen Augenblick vergessen, in welcher Lage er sich befand, und es kam, was kommen musste: Özdil boxte ihm in den Bauch. Marques schrie auf, wollte sich krümmen, aber Özdil hielt ihn noch immer gegen die Wand gedrückt.

»Verdammt, was habe ich dir getan?«, wurde Marques nun lauter. Egal wie viel Angst er vor diesem Holzkopf hatte, er hatte es nicht nötig, sich von ihm schlagen zu lassen.

»Du willst uns verarschen. Darauf stehen wir gar nicht.«

»Womit sollte ich euch verarschen?«

»Mit den Bullen.«

»Was?«

»Tu nicht so dämlich. Du hast doch die Bullen zu mir geschickt. Hast wohl gedacht, so kämst du um deine Schulden herum.«

»Ich habe denen nichts gesagt. Warum hätte ich das tun sollen?«

»Damit sie mich einlochen, damit sie uns gefährlich werden – was weiß ich, was für eine kranke Scheiße sich in deinem Kopf abspielt. Du wolltest Zeit gewinnen und abhauen.«

»Ich schwöre, ich habe die Bullen nicht auf dich gehetzt.«

»Lügner.« Wieder schoss die Faust auf seinen Magen und ließ ihn aufschreien. Nur der kräftige Halt von Özdil verhinderte, dass er zu Boden ging.

»Ich schwöre dir, ich habe nichts damit zu tun. Ich habe die Bullen doch selbst am Hals. Warum sollte ich sie auf dich aufmerksam machen? Was hast du denn mit den beiden Morden zu tun?«

Özdil schnaubte und holte aus, aber diesmal schlug er nicht zu. Zum ersten Mal hatte Marques das Gefühl, dass er nachdachte.

»Hast du sie getötet?«, fragte er dann.

»Nein, spinnst du?«, erwiderte Marques.

Özdil schaute ihn prüfend an. »Mir ist es scheißegal, ob du so ein kranker Freak bist, wir wollen nur unser Geld. Wenn du die beiden gekillt hast und deshalb im Knast landest, denk bloß nicht, dass du dort sicher bist. Wir kennen genug Leute da, wir bekommen unser Geld. Und wenn nicht, wars das. Dann killen wir – nein ich – dich. Auch wenn ich dafür zu dir in den Knast muss. Du verfickter Kindermörder.« Özdil hatte sich in Rage geredet, er schäumte vor Wut.

Marques hatte keine Ahnung, was gerade in dem Kopf dieses Schlägers vorging, aber offensichtlich hatte sich irgendein Schalter umgelegt. Özdils Augen schienen von seinen tiefschwarzen Pupillen ausgefüllt zu sein, sein Blick war wirr und er schnaubte wie ein Bulle, der jeden Moment den Torero aufspießen würde. Da wusste Marques, warum Özdil plötzlich rotsah. Kindermörder oder Pädophile galten unter Kriminellen als der letzte Abschaum. Ehe er etwas erwidern konnte, spürte er eine Flut von Schlägen auf den Kopf und fiel zu Boden, wo er das Bewusstsein verlor.

22

Brandt und Aydin hatten beschlossen, Albert Schneider aufzusuchen, um ihn mit den neuen Erkenntnissen zu konfrontieren.

»Warum lügt er uns über eine Sache an, die schon so lange zurückliegt?«, sinnierte Aydin.

»Berechnung.«

»Meinst du?«

»Klar. Sehen wir uns die Fakten an: Er erbt und damit dürfte er nicht nur schuldenfrei, sondern auch vermögend sein. Da will er kein Risiko eingehen. Nichts darf den Eindruck erwecken, dass er unser Täter ist.«

»Da fällt mir gerade etwas auf.«

»Na, dann lass mich mal an deinem Geistesblitz teilhaben.«

»Er hat seiner Frau und seiner Tochter sehr viel Geld und Immobilien übertragen, mehr als er Schulden hatte. Warum haben sie die Immobilien nicht verkauft, dann wäre er doch schuldenfrei gewesen.«

»Das wird steuerliche Gründe haben. Fischer hatte ja in seinem Bericht geschrieben, dass es einen Ehevertrag und Gütertrennung gab. Wenn er seiner Tochter die Immobilien aus steuerlichen Gründen und was auch immer überschrieben hat und wenig später den Gegenwert zurückerhält, würde er das versteuern müssen.«

»Aber was, wenn es an seiner Frau lag. Wenn sie dem Verkauf nicht zugestimmt hat«, gab Aydin zu bedenken. »Was, wenn sie insgeheim schon wusste, dass sie sich von ihm trennen würde, ihr jedoch der Mut fehlte, das in die Tat umzusetzen.«

»Gar nicht so dumm«, pflichtete Brandt ihm bei. »Das sollten wir unbedingt im Hinterkopf behalten. Aber dass es steuerliche Gründe hat, sollten wir auch nicht unterschätzen. Je reicher man ist, desto weniger hat man zu verschenken.«

Inzwischen hatten sie den Friesenplatz erreicht, sie waren kurz vor ihrem Ziel.

»Vielleicht sollten wir Schneider damit konfrontieren«, fügte Brandt hinzu.

»Es könnte auch nicht schaden, ihn erneut wegen des Pflasters am Hals anzusprechen«, sagte Aydin. »Möglich, dass er sich in Widersprüche verwickelt.«

»Können wir machen, aber ehrlich gesagt, habe ich nicht das Gefühl, dass er gelogen hat.«

Schneider hatte ihnen erzählt, dass er sich beim Rasieren geschnitten habe, und das mit einer Ruhe, dass Brandt keinen Zweifel daran gehabt hatte, dass es der Wahrheit entsprach. Doch wenn Aydin Bedenken hatte, sollte er ihn ruhig erneut fragen.

Brandt fand direkt vor dem modernen Wohngebäude, in dem Schneider wohnte, einen Parkplatz, ein Glückstreffer. Sie stiegen aus, traten an die Haustür des Wohngebäudes und Brandt klingelte. Zu seinem Erstaunen ertönte sogleich ein Summen, er drückte die Tür auf und sie traten ein.

»Treppe?«, fragte Brandt.

»Um die Zeit?«

»Gerade um diese Zeit. Ein paar Kalorien verbrennen.« Brandts Blick wanderte zu Aydins Bauch, der unter dem T-Shirt deutlicher zu erkennen war als sonst. Aydin zog ihn sofort ein.

»Du weißt, das liegt am T-Shirt, es ist nicht so toll geschnitten.«

Brandts Mundwinkel hoben sich, während er wortlos die Treppe hinaufstieg, Aydin folgte ihm.

Oben angekommen, sahen sie die offene Tür, aber niemand erwartete sie. Brandt fand das seltsam, es mahnte ihn zur Vorsicht. Rechnete Schneider mit jemand anderem oder hatte die offene Tür spezielle Gründe?

»Hallo, Herr Schneider«, machte sich Brandt bemerkbar und betrat mit Aydin die Wohnung.

»Wer sind Sie ...«, hörten sie die Stimme eines sichtlich überraschten Schneider. Er kam ihnen entgegen. »Ach, die Polizei. Ich dachte, meine Freundin käme zurückgekrochen.« Er machte eine abfällige Handbewegung und ging ins Wohnzimmer, um sich auf die Couch zu setzen.

Es war nicht zu übersehen, dass Schneider betrunken war. Brandt war das nur recht. In alkoholisiertem Zustand waren viele Menschen redseliger und häufig auch ehrlicher und weniger berechnend.

»Können Sie nicht morgen kommen? Mir geht es gerade nicht so gut.«

»Wir sind gleich wieder draußen, wir haben nur ein paar Fragen.«

»Nur ein paar Fragen. Ist das nicht immer so?« Schneiders rot unterlaufene Augen waren schmal, er wirkte müde und blass. Seine Hand ging zur Wodkaflasche, die auf dem Tisch stand, und er gönnte sich einen Schluck.

»Meinen Sie nicht, dass Sie für heute genug haben?«, schien sich Aydin einen Kommentar nicht verkneifen zu können. Brandt hätte das so niemals gesagt. Sollte Schneider doch weitertrinken.

»Ich bin alt genug, ich weiß, was ich tue, keine Sorge. Stellen Sie Ihre Fragen und dann gehen Sie bitte.«

»Hatten Sie Streit mit Ihrer Freundin?«, erkundigte sich Brandt, er wollte noch nicht auf die wirklich wichtigen Fragen zu sprechen kommen, weil er wusste, dass sie sehr provozierend sein würden. Er wollte Schneider erst einmal testen.

»Ist das so offensichtlich?«

»Nun, wenn man vermutet, die Freundin käme zurückgekrochen, dann ist das schon sehr offensichtlich.«

»Sie hat halt ihre Nerven nicht im Griff. Bei ihrer Vergangenheit – kein Wunder. Sie ist eine dieser taffen Deutsch-Türkinnen, die glauben, sich das Beste aus beiden Welten nehmen zu können, ohne Verantwortung zu übernehmen. Aber jeder Mensch muss Verantwortung übernehmen, egal wie sexy sein Arsch ist.«

Brandt erinnerte sich an ihr Gespräch mit Dunja Rost, schon da war ihm ihre arrogante und schnippische Art aufgefallen, auch wenn sie versucht hatte, freundlich zu sein.

»Was für eine Vergangenheit?«, fragte Aydin.

»Na ja, schlechter Umgang halt. Zu viele Partys, zu viel Koks. Dann diese komischen Leute, für die Abitur und vernünftige Schulabschlüsse böhmische Dörfer sind. Sie hatte es nicht leicht. Aber Dunja ist authentisch und sie fickt wie der Teufel. Sie sind jedoch sicher nicht wegen meiner Freundin hier, oder?« Schneider schaute zu Brandt auf, da er und Aydin immer noch standen. Er setzte die Wodkaflasche erneut an die Lippen und trank einen ordentlichen Schluck.

»Trotzdem haben Sie sich für sie entschieden«, blieb Brandt beim Thema Dunja.

»Weil mich die Vergangenheit einer Frau nicht interessiert. Ich bin ein selbstbewusster Mann, ich kann Frauen formen. Meistens jedenfalls – abgesehen von meiner Frau. Außerdem lässt sich Dunja ficken wie keine Frau vor ihr. Mag man einer Türkin gar nicht zutrauen.« Bitterkeit schwang in seiner Stimme mit, aber noch stärker klang die Arroganz hindurch, die sein Frauenbild augenscheinlich prägte. Hier sprach kein Mann, der Frauen auf Augenhöhe begegnete, sondern jemand, der zu den ewig Gestrigen gehörte und glaubte, dass Männer den Frauen überlegen waren.

»Was war der Grund Ihres Streites?«

Schneider lachte. »Das geht Sie einen Dreck an. Wollen Sie nicht endlich Ihre Fragen stellen, statt mich weiter zu nerven? Die Beziehung zwischen Dunja und mir geht Sie nichts an.«

»Frau Rost ist Ihr Alibi, damit geht sie uns schon etwas an, und wenn Sie ihr Gewalt angetan haben, erst recht«, wurde Brandt deutlich. Schneider sollte seine Grenzen erkennen und nicht das Gefühl haben, dass er mit den Beamten umspringen konnte wie vermutlich mit seinen Frauen.

»Ich habe ihr nichts getan. Glauben Sie etwa, ich würde Frauen schlagen? Wer erzählt Ihnen solche Lügen?«

»Die einstweilige Verfügung, die Ihre Frau gegen Sie erwirkt hat, legt das eindeutig dar«, antwortete Brandt. Obwohl er die Akte noch nicht gelesen hatte, ging er davon aus, dass er richtig lag, denn eine einstweilige Verfügung setzte in fast allen Fällen psychische oder physische Gewalt voraus. Stalking kam daher zwar auch infrage, aber das war bei der eigenen Frau sehr unwahrscheinlich. Körperliche Gewalt lag da näher.

»Ich habe Ihnen doch schon gesagt, dass dafür dieses Biest Manuela verantwortlich ist. Ich habe meine Frau nicht geschlagen. Manuela hat ihr diese Lügen eingeflüstert.«

»Glauben Sie das wirklich? Und meinen Sie, dass wir Ihnen das abnehmen?«, erwiderte Aydin. »Lassen Sie diese Lügen, damit machen Sie sich kein Stück glaubwürdiger.«

»Ich muss nichts glauben, denn das ist die Wahrheit. Das ist ja das Schöne an der Wahrheit, man muss sich nichts merken, man gibt immer dieselbe Antwort, weil sie wahr ist.«

Schneider glaubte also seine eigenen Worte tatsächlich, stellte Brandt insgeheim fest. War es daher möglich, dass er seine Frau in einer Art Wahn geschlagen und das Geschehen verdrängt hatte? Ausschließen wollte er es nicht, erst recht nicht, da Schneider allem Anschein nach Alkoholiker war. Gerade unter Suchtkranken kam es nicht selten vor, dass sie Dinge taten, an die sie sich im nüchternen Zustand nicht mehr erinnerten.

Und die blauen Flecken am Körper von Laura Schneider will er dann im nüchternen Zustand nicht gesehen haben?, widersprach sich Brandt in Gedanken. So einfach war die Lösung sicher nicht.

»Wenn Ihnen die Wahrheit so sehr am Herzen liegt, warum haben Sie uns dann angelogen?«

»Ich lüge nicht«, rief Schneider und hätte fast die Flasche vor Erregung weggeworfen. Auffällig war, dass er nicht nuschelte. Für Brandt ein weiteres Indiz, dass sie es hier mit jemandem zu tun hatten, der regelmäßig Alkohol konsumierte.

»Dann will ich Ihrem Gedächtnis mal auf die Sprünge helfen. Sie haben uns erzählt, dass Manuela Janak Ihnen Avancen gemacht hätte ...«

»Hat sie auch, Sie haben doch den Chatverlauf gelesen. Was wollen Sie mir eigentlich unterstellen?« Sein Tonfall war rau und dominant, als duldete er keine Widerworte. Da war er bei Brandt allerdings an der falschen Adresse.

»Glauben Sie das, was Sie sagen, oder meinen Sie, dass wir unsere Hausaufgaben nicht gemacht haben?«, entgegnete Brandt. So langsam nervte ihn der Kerl. Entweder war er ein notorischer Lügner, der im betrunkenen Zustand Realität und Wahrheit nicht voneinander unterscheiden konnte, oder ein verdammt schlechter Schauspieler. So oder so, Brandt war bereit, das Ganze aufzulösen und die Scharade zu beenden.

»Hören Sie mir eigentlich nicht zu?« Schneider schaute zu Brandt auf, seine Augen funkelten. »Die Wahrheit bleibt die Wahrheit, egal was Sie mir unterstellen wollen. Oder hat diese männliche Fotze auch Sie beeinflusst?«

»Uns beeinflusst niemand, und ich möchte Sie bitten, auf Ihren Ton zu achten. So sollte man nicht über Frauen denken und erst recht nicht reden«, maßregelte Aydin Schneider.

»Frau? Diese Manuela ist ein Mannweib. Haben Sie sie mal gefragt, warum sich ihr Mann von ihr hat scheiden lassen, obwohl es ihn ein Vermögen gekostet hat?«

»Das tut nichts zur Sache und es dient auch nicht den Ermittlungen«, wandte Brandt ein.

»Sie hat Sie an den Eiern«, lachte Schneider. »Sie weiß, wie sie sich verkaufen muss. Sie hat ihren Mann tyrannisiert. Er hat es nicht mehr mit ihr ausgehalten und sich seine Freiheit teuer erkauft.«

»Herr Schneider, ich möchte Sie bitten, sich zu beruhigen«, versuchte Aydin auf seine gewohnt freundliche Art, das Gespräch wieder in vernünftige Bahnen zu lenken. »Frau Janak hat uns den Chatverlauf mit Ihnen gezeigt. Der Inhalt entsprach nicht dem, den Sie uns gezeigt haben.«

»Dann hat sie was dazugedichtet.«

»Das glauben wir nicht. Wir gehen davon aus, dass Sie einige Antworten gelöscht haben, bevor Sie uns das Handy gebracht haben.«

»Ich? Was unterstellen Sie mir da?«, polterte Schneider, aber seine Worte hatten an Schärfe verloren.

Ein Schuldeingeständnis? So weit wollte Brandt nicht gehen.

»Wir haben keinen Grund, an der Authentizität der Nachrichten zu zweifeln. Frau Janak hat uns erlaubt, den Chat auszuwerten.«

»Das wird nichts daran ändern, dass sie lügt und ich die Wahrheit sage. Ich weiß nur, dass sie eine falsche Schlange ist und dass meine Tochter noch leben würde, wenn sie sich nicht in meine Ehe eingemischt hätte.«

Wie es schien, wollte Schneider seine Scharade aufrechterhalten, es hatte keinen Sinn, weiter mit ihm darüber zu diskutieren.

»Wollen Sie von mir hören, dass ich meine Frau und

meine Tochter ermordet habe, damit Sie endlich Ihren dämlichen Fall abhaken können?« Schneider wirkte mit einem Mal erschöpft, ja beinahe befreit, als wollte er sich eine Last von der Seele reden. War er wirklich der Mörder und hatte gerade ein Geständnis abgelegt oder spielte er weiterhin nur ein Spiel mit ihnen?

Plötzlich fing Schneider an zu weinen. Brandt sah ihn zweifelnd an. Weinte er, weil ihm klar wurde, welch schreckliche Tat er begangen hatte, und hieß es nicht, dass Betrunkene immer die Wahrheit sagten? Bekam der Fall also eine unerwartete Wendung?

Schneider wischte sich die Tränen vom Gesicht, nahm die Flasche und wollte sich einen Schluck gönnen, aber dann stoppte er die Bewegung und stellte die Flasche weg. »Scheißalkohol«, sagte er, stand auf und entfernte sich ohne ein weiteres Wort.

»Der tickt doch nicht ganz sauber. Weiß der überhaupt, was er sagt? So betrunken, wie der ist? Dabei dachte ich, dass er endlich gestehen und sich den Frust von der Seele reden würde«, kommentierte Aydin das Geschehen.

»Glaub mir, der weiß, was er sagt. Er zeigt uns nur, wer er ist: ein arroganter Widerling, der glaubt, das Leben drehe sich nur um ihn. Du weißt doch selbst, Menschen, die regelmäßig trinken, stecken das besser weg als Leute wie du und ich.«

»Wo ist er denn hin?«

»Vermutlich aufs Klo.«

»Glaubst du, er hat geweint, weil er der Mörder ist?« Aydins Stimme wurde leiser, beinahe verschwörerisch.

»Ich weiß es nicht.« Kurz hatte Brandt genau das gehofft, aber als Schneider einfach aufgestanden und gegangen war, war er zu dem Schluss gekommen, dass seine Tränen vermutlich wenig mit einem Geständnis zu tun hatten. Dennoch gab es da die ganz kleine Hoffnung, dass er die brutalen Morde doch noch gestehen könnte.

»Aber jemand wie Schneider weint ja nicht ohne Grund.«

»Das denke ich auch nicht. Es sei denn, die Emotionen haben ihn überkommen. Er ist betrunken, keine Ahnung, was in seinem kranken Kopf gerade vor sich geht.«

Aydin schnaufte missbilligend, er schien mit Brandts Antwort nicht glücklich, aber was hätte er sonst sagen sollen? Natürlich hatte auch er insgeheim den naiven Wunsch, dass Schneider gestehen würde und sie ihn verhaften könnten, damit der Fall abgeschlossen wäre.

»Sie sind ja noch immer hier«, machte sich Schneider auf seine gewohnt unfreundliche Art bemerkbar. Von Tränen oder Reue keine Spur mehr. So schnell löste sich also eine kleine Hoffnung in Luft auf.

»Warum haben Sie geweint?«, wollte Brandt wissen.

»Warum nicht? Dürfen Männer nicht mehr weinen?«, entgegnete Schneider sachlich, schritt zur Couch, nahm die Wodkaflasche vom Tisch, ging zum Kühlschrank und stellte die Flasche hinein. Augenscheinlich hatte er erkannt, dass es besser für ihn war, nicht weiterzutrinken.

»Weinen Sie denn einfach so?«, bohrte Brandt weiter nach. Er wollte an Schneiders Männlichkeit kratzen, damit er etwas sagte, was ihn belastete.

»Ja, das tut gut. Ist wie ein reinigendes Gewitter. Sollten Sie auch mal tun.« Spott schwang in seiner Stimme mit.

»Was werden Sie mit dem ganzen Geld anfangen?« Brandt wechselte die Taktik.

»Was für Geld?«

»Da Ihre Frau und Ihre Tochter tot sind, werden Sie der Alleinerbe sein. Es geht um Millionen ...«

»Es reicht!«, brüllte Schneider. »Immer dieses Geld. Und wenn schon? Es ist mein Geld. Mein sauer verdientes Geld, das ich meiner Schlampe von Frau zur Verwahrung gegeben hatte. Was geht Sie das an? Ich habe meine Frau und meine Tochter nicht getötet, egal wie sehr Sie sich das wünschen. Ich bin nicht der geldgeile und gierige Mann, der für Geld mordet. Es ist mein Geld!« Seine Augen waren weit aufgerissen, Speicheltröpfchen flogen durch die Luft.

»Danke für Ihre Zeit. Wir führen die Unterhaltung fort, wenn Sie wieder nüchtern sind«, antwortete Brandt kühl und gab Aydin ein Zeichen, ihm zu folgen. In dieser Situation war es zwecklos, weitere Fragen zu stellen, es könnte sogar zu Handgreiflichkeiten kommen.

Beide verließen die Wohnung und wären fast Dunja Rost in die Arme gelaufen, die gerade aus dem Fahrstuhl stieg.

»Ach, wenn das mal kein glücklicher Zufall ist«, sagte sie und Brandt spürte, dass ihr etwas auf dem Herzen lag.

»Guten Abend, Frau Rost«, antwortete er. Aydin nickte nur. »Möchten Sie tatsächlich zu Herrn Schneider?«

»Ja, warum sollte ich nicht?«

»Er ist sehr betrunken …«

»Das ist nichts Neues«, unterbrach sie ihn.

»Trotzdem wollen Sie zu ihm? Er hat uns erzählt, dass Sie einen heftigen Streit hatten.«

»Weil er ein Idiot ist. Dieser Alkohol macht ihn kaputt.«

»Es ist Ihre Beziehung, aber dieser Mann wird Ihnen nicht das geben, wonach Sie sich sehnen.«

»Woher wollen Sie wissen, wonach ich mich sehne?« Ihre Stimme veränderte sich. Hatte sie eben noch freundlich geklungen, wirkte sie jetzt angriffslustig.

»Hoffentlich nach einem Menschen, der einem auf Augenhöhe begegnet, einen respektiert und für einen da ist. Sehnen Sie sich nicht nach so einem Mann? Herr Schneider jedenfalls respektiert Sie nicht, er rechnet damit, dass Sie zu ihm zurückgekrochen kommen, und er behandelt Sie schlecht. Wussten Sie, dass er seine Frau geschlagen hat?«

Eigentlich war es nicht Brandts Art, auf diese Weise an Informationen zu gelangen, in diesem Moment jedoch war er sich dafür nicht zu schade. Schneider und Dunja hatten sich heftig gestritten. Sie stand zwar wieder vor seiner Wohnung und kam damit »zurückgekrochen«, wie es Schneider formuliert hatte, aber sie hatte sicherlich noch Wut im Bauch. Diese Wut wollte Brandt nutzen, vielleicht sagte Dunja etwas, was Schneider belastete.

»Ich krieche zu niemandem zurück«, reagierte sie gereizt.

»Das hat er aber behauptet«, antwortete nun Aydin. »Er hat sehr beleidigende Dinge über Sie erzählt.«

»Spast«, platzte sie heraus. »Er soll schön die Fresse halten. Ohne mich ist er am Arsch.«

23

Endlich waren die Beamten weg. Schneider spürte, wie der Druck von ihm wich, als würde ihm jemand eine schwere Stahlweste vom Oberkörper nehmen.

»Du hast nichts gesagt, was dir hätte gefährlich werden können«, sagte er zu sich, als er sich auf die Couch setzte.

Dieser Brandt war ein Risiko, er hatte immer wieder versucht, ihn in die Ecke zu drängen. Dass er Dunja schlechtgemacht hatte, war wirklich nicht clever gewesen. Martin hatte schon recht, er brauchte sie. Schneider presste die Lippen zusammen und ballte die Hand zur Faust.

»Ich kann diese Wut einfach nicht kontrollieren, außerdem ist Dunja strohdumm.« Er machte hektische Schnalzgeräusche mit der Zunge. »Trotzdem bist du mit ihr zusammen.«

Er atmete durch und streckte sich.

»Aber nur, weil sie sich so geil ficken lässt.«

Doch diese Antwort war nicht befriedigend.

»Lüg dich nicht an. Du stehst halt auf sie. Sie ist zwar assi und ungehobelt, trotzdem stehst du auf sie, weil du es magst, wenn sich Frauen schlecht behandeln lassen und unterwürfig sind. Dunja ist devot, egal wie viel Temperament sie hat, und sie wird zu dir zurückgekrochen kommen, das weißt du. Sie braucht deinen Schwanz mehr als du ihre Muschi.« Er nickte automatisch, wie um sich zu bestätigen.

Schneider hatte sich schon immer als unwiderstehlich empfunden. Bereits als Schüler war er der Mädchenschwarm gewesen, und egal, wie gut oder schlecht er die

Frauen behandelt hatte, immer war er es gewesen, der sich getrennt hatte, nie die Frauen.

Lügner! Laura hat sich von dir getrennt. Schneider machte die Augen schmal.

»Das hätte sie nie getan, wenn dieses Mannweib Manuela ihre Gedanken nicht manipuliert hätte. Laura war naiv, schwach und zu lieb. Sie hätte sich niemals aus eigenem Antrieb getrennt.«

Schneiders Atem ging schnell, er spielte das Gespräch mit den Beamten im Kopf erneut durch.

»Du hättest nicht weinen dürfen. Das werden sie als Schuldeingeständnis sehen.« Aber er hatte nicht anders gekonnt, in dem Augenblick hatten ihn die Gefühle überkommen, weil er an seine kleine Tochter denken musste. Die einzige Person, die er geliebt hatte, die ihm wichtiger war, als er selbst. Zu wissen, dass sie tot war, war schrecklich. Er hatte sich nicht dagegen wehren können.

»Warum hast du es den Beamten nicht einfach gesagt, du Idiot?«, machte er sich Vorwürfe.

Weil ihm dieser blonde Lackaffe auf die Eier ging, der hatte sich längst sein Urteil gebildet, gab er sich selbst die Antwort. Gut, dass er die beiden rausgeschmissen hatte. Wer wusste schon, was noch geschehen wäre.

Seine Gedanken wanderten zu seinem Bruder und ihrem Gespräch.

»Du solltest auf deinen Bruder hören und Dunja anrufen. Sie darf keine Dummheiten machen. Einmal in deinem Leben solltest du über deinen Schatten springen.«

Schneider stand auf, weil sein Handy auf dem Esstisch lag, da wurde die Tür geöffnet und Dunja trat ein.

»Hallo, Schatz«, sagte sie und steuerte auf ihn zu. Sie wirkte ausgelassen. Nur ihre Augen verrieten, dass es bloß Fassade war.

»Hallo«, antwortete Schneider, umarmte sie und drückte ihr einen Kuss auf den Mund.

»Mit mir hast du wohl nicht gerechnet, oder?«

»Ehrlich gesagt nicht. Aber schön, dass du da bist.«

»Bist du wieder betrunken?«

»Etwas«, gestand Schneider ein. Er wollte ihr entgegenkommen, um einen Streit zu vermeiden.

»Etwas?« Sie wirkte nicht überzeugt. »Ach übrigens, ich hatte eben ein sehr interessantes Gespräch mit der Polizei.«

»Warum mit der Polizei?«

»Die beiden Beamten, dieser Brandt und dieser Aydin, die eben bei dir waren. Ich bin denen auf dem Flur begegnet.«

»Okay, und was wollten die von dir?«

»Die haben mir doch tatsächlich erzählt, dass du gesagt hättest, ich würde zu dir zurückgekrochen kommen wie ein Hund.« Ihre Augen funkelten auf und die vorgetäuschte Freundlichkeit wich blanker Wut.

»Das ist ...«

»Quatsch nicht weiter, es kommt eh nur Müll aus deinem Mund. Ich habe den Bullen auch etwas sehr Interessantes verraten.«

24

Marques wusste nicht, ob er sich freuen oder heulen sollte. Ihm tat der komplette Oberkörper weh.

»Du hast aber auch ganz schön ausgeteilt«, versuchte er sich den Vorfall ein wenig schönzureden.

Ali Özdil hatte ihm eine ordentliche Tracht Prügel verabreicht, da er wohl davon ausgegangen war, dass Marques unter dem Eindruck seiner Fäuste zwei Morde gestehen würde. Aber er war kein Feigling. Nicht, wenn es darauf ankam, und erst recht nicht, wenn er betrunken war. Klar würde er einem wie Özdil lieber aus dem Weg gehen und er hatte es auch versucht, nur leider mit wenig Erfolg.

Als Özdil jedoch auf ihn eingeschlagen hatte, weil er plötzlich rotgesehen hatte, und Marques zu Boden gegangen war, hatte ihn das Adrenalin mutig werden lassen. Er hatte sich dem Kampf gestellt. Am Ende hatte er zwar den Kürzeren gezogen, aber auch Özdil hatte einige blaue Flecken davongetragen.

»Entspann dich. Wenn ich dich tot sehen möchte, wärst du es längst«, hatte Özdil laut atmend gesagt. »Ich glaube dir, dass du das Mädchen nicht getötet hast. Das ändert aber nichts daran, dass wir noch achtzig Kilo von dir kriegen.«

»Ich habe bis zum Monatsende Zeit«, hatte Marques erwidert. Özdil hatte nur gelacht und war gegangen.

Jetzt schleppte sich Marques ins Bad, um die Wunden zu versorgen. Sein Anblick im Spiegel gefiel ihm gar nicht. »Du brauchst das Geld. Die spaßen nicht. Einen weiteren Aufschub kriegst du nicht.«

Kurz überlegte er, ob er duschen sollte, beließ es aber

bei dem Gedanken. Er nahm zwei Pflaster, bedeckte damit die blutenden Stellen, zog sich sein Shirt über und ging ins Schlafzimmer, um sich ins Bett zu legen.

»Was mache ich hier? Ich kann jetzt unmöglich schlafen. Das geht nicht.«

Also ging er zurück ins Bad, öffnete eine Schublade, holte eine Schminkkassette daraus hervor, wusch sich das Gesicht, trocknete sich ab und legte etwas Rouge auf, damit er frischer wirkte. Für ihn war das ganz natürlich, denn in seinen Augen gab es keinen Grund, warum sich Männer nicht schminken sollten.

Nachdem er sich fertig geschminkt hatte, zog er sich um und verließ die Wohnung. Nach ein paar Metern sah er ein Taxi, winkte es herbei und stieg ein.

»Zum Rudolfplatz bitte«, sagte er.

Am Ziel angekommen, stieg er aus und ging über den Platz in Richtung Mittelstraße, bis er das Café Rico erreichte, wo er gerne ab und an einen Espresso trank oder ein Stück Kuchen aß. Vor allem den Kellner Raúl fand er umwerfend und er hätte ihn gerne einmal vernascht, aber Raúl hatte sich bisher auf keinen Flirt mit ihm eingelassen.

Das Café war bereits geschlossen, jedoch sah er, dass sich vor der Eingangstür zwei Männer innig in den Armen lagen. Einer von ihnen war Raúl, daran bestand kein Zweifel, trotz der Dunkelheit. Den anderen kannte Marques nicht. Er war groß und sportlich und hatte kurze, vermutlich blonde Haare. Dass Raúl den etwas älteren Mann anschmachtete, war nicht zu übersehen.

»Du oberflächlicher Idiot. Dieser Schönling kann dir nie das geben, was ich dir hätte geben können, echte Leidenschaft.«

Enttäuscht ging Marques weiter, dabei hatte Raúl ihm nie Hoffnungen gemacht. Dennoch konnte er das Gefühl nicht abstellen. Er erklärte es sich mit seiner momentanen Situation, dass er so aufgewühlt war.

»Also ins Chick, da dürfte jetzt was gehen«, sagte er zu sich.

Das Chick am Rudolfplatz war ein typischer Abschlepp-schuppen, von wo man als Schwuler nie alleine nach Hause ging. Dabei war Marques gar nicht schwul, sondern bisexuell. Es gab nicht wenige Schwule, die ein Problem damit hatten, darin unterschieden sie sich nicht von manchen Heterosexuellen, weil sie glaubten, dass man entweder das eine oder das andere sein müsste. Eine bisexuelle Neigung konnten sie nicht akzeptieren.

Das Chick war sehr gut besucht, wie an jedem Abend in der Woche. Köln hatte einfach zu viele einsame Herzen, die sich nach Zweisamkeit sehnten. Es zog aber auch Männer ins Chick, die in einer Beziehung lebten und nach einer Abwechslung suchten.

»Ach, der Boris«, sprach ihn der Barmann an, als er sich an den Tresen stellte. »Dich habe ich ja lange nicht mehr gesehen, mein schnuckeliger Künstler.«

»Nun bin ich ja da«, antwortete Marques vielsagend. »Machst du mir bitte einen Moscow Mule?«

»Wieso keinen Champagner zur Feier des Tages?«, sprach ihn ein Mann im besten Alter an, der sich zu ihm an den Tresen gesellte.

»Wenn du zahlst.« Marques grinste und drehte sich zu dem Mann um. »Und, Tom, suchst du wieder einen jungen Stecher für die Nacht?«

Tom Lust war bekannt wie ein bunter Hund in der Schwulenszene. Dass der arme Mann mit Nachnamen Lust hieß, war fast ein schlechter Witz, denn Tom war wirklich ein Mann, der immer Lust hatte. Er war sexsüchtig und sprach das auch offen an. Angeblich war er deswegen schon öfter in Therapie gewesen, aber bisher ohne Erfolg. Marques glaubte allerdings, dass Tom mit seiner Sexsucht prahlte und sie vielleicht überhaupt nicht therapieren lassen wollte, denn er stand offen dazu. Er gehörte zu den

Männern, die vorgeblich glücklich in einer Beziehung lebten, sich aber dennoch regelmäßig einen attraktiven Mann mit nach Hause nahmen. Sein Partner Waldemar schien damit kein Problem zu haben. Im Gegensatz zu Tom war er wenig in der Partyszene unterwegs und fremdvögeln kam für ihn nicht infrage, so schätzte Marques ihn jedenfalls ein. Ein Zustand, den er selbst nie ertragen hätte, allein der Gedanke, dass sein Partner oder seine Partnerin mit einer anderen Person als ihm Sex haben könnte, stieß ihm übel auf.

»Gib uns doch zwei Gläser deines besten Champagners«, sagte Tom zu dem Barmann und rückte noch etwas näher an Marques heran. Dann streichelte er ihm über die Wangen. »Bist du wieder auf dem Markt?«

»Könnte man so sagen«, blieb Marques vage. Er kannte Tom seit Jahren und hatte auch schon einige Male Sex mit ihm gehabt, da Tom immer sehr großzügig war. Es hatte eine Zeit gegeben, vor Laura Schneider, da hatte er Sex gegen Geld gehabt. Allerdings nur, weil er mit dem Malen nicht über die Runden kam, er hatte sich nie als männliche Hure oder Escort gesehen. Er war Maler. Und die paar Male, die er für Geld mit anderen Männern geschlafen hatte, hatten daran nichts geändert.

Er kannte Männer, die von der Prostitution lebten, und das sogar sehr gut. Ihm war das egal, jeder sollte das machen, wovon er überzeugt war. Leben und leben lassen. Dennoch war es ihm wichtig, dass auch die Schwulenszene, die an Oberflächlichkeit nicht zu überbieten war, ihn als Maler und nicht als männliche Prostituierte wahrnahm.

»Verstehe.« Tom rückte noch etwas näher. Marques konnte nun nicht nur sein Parfüm, sondern auch seinen Atem riechen. Tom war Ende fünfzig und für sein Alter gut in Schuss. Er trug nur Kleidung von Designerlabels, was in der Szene nicht unwichtig war. Männer achteten sehr auf ihr Aussehen, darauf, in welcher Kleidung sie herumliefen. Marques war da allerdings anders. Ein weißes oder schwarzes Hemd, ein Shirt, dazu eine zerrissene enge Jeans, das reichte. Das Label war ihm nicht so wichtig.

Weil du es dir nicht leisten kannst, meldete sich ein kritischer Gedanke, den er aber sofort verbannte. *Quatsch! Weil ich Künstler bin!*

»Champagner für meine Mädels«, machte sich der Barmann bemerkbar und stellte zwei Gläser Champagner vor ihnen ab. »Und die gehen aufs Haus.« Er reichte den beiden je einen Kurzen, für sich selbst hielt er ebenfalls einen in der Hand.

»Auf Ex, Schnuckis«, lachte Tom und alle drei ließen den Schnaps in einem Zug durch ihre Kehle laufen. Der Alkohol brannte kurz im Hals und Marques wurde warm. Ein angenehmes Gefühl.

»Ach, unser Künstler ist auch wieder da«, hörte er eine Stimme. Es war Yusuf. Eine größere Tratschtante als ihn gab es in der Schwulenszene nicht.

»Stört dich das?«, entgegnete Marques.

»Ganz und gar nicht.« Yusufs Lächeln gefror. »Ich dachte, du wärst jetzt hetero.«

»Manchen Männern tut Denken nicht gut«, biss Marques zurück.

»Boris liebt nun mal alle Menschen«, schien Tom schlichten zu wollen.

»Man muss sich im Leben immer entscheiden. Bisexuell, so was gibt es doch nicht.« Yusufs Stimme klang hoch. »Man kann sich im Leben nicht andauernd nur die Rosinen rauspicken.«

»Was ist dein Problem? Was geht es dich an, wen ich ficke? Oder bist du nur eifersüchtig, weil ich dir bisher immer einen Korb gegeben habe?«

»Du mir einen Korb?« Yusuf machte eine abfällige Kopfbewegung.

»Mensch, Schnuckis, wir sind zum Feiern hier«, mischte sich Tom ein.

»Wie du meinst.« Yusuf gab Tom ein Küsschen auf die Wange und dackelte mit einem lässigen Hüftschwung davon.

»Dieser Vogel ändert sich nie«, konnte sich Marques einen Kommentar nicht verkneifen.

»Lass dich nicht ärgern. Du hast dich kein Stück verändert.«

»Wie meinst du das?«

»Na, dein Jähzorn. Deine Zündschnur ist immer noch sehr kurz.«

»Das ist mein portugiesisches Temperament«, antwortete Marques. Dann nahm er das Champagnerglas und stieß mit Tom an.

»Davon würde ich mich heute Nacht gerne persönlich überzeugen«, flüsterte Tom ihm ins Ohr.

Marques wusste, dass Tom sich äußerst spendabel zeigen würde. Wenn er es nicht verkackte, würden sicherlich um die tausend Euro in dieser Nacht rausspringen. Geld, das er gerade sehr gut gebrauchen konnte. Geld für seine Flucht!

Der Gedanke daran hatte in den letzten Stunden immer mehr Besitz von ihm ergriffen.

»Wer weiß, wer weiß«, sagte er lächelnd und drückte Tom einen Kuss auf den Mund. Tom wollte mehr, er brachte seine Zunge ins Spiel, doch Marques bremste ihn vorsichtig. »Nicht so schnell, du geiler Bock.« Tom lachte und seine Hand rutschte an Marques' Hintern, was dieser gern geschehen ließ.

Da vibrierte sein Handy in der Hosentasche. Er fischte es heraus und las die Nachricht:

Wieso meldest du dich nicht? Wir müssen reden!

25

Köln, 16. Juli

Brandt und Aydin saßen in ihrem Büro. Eigentlich hätten sie längst bei Walter sein wollen, da sie Feierabend hatten – wenn man als Polizist überhaupt Feierabend haben konnte –, doch Bender hatte sie gebeten, in fünfzehn Minuten zur Teambesprechung in den Sitzungsraum zukommen.

»Wenn wir ehrlich sind, passen Schneider und diese Dunja schon gut zusammen.«

»Warum?«, fragte Brandt, der gerade eine E-Mail beantwortet hatte und seinen Laptop herunterfuhr.

»Ist doch offensichtlich: Beide haben einen an der Waffel. Sie sind emotional explosiv, glauben aber von sich, dass die Welt sich nur um sie drehen müsste.«

»Was Schneider anbelangt, gebe ich dir recht. Bei Dunja Rost bin ich mir nicht so sicher, dafür haben wir uns noch nicht lange genug mit ihr unterhalten.«

»Glaub mir, die ist auch komplett von sich eingenommen.«

»Vielleicht auf den ersten Blick. Auf mich wirkte sie eher wie jemand, der sehr unsicher ist.«

»Unsicher?« Aydin schaute ihn skeptisch an. »Und deswegen hat sie so über Schneider geflucht, als wir ihr erzählt haben, dass er nicht viel von ihr hält? Wenn sie wirklich unsicher wäre, hätte sie Schneider in dem Moment in die Pfanne gehauen. Aber im entscheidenden Augenblick hat sie gekniffen.«

»Vielleicht war das nur Show, um sich wichtiger zu machen, als sie ist.«

»Niemals.«

»Das unterstützt allerdings ebenso, was ich gerade sagte.«

»Inwiefern?« Aydin schien noch immer nicht überzeugt.

»Na, sie hat Schneider nicht in die Pfanne gehauen, sondern rumgedruckst, weil ihr der Mut gefehlt hat«, erklärte Brandt.

»Dann sollten wir sie erneut aufsuchen.«

»Das ist der Plan«, nickte Brandt. Am Abend des vergangenen Tages hatten sie Dunja auf dem Flur getroffen. Sie war über ihren Freund hergezogen und Brandt hatte kurz das Gefühl gehabt, als hätte sie etwas sagen wollen, was Schneider belastete. Im Idealfall, dass ihr Alibi gelogen sei, doch sie hatte nichts dergleichen preisgegeben.

»Du hast gestern übrigens bei Schneider was vergessen«, bemerkte Brandt.

»Echt? Was denn?«

»Ist mir auch erst heute Morgen eingefallen.«

»Und was habe ich vergessen?«

»Du wolltest ihn auf das Pflaster ansprechen.«

»Das hättest du genauso gut machen können, es war deine Idee«, entgegnete Brandt. So einfach wollte er es seinem Partner nicht machen.

»Ich dachte, du machst es.«

»Du Keks. Du hast nicht daran gedacht.«

»Ach, und du schon?«

»Nein, aber es gab keinen Grund, ihn zu fragen.«

»Sei doch ehrlich, du hast es vergessen.«

»Wirklich nicht«, versuchte Brandt ernst zu bleiben, das Schmunzeln um seine Lippen verriet ihn jedoch. »Egal, lass uns losgehen. Sonst kommen wir zu spät zur Besprechung.«

Als beide Beamten den Besprechungsraum betraten, waren sie tatsächlich die Letzten, die noch fehlten.

Bender warf Brandt einen kurzen Blick zu, dann schaute sie auf die Wanduhr und schließlich auf die Papiere, die vor ihr auf dem Tisch lagen. Brandt musste nicht auf die Uhr schauen, er wusste, dass sie pünktlich waren.

»Da wir vollzählig sind, möchte ich euch nicht allzu viel Zeit eures Feierabends nehmen. Schön, dass es so kurzfristig noch geklappt hat.« Ihr Blick wanderte rasch durch den Raum. »Der Fall Alena hat inzwischen höchste Priorität im Direktorium. Durch den brutalen Mord an dem kleinen Mädchen hat der Fall weit über Deutschland hinaus für Aufmerksamkeit gesorgt und die Presse fragt sich, warum wir noch immer keinen Verdächtigen präsentieren.« Bender machte eine Pause. »Ihr wisst, mir ist die Presse völlig egal, allerdings riskieren wir, dass uns der Fall abgenommen wird.«

»Abgenommen? Warum?«, fragte Aydin.

»Wegen der Dringlichkeit und der bundesweiten Bedeutung. Sehr gut möglich, dass sich das BKA einschaltet.«

»Das BKA? Das macht doch überhaupt keinen Sinn«, warf Brandt ein. »Das ist nicht deren Zuständigkeitsgebiet. Und dass wir keine Fortschritte machen, ist ja wohl Quatsch. Haben denn die Herren Direktoren und der Polizeipräsident die Berichte gelesen?«

»Vermutlich sind die mehr an ihrem Image in der Presse interessiert«, konnte sich auch Rech einen kurzen Seitenhieb gegen die Direktion nicht verkneifen.

»Das ist unerheblich. Wir wissen, dass sie die Kompetenz dazu haben. Ich erzähle das auch nicht, um den Druck auf euch zu erhöhen, sondern weil ich möchte, dass ihr wisst, welche Grabenkämpfe intern ausgefochten werden. Nicht, dass ihr am Ende überrascht seid. Außerdem kommt die Bitte von viel weiter oben. Vom Innenministerium. Der Fall ist politisch geworden.«

»Wir geben den Fall nicht ab. Seit wann schert es uns, was das Innenministerium und irgendwelche Schlipsträger denken?«, beharrte Brandt. Er hatte ohnehin kein gutes Verhältnis zum Polizeipräsidenten und den anderen Amtsträgern, weil sie in seinen Augen gar nicht wussten, was es hieß, jeden Tag auf die Straße zu gehen und sein Leben zu riskieren. Die Politiker vom Innenministerium wussten es für sein Empfinden noch weniger, die waren nur an Umfragewerten und daran interessiert, welches Bild die Öffentlichkeit von ihnen hatte.

»Ich habe doch nicht von euch verlangt, dass ihr den Fall abgebt. Ihr sollt nur im Hinterkopf haben, dass es zu Kompetenzgerangel kommen könnte.«

»Damit haben wir sicherlich kein Problem.«

»Nichts anderes habe ich von euch erwartet. Aber ...« Bender hielt inne und warf Brandt einen eindringlichen Blick zu. »Wenn jemand vom Innenministerium oder dem BKA oder einer anderen übergeordneten Behörde auf euch zukommt, möchte ich, dass ihr mich unverzüglich benachrichtigt.«

»Das sollten wir hinkriegen.« Brandt sah seiner Chefin an, dass sie von seinen Worten nicht überzeugt war.

»Rech, hast du was Neues für uns?«, wandte sie sich nun an den Leiter der Spurensicherung.

»Wir wissen, dass die Mutter ebenso wie die Tochter mit derselben Klinge und somit mit demselben Messer getötet wurde. Es handelt sich dabei um ein handelsübliches Taschenmesser mit einer knapp zwölf Zentimeter langen Klinge. Man kennt so was aus dem Bereich Jagd oder Bergsteigen. Ob es sich um ein feststehendes Messer und damit um ein völlig frei erhältliches Messer oder um ein Einhandmesser handelt, welches einem Führverbot unterliegt, können wir nicht mit Sicherheit bestimmen, da die Einstichwunden keinen Aufschluss darüber geben. Die am Tatort sichergestellten Fingerabdrücke haben keine Übereinstimmungen mit unseren Datenbanken gebracht.«

»Was ist mit genetischem Material? Du hattest doch gestern im Bericht erwähnt, dass unter den Fingernägeln der Mutter Hautfetzen und Faserspuren gefunden wurden«, fragte Maike Schmoll.

»Genau. Auch hier hat die Datenbank nichts ausgespuckt. Wenn diese Spuren vom Täter stammen, müssen wir davon ausgehen, dass er vorher strafrechtlich nicht in Erscheinung getreten ist.«

»Was für jemanden aus dem Bekanntenumfeld spricht«, schlussfolgerte Schmoll und Brandt nickte. Alles andere kam für ihn nicht infrage, und er hoffte, dass er richtig lag, denn alles andere hieße am Ende, dass sie in die falsche Richtung ermittelten und somit nicht nur wertvolle Zeit verloren hatten, sondern auch riskierten, dass ihnen der Fall abgenommen wurde.

»In dem Bericht hast du erwähnt, dass es zu einem Kampf gekommen sein könnte«, sagte Aydin.

»Kein Kampf, eine Auseinandersetzung«, korrigierte Rech. »Die Hautpartikel unter den Fingernägeln deuten darauf hin. Sehr gut möglich, dass sie sich zunächst nur gestritten haben. Vielleicht wollte sie sich wehren, möglicherweise dem Täter eine Ohrfeige geben. Ihr Körper hat jedenfalls keine Hämatome oder andere Spuren von Gewalteinwirkung aufgewiesen, abgesehen von den Messereinstichen.«

»Könnte sie den Täter am Hals verletzt haben?«, fragte Brandt.

»Wäre möglich, da sie lange Fingernägel hatte, wie oft bei Frauen, daher könnten die Hautfetzen stammen.«

»Verstehe«, antwortete Brandt. Er dachte an Schneider, der eine Wunde am Hals hatte, die angeblich vom Rasieren stammte. Wenn es ihnen irgendwie gelänge, an DNA von Schneider zu kommen, würden sie recht schnell wissen, ob sie mit der von den Hautfetzen übereinstimmte. Aber ohne richterlichen Beschluss würde ihnen das kaum gelingen und wenn doch, wäre die Probe illegal und somit wertlos.

»Hast du noch was für uns?«, wollte Bender wissen. Sie ging zu Brandts Überraschung nicht auf seine Frage mit der Wunde am Hals ein. Er sah aber keine Veranlassung, sie darauf aufmerksam zu machen, weil die Überlegung zu spekulativ war. Ein Rasurschnitt bei einem Mann war nichts Ungewöhnliches, ihm daraus einen Strick drehen zu wollen, war schon sehr gewagt.

»Leider nicht.« Rech wirkte unzufrieden. Gerade Fälle, in denen ein Kind ums Leben gekommen war, nagten an Rechs Gemüt, und er versuchte alles, um Hinweise zu liefern, die den Täter überführen konnten. Er war Familienvater, und egal, wie viel Tod und Leid er als Spurensicherer schon gesehen hatte, es nahm ihn jedes Mal mit, das wusste Brandt.

»Was ist mit dir, Fischer? Was hat die öffentliche Suche ergeben?«

»Jede Menge Hinweise, jedoch nichts, was uns helfen könnte«, antwortete der. Bender rieb ihre Stirn, ihr Blick wirkte etwas verloren, sie konnte die Enttäuschung nicht verbergen.

»Und was gibt es Positives?«

»Ich habe die Akten zu den gerichtlichen Auseinandersetzungen zwischen Albert und Laura Schneider auswerten können.«

»Was hast du herausgefunden?«, fragte Brandt, darauf hatte er gewartet.

»Wie ihr alle wisst, hat das Gericht der Mutter das alleinige Sorgerecht zugesprochen. Die Begründung hat es in sich. Der Vater ist wiederholt gewalttätig gegen die Mutter geworden, was auch mit der Scheidungsgrund war. Er wurde schon vor Jahren zu einer Entzugstherapie wegen Alkoholmissbrauchs verdonnert, hat diese aber zweimal abgebrochen. Außerdem gab es eine einstweilige

Verfügung gegen ihn. Und noch etwas habe ich herausgefunden, was uns in die Hände spielen könnte.« Fischer unterbrach seine Ausführungen kurz und schaute auf den Bildschirm seines Laptops, als wollte er sichergehen, dass er nichts Falsches sagte. »In einem Telefonmitschnitt hatte Schneider damit gedroht, Laura Schneider und seine Tochter eher umzubringen, als auf das Sorgerecht zu verzichten.«

Diese Information verfehlte ihre Wirkung nicht. Brandt sah in den Gesichtern seiner Kollegen, dass sie dasselbe fühlten wie er: Überraschung. Wobei Boris Marques etwas in der Richtung bereits angedeutet hatte. Es jetzt aber aus sicherer Quelle zu hören, war doch etwas anderes.

»Sind denn Telefonmitschnitte vor Gericht als Beweismittel zulässig?« Schmoll war die Erste, die die Info verdaut hatte.

»Eigentlich nicht. Aber unter Berücksichtigung aller anderen Drohungen und der immer wiederkehrenden Gewaltausbrüche ebenso wie der mangelnden Bereitschaft, sich einer Therapie zu unterziehen, hat das Gericht sich dafür entschieden, das Sorgerecht nur der Mutter zuzusprechen.«

»Von der Drohung bis zur Tat ist es nur ein kleiner Schritt, vor allem, wenn er eh so ein durchgeknallter Freak ist«, kommentierte Schmoll.

Brandt dachte ähnlich, aber sie mussten das auch beweisen können und davon waren sie noch weit entfernt.

Außer, Dunja Rost würde tatsächlich das Alibi widerrufen, meldete sich ein hoffnungsvoller Gedanke in Brandt. Dabei war er kein Mensch, der so naiv war, sich allein an Hoffnungen zu klammern. Ermittlungen waren Geduldspiele, geprägt von Hartnäckigkeit.

»Wir wissen jetzt, dass Albert Schneider ein Mann ist, der seine Nerven nicht im Griff hat und alkoholabhängig ist. Das macht ihn aber so lange nicht zum Mörder, wie es kein belastendes Material gibt«, machte Bender deutlich. »Was hast du noch für uns?« Ihr Blick wanderte zu Fischer.

»Neben seinen Gewaltausbrüchen und der Alkoholabhängigkeit gibt es ein weiteres Argument, warum Schneider infrage käme«, antwortete Fischer.

»Und das wäre?«

»Schulden. Durch seine Privatinsolvenz ist er pleite. Er hat zwar vorher einen Großteil seines Vermögens an seine Tochter übertragen, aber er hatte keinen Zugriff mehr darauf, denn damit hätte er seine Schulden begleichen können.«

»Von welchen Summen reden wir?«

»Nach den mir vorliegenden Hinweisen hat er noch Schulden in Höhe von knapp zwei Millionen Euro, dem stehen Immobilien im Wert von sechs Millionen Euro gegenüber.«

»Trotzdem geht es ihm gut. Er bewohnt ein Penthouse und arbeitet offiziell bei seinem Bruder«, gab Schmoll zu bedenken. »Warum sollte er die restlichen Jahre nicht noch warten? Die Insolvenz war ja nicht erst gestern.«

»Eine berechtigte Frage«, antwortete Brandt und kam damit Fischer zuvor. »Aber als er Privatinsolvenz anmeldete, war er noch verheiratet und hat mit Sicherheit nicht damit gerechnet, dass ihm das Sorgerecht einmal entzogen werden würde, daher hat er bestimmt keine Veranlassung gesehen, dem Staat und seinen Gläubigern Geld zu geben. Durch das Urteil hat sich allerdings alles geändert, er sah seine Felle davonschwimmen.«

»Ebenso wäre denkbar, dass er die Immobilien, die er seiner Tochter überschrieben hatte, zu Geld machen wollte, aber seine Frau das nicht erlaubte«, warf Aydin einen weiteren Grund in den Ring, warum Schneider der perfekte Täter war.

»Habt ihr dafür Beweise?«, fragte Bender.

»Noch nicht. Aber wir wissen, dass bei Immobilienverkäufen, bei denen eine Vertragspartei minderjährig ist, die Zustimmung des Vormundschaftsgerichts notwendig ist«, antwortete Brandt. »Im Falle von Schneider ist es mehr als denkbar, dass das Vormundschaftsgericht die Zustimmung verweigert hätte, weil der Verkauf nicht im Interesse des Kindes gewesen wäre, erst recht nicht, wenn auch die Mutter gegen einen Verkauf war.«

»Noch einmal: Gibt es Beweise dafür? Eine Akte, ein Urteil eines Gerichtes, irgendetwas, was beweist, dass Schneider versucht hat, die Immobilien seiner Tochter zu verkaufen?« Benders Blick wanderte zu Fischer.

»Wir aus der Informationsbeschaffung haben keinerlei solcher Unterlagen gefunden.«

»Es ist nur ein theoretischer Ansatz, der erklären könnte, warum Schneider unser Täter sein könnte. Als das alleinige Sorgerecht auf die Mutter übertragen wurde, könnte er vor dem geschilderten Hintergrund die Nerven verloren haben.«

»Könnte. Ich höre von euch beiden nur ›könnte‹. Ihr redet mir zu viel im Konjunktiv«, wurde Bender etwas lauter. »Mit Konjunktiven wird es uns nicht gelingen, einen Mörder vor Gericht zu bringen.« Sie schüttelte den Kopf, dann ballte sie die Hand zur Faust, als wollte sie auf den Tisch schlagen, aber im letzten Moment löste sie die Finger und rieb ihre Stirn. Ihre Gereiztheit war nicht zu übersehen.

»Was ist mit Boris Marques?«, fragte sie. Es war offensichtlich, dass sie nicht weiter über Schneider reden wollte. Ob es daran lag, dass sie Brandts und Aydins Argumentation nicht folgen wollte und konnte, oder ob sie Schneider gänzlich für den falschen Verdächtigen hielt, konnte Brandt nicht einschätzen.

»Über ihn haben wir auch einiges in Erfahrung gebracht. Laura Schneider hat Gemälde im Wert von fünfzehntausend Euro von ihm gekauft und ihre Freundin Manuela Janak im Wert von knapp zehntausend Euro«, antwortete Fischer.

»Der scheint ja begehrt zu sein auf dem Kölner Kunstmarkt«, kommentierte Rech.

»Nicht wirklich. Das ist ja das Erstaunliche.«

»Und warum zahlt man dann solche Summen?«

»Gute Frage. Vielleicht haben die Kollegen Lasse und Emre eine Antwort darauf«, erwiderte Fischer. »Ich habe einiges über Marques recherchiert. Er hat weder regional noch national einen Namen in der Kunstszene, auch sind seine Bilder nicht auf Auktionen vertreten gewesen und weder Teil einer Ausstellung in Galerien noch in Museen. Es sieht eher danach aus, als hätten die beiden Frauen ihm einen Gefallen getan.«

»Davon ist auszugehen«, sagte Brandt. »Er war der aktuelle Lebenspartner von Laura Schneider und Manuela Janak wollte ihrer Nachbarin einen Freundschaftsdienst erweisen. Sie wusste von den hohen Schulden, die Marques hatte, doch er soll sich angeblich geweigert haben, sich Geld von Laura Schneider zu leihen. Sie hat daraufhin wohl versucht, ihm mit dem Kauf der Gemälde zu helfen.«

»Sehr clever. Gib der Frau das Gefühl, dass du ihr Geld nicht willst, und statt es sich leihen zu müssen, kriegst du es dann geschenkt«, spottete Rech.

»Wie hoch waren die Schulden?«, fragte Bender.

»Wir hatten gestern Abend ein Gespräch mit dem Schuldeneintreiber Ali Özdil. Es geht um achtzigtausend Euro.«

»Und fünfundzwanzig hat er bezahlen können?«

»Er hat aktuell noch immer achtzigtausend Euro Schulden, die seit letzter Woche fällig sind. Aber ihm wurde ein letzter Aufschub bis zum Monatsende gewährt.«

»Ein Künstler, der mit dem Rücken zur Wand steht, sich mit Kredithaien angelegt hat und die Fälligkeit der Schulden überzieht, und das auch noch kurz vor den beiden

Morden, da sollten doch alle Alarmglocken schrillen«, entgegnete Bender. »Wir sollten uns unbedingt auf Marques fokussieren. Ich will alles über ihn wissen. Was ist mit seinem Alibi? Wie sicher ist es? Habt ihr es überprüft?«

»Bisher haben wir keine Veranlassung ...«, setzte Aydin an.

»Keine Veranlassung?«, unterbrach Bender ihn, ihre Stimme wurde plötzlich sehr laut. »Da ist jemand, der bei Kredithaien hochverschuldet und der neue Lebenspartner des Opfers ist, der ihr Ramsch für viel Geld angedreht hat und Angst haben muss, dass der Geldeintreiber ihm alle Knochen bricht, und ihr habt sein Alibi nicht überprüft?«

»So hat Emre das nicht gemeint«, sprang Brandt seinem Kollegen zur Seite.

»Ach, und wie dann?« Bender beugte sich missmutig vor.

»Natürlich werden wir das Alibi überprüfen. Wir haben ihn gebeten, uns die Hotelrechnung aus Den Haag zu übermitteln, was leider bisher nicht passiert ist. Wir stimmen uns nachher mit Fischer noch einmal deswegen ab.«

Bender wirkte nicht überzeugt, ihre Augen wurden schmal, dann atmete sie aus und massierte wieder ihre Stirn. Ihr Blick wanderte zur Wanduhr, schließlich zurück zu Brandt. Ihr schien etwas auf der Zunge zu liegen, aber sie schwieg, was ihm nur recht war. Er hatte nämlich keine Ahnung, wie sie sich aus diesem Schlamassel herausziehen sollten. In diesem Augenblick wollte er ihr auch lieber nicht verständlich zu machen versuchen, dass er Schneider eher für tatverdächtig hielt als Marques. So wie jetzt hatte Brandt Bender schon lange nicht mehr erlebt.

»Gut«, sagte sie dann in deutlich genervtem Tonfall. »Was ist mit der Freundin von dem Opfer?«

»Sie hat ein Alibi, das wir derzeit überprüfen. Wir glauben aber nicht, dass sie einen Grund hatte, ihre Freundin zu töten.«

»Mag sein, dennoch ist es wichtig, auch ihr Alibi zu überprüfen.«

»Was wir ja tun«, konnte sich Brandt nun doch einen kleinen Spruch nicht mehr verkneifen. Einfach nur die ganze Zeit einstecken ging in seinen Augen ein wenig zu weit und es kratzte an seinem Ego.

Zu seinem Erstaunen hatte nicht einmal Kramer die Angriffe von Bender dafür genutzt, um ihm ebenfalls eins reinzudrücken. Normalerweise ließ sich der Fallanalytiker solche Gelegenheiten nicht entgehen. Ohnehin hatte sich Kramer schon die ganze Zeit eher ruhig bis abwesend gezeigt, nur ab und an hatte er sich ein paar Notizen auf seinem Schreibblock gemacht.

»Gehe ich recht in der Annahme, dass ihr nur zwei Verdächtige habt? Habt ihr mit den Nachbarn und dem näheren Umfeld gesprochen und alle Möglichkeiten ausgeschlossen?«, bohrte Bender weiter, was bei Brandt inzwischen auf Unverständnis stieß.

»Ich reiße mich nicht darum, dass es noch mehr Verdächtige werden«, reagierte er daher nun deutlich gereizter. »Es gibt zurzeit keine Hinweise, die auf weitere Verdächtige deuten. Aber wie du weißt, stehen wir weiterhin am Anfang unserer Ermittlungen.«

»Gut«, sagte sie ein weiteres Mal. Es war nur eine Floskel. Ihre Unzufriedenheit war nicht zu überhören. »Kramer, wie ist deine Einschätzung?«

Der Angesprochene schaute in die Runde, ließ aber auch diesmal seine Kramer-Show ausfallen. Kein Brille-Zurechtrücken, kein süffisantes Lächeln. Brandt wunderte sich.

»Danke für deine Nachfrage«, sagte er stattdessen. »Ein sehr vielschichtiger Fall, jedoch mit einer ebenso einfachen Motivation.«

»Einfache Motivation?« Schmoll wirkte überrascht über diese Formulierung.

»Genau.« Kramer warf ihr einen bedeutsamen Blick zu. »Gier.«

»Gier kann aber etwas sehr Komplexes sein.«

»Nicht unbedingt. Egal wer der Täter am Ende ist, es ist davon auszugehen, dass hier zwei brutale und abscheuliche Morde aus Habgier begangen wurden. Wobei ich so weit gehen möchte, dass der Auslöser für den Kindsmord absolut niedere Beweggründe waren. Laura Schneider musste sterben, weil der Täter von Habgier besessen war. Ihre Tochter jedoch nur aus einem Grund: dass der Täter Sorge hatte, entdeckt zu werden. Somit steht dieser Mord juristisch auf tiefster Stufe und gilt daher als besonders verachtenswert.«

»Das bedeutet, dass du als Fallanalytiker wie Brandt und Aydin davon ausgehst, dass nur einer der beiden derzeit Verdächtigen als Täter infrage kommt. Boris Marques hat ebenso wie Albert Schneider finanzielle Probleme, wobei Marques mit dem Rücken zur Wand steht und sogar damit rechnen muss, selbst mit seinem Leben zu bezahlen, falls er seine Schulden bei dem Kredithai nicht rechtzeitig begleicht.«

»Das habe ich nicht gesagt«, antwortete Kramer zu Brandts Überraschung. Hatte der Kollege doch einen anderen Verdächtigen im Sinn, den weder Aydin noch er auf dem Schirm hatten?

Brandt sah Kramer neugierig an und plötzlich war es wieder da, das oberflächliche, künstliche Lächeln Kramers, das Brandt so schnell auf die Palme brachte, und wie gewohnt ließ er sich genüsslich gegen die Rückenlehne seines Stuhls fallen.

»Was hast du dann damit gemeint?«, fragte Bender.

Kramer ließ sich mit der Antwort Zeit, als würde er es genießen, dass gerade alle Aufmerksamkeit ihm galt.

26

Für heute hatte Brandt genug, daher hatte er Aydins Vorschlag, Walter einen Besuch abzustatten, gerne zugestimmt.

»Bender hatte schon mal bessere Tage«, bemerkte er, als sie im Auto saßen.

»Ist mir auch nicht entgangen. Keine Ahnung, warum sie uns so auf dem Kieker hat.«

»Vielleicht um uns deutlich zu machen, dass wir den Fall an das BKA verlieren könnten?«

»Glaubst du, ich wüsste das nicht? Ich mache den Job nicht erst seit gestern. Wie oft haben wir schon mit dem BKA zusammengearbeitet?«

»Stimmt, wäre nicht das erste Mal. Mit Ansgar hatten wir wenigstens einen Freund dabei.«

»Ja, Ansgar war einer von den wirklich Guten. Immer erwischt es die Falschen.«

»Leider«, stimmte Aydin zu und schaute aus dem Fenster.

Brandt musste kurz schlucken, als er an Ansgar David dachte. Er war in seinen Augen einer der fähigsten BKA-Beamten gewesen, unbestechlich, loyal und mit dem Herz am rechten Fleck. Bei einem Einsatz vor einigen Jahren war er ermordet worden, aber mit der Hilfe von Peter Walsh, einem ehemaligen Geheimdienstagenten, hatten sie wenigstens die Mörder zur Strecke gebracht.

Das Leben als Polizist war gefährlich, das wurde Brandt in solchen Momenten immer wieder schmerzlich bewusst. Er wischte den Gedanken aber schnell beiseite, da er seine ohnehin schlechte Stimmung nicht vollends ruinieren wollte.

Die restliche Fahrt verlief dennoch still, beide hingen ihren Gedanken nach und ließen die Besprechung Revue passieren.

»Endlich ein bisschen Umsatz«, begrüßte ein sichtlich gut gelaunter Walter seine Freunde.

»So oft, wie du einen ausgibst, wirst du mit Kunden wie uns oder Tolga sicherlich nicht reich«, kommentierte Aydin die Worte des Imbissbudenbesitzers und reichte ihm die Hand zur Begrüßung.

»Dafür zahlt ihr heute, und was Tolga anbelangt, eine bessere Werbung für meinen Imbiss kann es nicht geben. Jede Wurst, die der coole Junge isst, ist Marketing.«

»Red dir das nur schön. Aydins Bruder futtert dich noch in die Pleite«, konnte sich Brandt einen Scherz nicht verkneifen. Er reichte Walter ebenfalls die Hand zur Begrüßung.

»Lasst mir doch den Jungen in Ruhe«, murrte Walter. »Ihr solltet lieber endlich dieses Monster fangen.«

»Welches Monster?«, fragte Aydin. »Brandts banaler Spruch war eher gegen dich gerichtet.«

»Na, diesen Mörder, der einem kleinen Mädchen den Hals aufschlitzt.« Walter wandte sich zu Brandt. »Du kannst übrigens gegen mich Sprüche raushauen, bis der Arzt kommt, die prallen alle an meinem Bauch ab und der ist groß. Aber ihr kennt mich, sobald ihr die Namen meiner Liebsten in den Mund nehmt, egal ob im Spaß oder nicht, reagiere ich allergisch.«

»Genau deswegen macht er das ja«, schmunzelte Aydin.

Walter brummte nur und säuberte seine Hände an der Schürze.

»Gib uns lieber ein Bier«, sagte Brandt.

»Was ist denn nun mit dem Mörder? Hat euch mein Tipp geholfen?« Walter öffnete den Kühlschrank und nahm wie gewohnt zwei Kölsch und ein Pils heraus.

»Noch keine heiße Spur. Aber danke für den Tipp. Wir hatten ein interessantes Gespräch mit diesem Ali.«

»Ich hoffe, es hat euch was gebracht.«

»Klar, wir wissen jetzt, dass Boris Marques tief in der Scheiße sitzt. Er hat achtzigtausend Euro Schulden bei einem Kredithai«, antwortete Aydin, der bereits eines der Würstchen auf dem Grill anvisierte.

»Dann steckt der Maler echt in der Scheiße. Das ist kein Scherz. Die Männer, für die Ali arbeitet, sind brutale Hunde. Wenn die ihr Geld nicht kriegen, gehen die über Leichen.«

»Das habe ich mir schon gedacht«, sagte Brandt und gönnte sich einen Schluck von seinem Pils. »Ich frage mich nur, wie er das Geld aufbringen will? Laura ist tot.«

»Damit scheidet er als Verdächtiger aus, oder?«, schlussfolgerte Walter.

»Nicht unbedingt.«

»Warum nicht? Die Tote war seine Freundin und sie war vermögend. Seine Geldquelle ist versiegt oder hat sie ihn etwa in seinem Testament bedacht?«

»Das kann ich mir schwer vorstellen. Die kannten sich erst ein paar Monate«, sagte Aydin. »Aber mal was anderes. Wenn ich mich nicht irre, sieht die Rindswurst da sehr fertig aus. Bereit, von mir gegessen zu werden.«

»Du denkst auch nur ans Essen«, kommentierte Brandt nüchtern. »Immerhin ist es Marques gelungen, Frau Schneider in den wenigen Monaten um fünfzehntausend Euro zu erleichtern.«

Walter antwortete nicht, er nahm eine Currywurst und eine Rindswurst vom Grill und servierte sie wie gewohnt. Brandt tauchte ein Stück Currywurst in Walters Spezialsoße und genoss den Moment. So kitschig es klingen mochte, in diesem Augenblick erschien ihm die Diskussion mit Bender weit weg.

»Irgendwann musst du uns das Rezept für die Soße verraten«, sagte Aydin mit vollem Mund.

»Das, mein guter Freund, wird nicht geschehen. Walters Geheimnis.« Walter richtete sich mit einem breiten Grinsen stolz auf. »Ich weiß nicht, Jungs. Wenn man so mit dem Rücken zur Wand steht, tötet man doch nicht die einzige Person, mit deren Hilfe man seinen Hals aus der Schlinge ziehen könnte.«

»Wir gehen auch nicht von einer geplanten Tat aus. Die Spurensicherung hat herausgefunden, dass unter den Fingernägeln von Laura Schneider Haut- und Faserspuren waren. Möglicherweise ist dem brutalen Mord ein Streit vorausgegangen, sie könnte den Täter dabei gekratzt haben. Vielleicht wollte er sie um Geld bitten, weil er keine andere Option mehr für sich sah, und sie hat ihn durchschaut. Ihr wurde klar, dass er nur mit ihr zusammen war, weil sie vermögend ist und er Schulden hatte«, überlegte Brandt laut und schob sich ein weiteres Stück Currywurst in den Mund.

»Das mit dem Kratzer könnte sehr gut auf ihren Mann zutreffen. Er hatte doch ein Pflaster am Hals. Ich kann mich nicht erinnern, dass Marques ein Pflaster getragen hat«, ergänzte Aydin. »Walter, ich würde noch ein Kölsch nehmen.«

»Gerne«, antwortete der. »Was denken denn das restliche Team und euer Profiler?«

»Kramer? Wie kommst du auf Kramer?«, fragte Brandt.

»Jeder weiß doch, dass Profiler eine besondere Gabe haben und die Tathergänge wahnsinnig gut voraussagen können.«

»Du schaust zu viel Netflix«, lachte Brandt. »In Deutschland haben wir Fallanalytiker. Diese Profiler in den US-Serien haben sehr wenig mit der Realität zu tun.«

»Na, der Kramer ist ja auch nicht schlecht. Ich weiß, du magst ihn nicht, aber was er zu den vorherigen Fällen gesagt hat, hatte doch oft Hand und Fuß. Wie ist denn seine Meinung?«

Brandt murmelte etwas Unverständliches und gönnte sich einen großen Schluck von seinem Pils, nach dem die Flasche geleert war. »Ich nehme auch noch eins.«

»Brandt führt einen persönlichen Kleinkrieg mit Kramer, das ist so ein Egoding«, erklärte Aydin.

»Das stimmt doch gar nicht. Kramer ist nun mal ein arroganter Depp.«

»Na komm, heute hat er sich sehr zurückgenommen und so unrecht hat Walter nicht. Kramer lag oft richtig mit seinen Einschätzungen.«

»Bei aller Liebe, was war das denn vorhin bitte von Kramer? Als er sich wieder gegen die Stuhllehne hat fallen lassen, dazu die bedeutungsvolle Pause, nur um dann zu sagen, dass noch eine dritte Person infrage kommen könnte, die wir gar nicht auf dem Schirm haben. Er sagte, dass Marques und Schneider zwar verdächtig seien, weil beide aus Habgier gehandelt haben könnten, aber der Mord an Alena hinterlasse ein großes Fragezeichen, weil er auf so brutale Weise stattfand. Er meint, dass es beiden Männern schwerfallen dürfte, ein Kind zu ermorden«, erklärte Brandt, da er Aydins Worten nicht zustimmen wollte.

»Unter uns, so unrecht hat er nicht. Ich habe es schon mit jeder Menge Abschaum zu tun gehabt, darunter viele Mörder, auch solche, die nur des Geldes wegen getötet haben, aber keiner von denen hat ein Kind ermordet. Das ist eine ganz andere Nummer.«

»Und keiner von ihnen wird die Sorge gehabt haben, dass ein Kind sie verraten könnte. Alena wurde in unmittelbarer Nähe zu ihrer Mutter ermordet, sie war eine Zeugin. Wie hätte der Täter sie am Leben lassen können?«, wandte Brandt ein.

»Tötet man deswegen wirklich ein Kind, obwohl man nur Schulden hat oder finanzielle Engpässe?« Walter war noch immer nicht überzeugt. Er reichte die geöffnete Bierflasche an Brandt, der sogleich einen Schluck daraus nahm.

»Der Täter hatte nach dem Mord nicht nur Schulden, sondern auch die Aussicht auf lebenslange Haft eben wegen des Mordes an der Mutter, das durfte er nicht riskieren. So brutal es sich anhört, wir sollten hoffen, dass seine Geldgier ihn so gnadenlos hat handeln lassen, weil wir bisher nicht einen Hinweis auf eine andere Person als die beiden haben.«

»Also gehst du davon aus, dass es Marques war?«, fragte Walter.

»Ich tendiere dazu. Ob der Vater seine eigene Tochter töten könnte, ob er wirklich so skrupellos sein kann, obwohl er ein Ekelpaket ist, weiß ich nicht.«

»Was ist mit dir?«

»Ich sehe das genauso. Ich bin selbst Vater, und der Gedanke, dass ein Vater seine Tochter tötet, lässt mir das Blut in den Adern gefrieren.«

»Jungs, ich kann euch helfen.«

»Wie denn das?«, wollte Brandt wissen.

»Ich kann die Geldgeber von Ali ausfindig machen. Euch wird er die Namen niemals verraten, ihr seid Polizisten, aber ich bin irgendwie immer noch einer von denen. Bei mir werden sie keinen Verdacht schöpfen.«

»Nein, Walter. Du begibst dich für uns nicht in Gefahr. Ich wüsste auch nicht, inwieweit es uns helfen sollte, wenn wir wissen, wer der Geldgeber ist. Es reicht, dass wir wissen, dass Marques bei einem Kredithai oder mehreren hochverschuldet ist. Die werden ihn ja unmöglich dazu gedrängt haben, Laura Schneider zu töten«, erwiderte Aydin.

»Warum nicht? Was, wenn Marques sie damit vertröstet hat, dass er eine reiche Freundin habe und etwas Zeit benötige, um das Geld aufzutreiben?«

»Und deswegen tötet Marques beide?« Aydin schien nicht überzeugt.

»Das nicht. Aber es könnte ihn auf dumme Gedanken gebracht haben«, erklärte Brandt. Er fand Walters Idee gar nicht so abwegig. »Mal laut gedacht: Was, wenn Kramer doch recht hat?«

»Kramer?« Aydin schien Brandt nicht folgen zu können.

»Ja, Kramer. Was, wenn es doch eine dritte Person gibt?«

»Und die wäre?«

»Jemand aus der Unterwelt. Ein Killer, der für den Kredithai arbeitet und das Geld bei Laura Schneider eintreiben wollte, aber durch das Kind gestört wurde.«

»Seht ihr, Jungs, ihr braucht mich. Unterschätzt Onkel Walter nicht, ich bin noch immer auf Zack. Ihr solltet viel öfter auf mich zurückgreifen. Ich hätte auch kein Problem, undercover für euch zu arbeiten.« Walters Augen weiteten sich, er hob seinen Brustkorb und schien hochmotiviert.

»Ganz sicher nicht. Das hier«, Brandt tippte auf den Tresen, »ist genau dein Ding. Das Letzte, was ich möchte, ist, dass du dir für nichts eine Kugel einfängst. Wer soll Tolga denn erklären, dass der dicke Brummbär im Krankenhaus ist, weil er glaubt, noch ein junger sportlicher Spund zu sein?« So sehr er Walters Ehrgeiz und Hilfsbereitschaft schätzte, Walter war weder durchtrainiert noch ein Beamter, und ihn in gefährlichen Kreisen ermitteln zu lassen, hätte er niemals erlaubt. Vor allem aus Sorge, dass er dabei verletzt würde oder ums Leben käme, zudem war der Einwand mit Tolga nicht mal übertrieben. Da Walter so sehr in ihn vernarrt war, galt das auch umgekehrt.

»Lasse hat recht. Dein Platz ist hier. Wenn du uns ab und an einen Kontakt nennst, hilfst du uns schon sehr.«

Walter presste die Lippen zusammen, dann knurrte er: »Nur damit ihr das wisst, bloß wegen Tolga gebe ich klein bei. Ich gehöre noch lange nicht zum alten Eisen.«

»Das haben wir ja nicht behauptet. Ich würde mich auf keine Keilerei mit dir einlassen«, antwortete Brandt.

»Das würde ich dir auch nicht raten.« Walter kniff ein Auge zusammen und zog eine Augenbraue hoch.

»Außerdem hast du uns allein durch das Gespräch eben schon wieder geholfen. Wir werden den Gedanken mit dem dritten Täter im Hinterkopf behalten.« Brandt fand Walters Ausführungen in der Tat plausibel. Es war eine Überlegung wert, Ali Özdil doch noch einen Besuch abzustatten.

»Soll ich euch den Kontakt besorgen?«

»Nein, wir kriegen das schon raus.«

»Jungs, das ist nur ein Anruf.«

»Walter«, wurde Brandt etwas lauter. »Wir wissen das wirklich zu schätzen, aber wir müssen vorsichtig sein, sonst riskieren wir, dass deine Tarnung auffliegt, und dann war es das mit undercover.«

»Ihr macht euch unnötig Sorgen. Onkel Walter ist aus einem ganz anderen Holz geschnitzt, als ihr denkt. Irgendwann, wenn wir mal ein nettes Wochenende in Hamburg verbringen, erzähle ich euch meine ganze Geschichte. Ihr werdet erstaunt sein, was für ein harter Typ ich war. Man musste mich nur schief anschauen …«

»Das ist aber verdammt lange her«, scherzte Brandt. »Du wirst nicht jünger.«

»Das muss ausgerechnet der Fünfzigjährige sagen, der sich für einen Dreißigjährigen hält«, kam Aydin Walter zur Hilfe. Brandt brummte und warf Aydin einen kritischen Blick zu, ersparte sich aber eine Retourkutsche.

Walter lachte. »Überlegt es euch. Und nein, ich gehe kein Risiko ein. Ich bin wirklich sehr vorsichtig.«

»Wir überlegen es uns. Außerdem bin ich noch nicht gänzlich von der Theorie überzeugt. Es fällt mir schwer, zu glauben, dass ein Schläger des Kredithais Laura Schneider aufsucht und dann sie und die Tochter ermordet.«

»Du auch?«, fragte Walter an Aydin gerichtet.

»Irgendwie schon. Warum sollte Laura den Schläger

in die Wohnung lassen? Die Villa hat eine Alarmanlage und eine Videosprechanlage. Sie hätte gesehen, dass eine dubiose Person vor der Tür steht. Vermutlich hätte sie nicht geöffnet und wie soll er sonst ins Haus gekommen sein?«

»Genau.« Brandt hatte so weit noch gar nicht gedacht, aber er war froh, dass Aydin es sagte, denn er sah in Walters Augen, dass dieser Aydins Überlegungen folgen konnte. Enttäuschung lag in seinem Blick. Augenscheinlich wollte er sich mehr ins Team einbringen, was Brandt zu schätzen wusste, doch gleichzeitig war er Realist genug, um die Risiken eines solchen Unterfangens richtig einzuschätzen.

»Das ist ein Argument. Trotzdem könnte sie ihn in die Wohnung gelassen haben.«

»Wenn wir nicht weiterwissen, werden wir dieser Spur folgen. Derzeit haben wir genug Baustellen, ich möchte mir nicht noch eine ins Haus holen.«

»Gut, Jungs, ihr seid die Profis. Aber sagt später nicht, dass ich recht hatte, weil eure zwei Topverdächtigen nicht wirklich viel hergeben.«

»Wir stehen ja noch am Beginn unserer Ermittlungen«, versuchte Brandt sich zu rechtfertigen, dabei hatte Walter gar nicht unrecht. Dennoch konnten sie keine weiteren Verdächtigen aus dem Hut zaubern, die besser ins Täterprofil passten. Es gab einfach keine Hinweise, die jemand anderen auch nur ein wenig tatverdächtiger machten als Marques oder Schneider.

Ohne etwas gesagt zu haben, bekam Aydin eine weitere Rindswurst und Brandt eine Currywurst von Walter vorgesetzt.

»Danke«, sagte Aydin. »Ein Kölsch nehme ich auch noch, ist ja Feierabend.«

»Du ein Bier?«, fragte Walter.

»Leider nicht, ich muss noch fahren.« Dabei hätte

Brandt gerne eines getrunken. Dass er so zurückhaltend war, was Alkohol anbelangte, war nicht immer so gewesen. Es hatte eine Zeit gegeben, da hatte er regelmäßig einen über den Durst getrunken.

Ein anderes Leben, dachte er, glücklicherweise, denn er vermisste diese Zeit des Selbstmitleids nicht. Dass er aus diesem Tal herausgekommen war, hatte er nicht zuletzt auch Aydin und Walter zu verdanken.

Die Tür öffnete sich und drei Männer betraten den kleinen Imbiss. Einer von ihnen war Ali Özdil. Dass sie zufällig hier aufkreuzten, wollte Brandt nicht glauben. Er hoffte nicht, dass sie wegen Walter hier waren, weil sie ihn für einen Maulwurf hielten.

»Ach, wenn das mal kein schöner Zufall ist«, sagte Özdil. Alle drei Männer traten an den Tresen.

»Wollt ihr was essen?«, fragte Walter. Die Freundlichkeit war aus seinem Gesicht gewichen. Von der eben noch ungezwungenen Atmosphäre war nicht mehr viel übrig, stattdessen lag Streit in der Luft.

»Nein, wir wollen uns nur mit den beiden Beamten unterhalten. Du solltest dir für ein paar Minuten die Beine vertreten. Eine Zigarettenpause machen.«

»Ich rauche nicht«, entgegnete Walter unbeeindruckt.

»Ist mir scheißegal. Lass uns kurz alleine. Ist was Privates«, wurde Özdil laut.

»Das ist mein Grill. Ich dulde hier keinen Streit. Außerdem könnt ihr doch gar nicht so dumm sein und euch mit der Polizei anlegen, oder?«

»Wer sagt denn was von anlegen? Wir wollen nur miteinander sprechen.«

»Und worüber wollen Sie sprechen?«, fragte Brandt. Er hatte sich zu den Männern gedreht, die beinahe alle gleich aussahen: groß, muskelbepackt und tätowiert.

»Das geht nur Sie und uns was an«, antwortete Özdil. Von seiner lockeren Art aus ihrer ersten Begegnung war nicht viel übrig geblieben. Etwas schien ihn sehr zu beschäftigen.

»Walter, kannst du den Herren den Gefallen tun?« Brandt machte eine kurze Bewegung mit dem Kopf in der Hoffnung, dass Walter verstünde, dass es für alle Beteiligten besser wäre, wenn er seinen Imbiss verließe.

»Nein, kann ich nicht«, schaltete Walter auf stur. Irgendwie hatte Brandt mit genau dieser Reaktion gerechnet. »Das ist mein Imbiss und ich bleibe.« Walter machte einen Schritt auf Özdil zu. »Und euch würde ich raten, euch zu verpissen. Es ist spät und wir wollen doch nichts tun, was wir später bereuen.«

Özdil machte die Augen schmal, er schnaubte und trat noch näher an Walter heran, als suchte er die Konfrontation. Aber der massige Imbissbudenbesitzer wich nicht zur Seite, er stand seinen Mann, sein Blick war ebenso düster wie der Özdils und seine Oberarme waren angespannt. Auch wenn er nicht so muskelbepackt war wie der Geldeintreiber und seine Kumpanen, sah Walter mit seinen Narben und Tattoos nicht gerade schüchtern aus.

Beide Männer blickten sich hasserfüllt an. Brandt überlegte, ob er einschreiten sollte, und sah, dass Aydin noch viel nervöser war.

Plötzlich entspannten sich Özdils Gesichtszüge. Er lachte.

»Entspann dich, wir suchen keinen Streit.« Dann wandte er sich an Brandt. »Ich habe gute Nachrichten für Sie.«

»Und die wären?«

»Boris Marques ist nicht der Mörder.«

27

»Warum müssen wir uns immer streiten?«, fragte Dunja. Sie lag wie Schneider nackt auf der Couch, den Kopf an seine Schulter gelehnt, im Fernseher lief ein Film, aber eher als Hintergrundgeräusch.

»Weil du eine süße Zicke bist«, antwortete Schneider und streichelte ihr über den Kopf. Einer Frau wie Dunja war er zuvor nie begegnet. Sie überraschte ihn immer wieder. Glaubte er, dass er sie durchschaut hatte, verblüffte sie ihn. Auch sexuell.

»Ich bin nicht zickig«, entgegnete sie und massierte seinen Oberschenkel.

»Doch, bist du.«

»Nein, ich bin nur selbstbewusst und sage, wenn mir etwas nicht passt. Das ist nicht zickig.«

»Wenn du meinst.«

»Machst du dich über mich lustig?«

»Nein, ganz und gar nicht. Aber du bist zickig und launisch und fährst leicht aus der Haut«, eckte Schneider weiter an. Nur weil sie etwas die Stimme erhob, hieß das nicht, dass er klein beigeben würde. So ein Mensch war er nicht, das musste Dunja einsehen. Er war der Mann, nicht sie, auch wenn sie ihm manchmal das Gefühl vermittelte, dass sie es gerne wäre. Für ihn kam es dem Kräftemessen gleich, das oft am Beginn einer festen Beziehung stand. Man tastete sich vor, wie weit man gehen durfte und wer welche Rolle in der Beziehung einnehmen würde.

Für Schneider gab es da nur die Poleposition, er war das Alphatier und keine Frau der Welt würde das je ändern, selbst wenn sie wie der Teufel fickte.

»Du tust mir unrecht. Ich bin das alles nicht. Aber wenn du mir auf den Sack gehst, ist doch klar, dass ich mir das nicht gefallen lasse.«

»Manchmal habe ich das Gefühl, dass du gerne ein Mann wärst.«

»Warum?«

»Na, weil du dich wie ein Mann verhältst. Solche Kraftausdrücke benutzt doch keine Frau.«

»In den Kreisen, in denen ich aufgewachsen bin, schon. Deine Schickeriatussis tun so was natürlich nicht, aber ich bin auf der Straße groß geworden. Wenn du dich dort mit Worten nicht wehren kannst, bist du ganz schnell ein Mobbingopfer, und bevor mich jemand fickt, ficke ich doch lieber.«

»Du versuchst auch alles mit der Straße zu entschuldigen.«

»Stimmt ja gar nicht.«

»Doch. Übrigens bist du gar nicht mehr auf der Straße. Dein Ex war ein Deutscher und niemand von der Straße. Es gibt keinen Grund für diesen Ghettojargon.«

»Jetzt, nachdem ich dich leer gesaugt habe, glaubst du also, dass du mir auf den Sack gehen kannst«, reagierte Dunja gereizt. »Ich kann dich jederzeit an den Eiern packen. Du gehörst zu mir, vergiss das nicht.« Und dann tat sie es tatsächlich, sie packte Schneiders Hoden und drückte zu. Fast hätte Schneider geschrien, weil ihn diese Aktion überraschte, aber er konnte sich am Riemen reißen. Nachdem er sich an den Druck gewöhnt hatte, gefiel es ihm sogar. Das hatte noch keine Frau zuvor bei ihm getan.

»Gefällt dir das, du geiler Bock?«

»Wenn du ihn in den Mund steckst, sogar noch mehr.« Schneiders Mundwinkel hoben sich und er spürte, dass er wieder erregt war.

»Und wenn ich es nicht tue?«

»Dann muss ich dich wohl bestrafen.« Schneider nahm

ihren Kopf und drückte ihn herunter. Dunja leistete kaum Widerstand und nahm sein bestes Stück in den Mund.

Ganze zehn Minuten später schoss er seine Ladung ab, sie schluckte und Schneider erfüllten eine große Erleichterung und Befriedigung. Endlich konnte er wieder klar denken, seinen Verstand arbeiten lassen.

Obwohl er sich für einen absolut rationalen Menschen hielt, war es erstaunlich, wie sehr die Sexualität ihn im Griff hatte und ihn zu einer Marionette seiner Lust machte. Sobald er jedoch zum Höhepunkt kam, war es, als würde jemand einen Schalter umlegen und er war wieder der kühl berechnende Mensch.

Laura hatte ihm oft Vorwürfe gemacht, dass er nach dem Sex so kalt wäre, weil er nie kuscheln wollte und sich lieber wegdrehte, schlief oder sich mit etwas anderem beschäftigte.

Dunja war da anders, sie legte nicht viel Wert aufs Kuscheln, jedenfalls hatte sie ihm das bisher nicht signalisiert, und dass sie sich nicht traute, ihn darum zu bitten, nahm Schneider nicht an. Dunja sagte, was sie dachte und was sie wollte.

»Die Bullen werden nicht lockerlassen«, sagte sie. Sie lag wieder neben ihm auf der Couch und öffnete eine Chipstüte.

»Na und, die haben nix«, blieb Schneider entspannt. »Gib's zu.«

»Was?« Dunjas Blick wirkte irritiert.

»Dass ich einen geilen Schwanz habe.«

»Sag mal, hast du nichts anderes im Kopf als deinen Schwanz? Ich kenne keinen Mann, der so notgeil ist wie du. Wie hat es deine Frau nur mit dir ausgehalten?«

»Wieso musst du es gleich wieder kaputt machen?«, wurde Schneider ungehalten. Er wollte, dass Dunja von ihm schwärmte und ihm nicht irgendwelche Vorwürfe machte.

»Was kaputt gemacht?«

»Nichts.« Schneider stand auf, er hatte Durst.

»Du bist wie ein Mädchen.«

»Spinnst du?«

»Nein, ist doch so. Wenn du keine Aufmerksamkeit kriegst, schnappst du ein. Alles muss sich immer um dich drehen. Der Nabel der Welt. Reicht es dir nicht, dass ich dir einen blase und dein Sperma schlucke? Ist das nicht Beweis genug, dass ich dir gehöre? Musst du immer wieder hören, was für ein toller Hengst du bist?«

Dunja stand auch auf und ging auf ihn zu. Schneider hatte den Kühlschrank geöffnet.

»Du übertreibst. Entspann' dich.«

»Nein, ich übertreibe nicht. Willst du wieder zum Wodka greifen?«

»Nein, zur Wasserflasche«, entgegnete Schneider, dabei hatte er kurz mit dem Gedanken gespielt, Wodka zu trinken, weil er den ganzen Tag noch nichts getrunken hatte und sein Verstand ihm sagte, dass es Zeit war, ein gutes Tröpfchen zu sich zu nehmen. Vor allem aber ertrug er das Geschwätz und die Zickereien von Dunja mit Alkohol besser.

»Lüg doch nicht. Denkst du, ich bin blind? Ich habe gesehen, dass du das Wodka trinken wolltest.«

»Das heißt *den* Wodka«, korrigierte Schneider und öffnete die Wasserflasche. »Möchtest du auch ein Glas?«

»Ja, und ich weiß, dass es den heißt.« Ihr Tonfall war giftig und ihre Augen funkelten böse auf. Vollkommen unerwartet griff sie ihm erneut an den Hoden. Diesmal schrie Schneider kurz auf, ihr Griff war fest, es hatte gerade sehr wenig mit Lust zu tun. »Unterschätz' mich nicht«, ermahnte sie ihn.

Der Schmerz wurde immer unerträglicher und Schneider wusste sich nicht anders zu helfen, als sie wegzuschubsen, womit wiederum Dunja nicht gerechnet hatte.

Sie ließ los und wäre fast gestolpert, konnte sich allerdings noch auf den Beinen halten.

»Bist du bescheuert?«, wurde sie laut.

»Nein, aber was sollte das eben?«

»Damit du ...«

»Nix da«, unterbrach er sie. »Verdammt, Dunja, ich steh auf dich und möchte mit dir zusammen sein, aber du musst deine Aggressionen und deinen komischen Stolz in den Griff kriegen. Ich bin ein Mann, wie man sich einen echten Mann vorstellt. Du kannst von mir nicht erwarten, dass ich plötzlich zu einem Waschlappen werde, damit ich dir gefalle. Das bin ich nicht. Ich bin kein Stück devot, das kennst du ja wohl aus deinen Kulturkreisen. Warum musst du immer wieder aufbegehren?«

»Weil mir meine Kulturkreise scheißegal sind und ich allein entscheide ...«

»So funktioniert das aber nicht. Zwei dominante Personen können keine Beziehung führen. Ich versteh' dich echt nicht. Im Bett tust du alles, was ich von dir will, da bist du megadevot. Warum nicht im Alltag?«

»Weil ich nicht deine ›Sub‹ bin und auch niemals eine sein werde.«

Schneider kannte die Abkürzung aus der SM-Szene, sie stand für eine unterwürfige Frau. Er hatte wenig mit der Szene zu tun, auch wenn er einige Praktiken ganz erregend fand, aber er war nie auf den entsprechenden Partys unterwegs. Er hielt sich für einen völlig normalen Menschen mit einer kaum außergewöhnlichen sexuellen Fantasie. Dass dem in Wirklichkeit nicht so war, hätte er sich nie eingestanden.

»Du sollst auch gar nicht ein Sub sein, du sollst nur an deinen Aggressionen und Launen arbeiten. Möchtest du denn nicht, dass es mit uns funktioniert?«

»Doch, natürlich, ich liebe dich«, antwortete sie. Schneider nahm an, dass ihr die letzten Worte nur herausgerutscht waren, denn bisher hatten sie sich ihre Liebe nicht gestanden.

»Dann arbeite an dir. Ich möchte nämlich auch, dass es funktioniert. Du und ich, das kann etwas sehr Schönes werden.«

»Liebst du mich denn?«, fragte sie und schaute ihn fragend an. Die Wut war plötzlich aus ihrem Gesicht gewichen und sie wirkte verletzlich. Vermutlich, weil sie ihm eben gestanden hatte, dass sie verliebt in ihn war. Vielleicht war das auch der Grund, warum sie so launisch und zickig war: Sie wusste nicht, woran sie bei ihm war.

Schneider musste an die Worte seines Bruders denken, der ihn ermahnt hatte, nicht mit Dunja zu streiten, denn sie war sein Alibi und somit die einzige Stütze, die dafür sorgte, dass die Beamten ihn nicht verhafteten.

Er musste an den gestrigen Abend denken, als Dunja ihm verraten hatte, dass sie fast sein Alibi widerrufen hätte, als die beiden Beamten sie vor seiner Wohnung abgefangen hatten. Dunja war unberechenbar.

Noch immer sah sie ihn mit ihren großen Augen an, dann umarmte sie ihn und schaute zu ihm auf. »Liebst du mich?«

Schneider wusste, dass er mit seiner Antwort alles kaputt machen konnte.

28

Köln, 17. Juli

»Für einen kurzen Moment hatte ich gestern echt Sorge, dass es zu einer Schlägerei kommen könnte«, sagte Aydin. Er saß an diesem Vormittag mit Brandt in ihrem Büro.

»Jemand wie dieser Ali droht nur, ich kenne den Schlag Mensch. Er ist nicht ganz so dämlich wie seine Freunde, bei denen wäre ich mir nicht sicher gewesen, ob sie uns angreifen. Ali weiß, dass er sich damit nur Ärger eingehandelt hätte. Er verprügelt Schuldner wie Marques, aber bestimmt keine Polizeibeamte.«

»Vielleicht hatte er auch zu großen Respekt vor Walter.«

»Vor Walter?« Brandt schaute Aydin zweifelnd an. »Ich hätte es ehrlich gesagt besser gefunden, wenn er ins Hinterzimmer gegangen wäre. Es war nicht klug, dass er uns zur Seite stehen wollte.«

»Warum?«

»Na, weil er riskiert hat, dass seine Tarnung auffliegt. Was glaubst du, was er für Probleme hat, wenn herauskommt, dass er uns Informationen steckt.«

»Du übertreibst, diese Bande war zufällig im Grill. Vermutlich weil sie die leckerste Currywurst Kölns essen wollten, genau wie wir.«

»Wie wir?« Brandt hob eine Augenbraue. »Du isst doch kein Schweinefleisch.«

»Du weißt, wie ich das meine.« Aydin blieb ruhig und stieg nicht auf Brandts Anspielung ein. »Es war Zufall, seine Tarnung ist nicht aufgeflogen. Und wenn du mich fragst, du unterschätzt Walter.«

»Ich?« Brandt schüttelte den Kopf. »Nicht falsch verstehen, ich mag Walter, aber er ist bestimmt nicht mehr der harte Hund, der er mal war. Er atmet doch schon schwer, wenn er ein paar Meter zu schnell geht. Das Übergewicht sollte man nicht unterschätzen. Er hätte gegen diese Anabolmonster überhaupt keine Chance gehabt.«

»Das sehe ich anders. Mein Eindruck war eher, dass Özdil und die anderen ihn respektieren. Sein Ruf in der Unterwelt ist bestimmt noch immer nicht ohne und es ist auch möglich, dass die Jungs wissen, dass Walter gut mit Zafer Kaya kann. Mit dem Kopf eines Clans will sich keiner anlegen.«

»Mag sein, aber das solltest du nicht vor Walter sagen. Ich will nicht, dass er sich ermutigt fühlt und irgendeine Dummheit begeht, weil er glaubt, uns helfen zu müssen.«

»Keine Sorge, so naiv bin ich nicht.«

»Du?« Brandt grinste.

Aydin verdrehte die Augen. »Du unterschätzt mich genauso, wie du Walter unterschätzt, weil du ein Narzisst bist.«

»Bin ich nicht. Komm, lass uns den Fall durchsprechen.«

»Sobald ich einen wunden Punkt treffe, lenkst du ab.«

»Tue ich gar nicht. Aber es gibt Wichtigeres zu bereden als meinen von dir eingebildeten Narzissmus.«

Aydin verdrehte die Augen und legte seine Hand um seinen Kaffeebecher. »Vielleicht sollten wir uns mit Marques unterhalten. Ali hat so komische Anspielungen gemacht.«

»Guter Vorschlag«, stimmte Brandt zu.

»Mache ich doch immer. Aber es ist von Ali schon sehr naiv, zu glauben, dass wir Marques von der Liste der Verdächtigen streichen, nur weil er ihm geschworen hat, dass er nichts mit den Morden zu tun hat.«

»Ali hat Angst, dass er nicht an die Kohle seines Auftraggebers kommt. Der greift nach jedem Strohhalm.«

»Am Ende kann es ihm doch egal sein. Ihm schuldet Marques kein Geld.«

»Das wissen wir nicht. Möglicherweise belügt uns Ali.«

»Meinst du, er ist der Gläubiger und es gibt keinen Auftraggeber?«

»Möglich. Ebenso denkbar ist, dass auch er Marques Geld geliehen hat. Wer weiß das schon.«

»Du wirst mich jetzt vermutlich steinigen, aber mal ganz ehrlich: Wäre es nicht klug, wenn wir Walter bitten, doch ein paar Infos bezüglich der Geldgeber zu besorgen?«

Brandt schaute Aydin verwundert an. »Du meinst das ernst?«

»Klar. Ich verstehe eh nicht, warum du in letzter Zeit so zaghaft bist. Wir haben Walter früher oft als Informanten benutzt und häufig war das sogar deine Idee.«

»Das stimmt. Ich möchte dich nicht anlügen, aber seit der Geschichte am Strand, als Walter wie ein wilder Stier auf den Jugendlichen zu gerannt ist und ihn in den Schwitzkasten genommen hat ...«

»Das war doch etwas völlig anderes, da ging es um Tolga«, widersprach Aydin. »Du weißt, es gibt zwei Menschen, da kennt Walter nix: Tolga und Rémy.«

»Das meinte ich nicht. Ist dir denn entgangen, wie sehr Walter außer Atem war und eigentlich gar nicht wusste, was er machen sollte? Er wirkte komplett überfordert.«

»Quatsch. Er hatte nur große Sorge um Tolga, und er hat nicht zugeschlagen, weil er ihm immer erzählt, dass Gewalt keine Lösung ist. Wie hätte es da ausgesehen, wenn er den Jugendlichen vermöbelt hätte?«

»Meinst du?« Daran hatte Brandt nicht gedacht. Aydins Worte klangen zwar nachvollziehbar, aber wirklich überzeugt war er nicht.

»Natürlich. Unterschätz' ihn nicht. Wir müssen ihm das

Gefühl geben, dass er unentbehrlich für uns ist. Gib ihm den Auftrag. Das ist wichtig.«

»Er ist doch unentbehrlich für uns.«

»Du weißt genau, was ich meine«, beharrte Aydin.

Brandt atmete aus. »Na gut. Aber du trägst die Verantwortung, wenn es in die Hose geht.«

»Es wird nicht in die Hose gehen.« Aydins Augen strahlten, fast hatte Brandt den Eindruck, als hätte er seinem jüngeren Partner ein Geschenk damit gemacht, so sehr freute er sich. Ein Zeichen für seine tiefe Freundschaft zu Walter.

»Dann lass uns jetzt zu Marques fahren, du Keks. Um diese Zeit sollten auch Künstler schon wach sein«, sagte Brandt und erhob sich.

»Wen rufst du an?«, fragte Brandt. Aydin hatte sein Handy in die Hand genommen, kaum dass sie im Auto saßen.

»Na, Walter, wen sonst? Bevor du es dir wieder anders überlegst.«

Brandt verkniff sich ein Lächeln. Er fand es liebenswert, dass Aydin so großen Wert auf seine Meinung legte, das bedeutete ihm viel.

»Moin«, grüßte Aydin. Er hatte den Anruf auf laut gestellt.

»Moin. Was gibt's, dass du anrufst? Muss ich mir Sorgen machen?«, hörte Brandt Walter sagen. Beunruhigung schwang in seiner Stimme mit. Walter konnte eben nicht aus seiner Haut.

»Nein, alles gut. Lasse und ich fahren gerade zu Marques.«

»Moin, Walter«, sagte Brandt.

»Moin, Lasse. Was liegt euch auf dem Herzen?«

»Wir möchten dich um einen Gefallen bitten«, antwortete Brandt und schaute kurz zu Aydin.

»Na, Jungs, dann erzählt. Nicht so schüchtern. Wenn ich helfen kann, immer gerne.«

»Lasse und ich würden gerne auf dein Angebot zurückkommen.«

»Ihr wollt Infos über den Geldgeber?«

»Ja, aber nur, wenn das für dich okay ist.« Aydin lächelte.

»Was für eine Frage, es ist mir ein Vergnügen! Nach gestern Abend hatte ich schon etwas Sorge, dass Lasse sauer auf mich ist. Fast dachte ich, dass ihr deswegen anruft.«

»So ein Quatsch.«

»Schön, dann habe ich es falsch gedeutet.«

»Alles gut, Walter. Aber riskier' nicht zu viel. Wir möchten dich weiterhin bei bester Gesundheit sehen.«

»Keine Sorge. Ich kann mich nur wiederholen, Onkel Walter zählt noch lange nicht zum alten Eisen und unter uns: Habe ich euch je enttäuscht?«

»Nein, hast du nicht«, bestätigte Aydin.

»Danke. Wir sprechen heute Abend.«

»Okay, Jungs. Dann viel Spaß mit Marques. Ich muss ein paar Anrufe tätigen.« Die beiden Beamten verabschiedeten sich von Walter.

»Danke«, sagte Aydin.

»Warum?«

»Dass du zugestimmt hast. Ich bin übrigens überzeugt, dass Walter kein Risiko eingeht.«

»Nicht dafür. Vielleicht war es sogar eine gute Idee.« Die diffuse Sorge, die ihn unwillkürlich beschlich, behielt er für sich. Möglicherweise konnte Walter ihnen wirklich eine Hilfe sein.

»Ganz sicher war es eine gute Idee. Und ich habe noch eine.«

»Und die wäre?«

»Wir sollten Fischer bitten, mehr über Ali Özdil herauszufinden.«

»Das macht Sinn.«

Kaum hatte Brandt ausgesprochen, wählte Aydin bereits die Nummer der IT-Abteilung über das Autotelefon an.

»Hallo«, grüßte Fischer.

»Hallo«, antworteten die Beamten.

»Lutz, du musst uns einen Gefallen tun«, sagte Aydin.

»Schieß los.«

»Wir müssen alles über einen Ali Özdil in Erfahrung bringen, mit wem er verkehrt, ob er für jemanden arbeitet, welches Strafregister er hat. Ich mail dir gleich die Anschrift, wo wir ihn angetroffen haben, damit du weißt, welchen Özdil wir meinen.« Beide hatten zwar in der Besprechung mit den Kollegen Özdils Namen erwähnt, aber nicht die Anschrift seiner Kneipe, da sie ihm zu dem Zeitpunkt noch nicht so viel Bedeutung beigemessen hatten.

»Schau bitte auch, ob er in irgendeiner Verbindung zu Boris Marques steht«, fügte Brandt hinzu.

»Sagt doch gleich, ihr wollt jede Info, die ich besorgen kann«, scherzte Fischer. Er schien guter Laune.

»Genau«, antwortete Aydin.

»Kein Ding, ich kümmere mich darum. Gebt mir nur etwas Zeit.«

»Die hast du.«

»Sonst noch etwas, womit ich euch helfen kann?«

»Derzeit nicht.«

Die beiden Beamten verabschiedeten sich und Aydin beendete das Gespräch.

Brandt hatte inzwischen die Anschrift von Marques erreicht und parkte den Wagen direkt vor der Galerie. Kurz darauf standen sie im Verkaufsraum.

»Hallo, ich kenne Sie doch«, begrüßte sie der junge Mann, dem sie vor einigen Tagen hier schon begegnet waren.

»Hallo. Wir möchten uns mit Herrn Marques unterhalten«, antwortete Brandt. »Arbeiten Sie hier?«

»Ja, Boris und ich haben einen Deal. Ich helfe ihm aus, wenn er nicht da ist. Ich heiße Franco.«

»Also ist er nicht da«, schlussfolgerte Brandt. »Wo ist er denn?«

»Keine Ahnung. Haben Sie vielleicht Interesse an einem Gemälde?«

»Eher nicht. Wann haben Sie ihn zuletzt gesehen?«

»Heute, als ich in den Laden gekommen bin.«

»Und er hat Ihnen nicht gesagt, wo er hin ist?«

»Hat er nicht. Unter uns, ich glaube, der taucht heute auch nicht mehr hier auf.«

»Wie kommen Sie darauf?«

»Na ja, er sah nicht gut aus.«

»Hatte er blaue Flecken?«

»Sie wissen davon?« Franco wirkte überrascht.

»Deswegen sind wir hier. Sah es sehr schlimm aus?«

»Er hat versucht, es zu überschminken, aber es ist ihm nicht so richtig gelungen. Wenn man schon so eitel ist, sollte man das geschickter überschminken oder sich eine Mütze tief ins Gesicht ziehen.«

»Und Sie wissen wirklich nicht, wohin er ist?«

»Er hat nichts gesagt. Aber bei Boris würde es mich nicht wundern, wenn er zu Hause schläft und keinen Bock auf die Arbeit hier hat. Irgendwie habe ich das leise Gefühl, dass er mich doch verarscht hat.«

»Womit denn?«

»Na, mit dem Job. Ich arbeite nur auf Provision. Wenn ich kein Gemälde verkaufe, verdiene ich nichts.«

»Und es sieht nicht danach aus?«

»Leider nicht. Nicht ein potenzieller Kunde. Glauben Sie mir, wenn einer kommt, wird er meinem Charme erliegen. Wollen Sie wirklich kein Gemälde kaufen? Ich gebe Ihnen auch einen guten Rabatt. Clevere Leute investieren heute in die Werke von aufstrebenden Künstlern.«

»Immer noch nicht, obwohl Sie Ihren Text sehr gut auswendig gelernt haben«, antwortete Brandt. Er fand den jungen Mann sympathisch. An Ehrgeiz und Motivation schien es ihm nicht zu mangeln, allerdings vergeudete er vermutlich nur seine Zeit hier in der Galerie.

»Da muss ich nichts auswendig lernen. Boris ist ein Talent und sein Name ist in der Kölner Malerszene bekannt. Vertrauen Sie mir, das ist gut angelegtes Geld.«

»Nichts für ungut. Falls sich Herr Marques bei Ihnen meldet, soll er uns bitte anrufen.« Brandt reichte dem jungen Mann seine Visitenkarte.

»Mach ich. Und sicher ...?«

»Ganz sicher. Sie studieren doch, oder?«

»Ja, warum?«

»Konzentrieren Sie sich auf Ihr Studium.«

Beide Beamten verließen die Galerie.

»Der war ziemlich frech, aber auf eine erfrischende Art«, bemerkte Brandt.

»Stimmt.«

Brandt wollte gerade testen, ob die Haustür offen war, als eine junge Frau sie öffnete und das Gebäude verließ. Die beiden Beamten schlüpften ins Haus und gingen über die Treppe bis zur Wohnungstür von Boris Marques.

Brandt klopfte an.

»Warum klingelst du nicht?«, fragte Aydin.

»Falls er keine Lust auf uns hat, wird er beim Klingeln nicht öffnen.«

»Ach, und beim Klopfen schon?« Aydin schien nicht überzeugt.

»Klar, du Keks«, entgegnete Brandt. »Weil er vermutlich denken wird, dass es sein junger Mitarbeiter ist, der etwas von ihm will.«

»Er könnte auch anrufen.«

Statt zu antworten, klopfte Brandt erneut an die Tür, doch niemand öffnete.

»War wohl nix, mit deiner ach so tollen ...«

Aydin konnte seinen Satz nicht aussprechen, weil plötzlich die Wohnungstür geöffnet wurde.

»Mensch, Franco, was nervst du?«, hörten die beiden Marques schimpfen.

»Guten Tag, Herr Marques«, sagte Aydin.

»Sie?« Marques schien irritiert, fast hatte Brandt das Gefühl, dass er geradezu schockiert war bei ihrem Anblick. »Wer hat Sie denn reingelassen?«

»Wir müssen uns kurz mit Ihnen unterhalten«, antwortete Brandt und schob Marques zur Seite, und trat ein.

»Mir geht's nicht gut. Können wir das nicht verschieben?«

»Nein, können wir nicht«, entgegnete Brandt. »Warum geht es Ihnen denn nicht gut?«

»Ist das wichtig?« Marques wirkte launisch.

Brandt schaute sich das Gesicht des Künstlers etwas genauer an und verstand nun, was der Mitarbeiter mit schlecht geschminkt meinte.

»Das ist sogar sehr wichtig«, erklärte Brandt. »Vermutlich ist Ihnen das entgangen, aber wir ermitteln in zwei Mordfällen ...«

»Ist mir nicht entgangen«, reagierte Marques scharf und fasste sich an die Stirn.

»Was ist denn mit Ihrem Gesicht geschehen?«, fragte Aydin.

»Ist das für Ihre Ermittlungen von Interesse?« Marques schnäuzte sich die Nase.

»Schlecht geschlafen?«, eckte Brandt den Maler an.

»Nein, ganz und gar nicht. Sogar sehr gut geschlafen, wenn Sie nicht wie ein Wahnsinniger an meine Tür geklopft hätten. Wer hat Ihnen überhaupt die Eingangstür geöffnet? Jede Wette ...«

»Nein, Ihr Mitarbeiter nicht. Das tut hier aber nichts zur Sache. Glauben Sie allen Ernstes, dass Sie sich einen Gefallen tun, wenn Sie der Polizei die Tür nicht öffnen? Was glauben Sie, was wir tun würden?« Brandt schüttelte den Kopf. »So naiv schätze ich Sie gar nicht ein.«

»Ich bin nicht naiv. Nur müde. Habe gestern etwas zu viel getrunken und möchte einfach schlafen. Können wir das Gespräch nicht morgen führen? Ich komme auch gern ins Präsidium.« Marques gähnte, als wollte er seinen Worten damit mehr Gewicht verleihen. Es wirkte gekünstelt.

»Woher stammen die blauen Flecken auf Ihrem Gesicht?«

»Welche Flecken?« Marques tat überrascht. Er ahnte nicht, wie sehr er damit Brandts Geduld strapazierte.

»Herr Marques«, kam Aydin Brandt zuvor. »Wir wissen, dass Sie eine Auseinandersetzung mit Ali Özdil hatten, und in Ihrem eigenen Interesse empfehle ich Ihnen, uns die Wahrheit zu sagen. Sie tun sich keinen Gefallen, indem Sie herumdrucksen.«

Marques wirkte erschrocken, er schaute Aydin an. Seine Lippen bewegten sich kurz, aber es war nichts zu hören. Dann schluckte er, als würde er endlich begreifen, dass es klüger war, die Wahrheit zu sagen, zumal er noch als Zeuge galt.

»Sie haben recht. Ich wollte ...«

»Was wollten Sie?«, fragte Brandt.

»Mit Schlägern wie Ali ist nicht zu spaßen, ich wollte mir keinen Ärger ins Haus holen. Die Sache mit Laura nagt schon genug an meinen Nerven. Eine weitere Baustelle kann ich nicht gebrauchen.«

»Sie tun sich keinen Gefallen, wenn Sie uns anlügen«, stellte Brandt klar.

»Mag sein, aber die Polizei verprügelt ihre Zeugen wenigstens nicht, noch jedenfalls. Als Schwarzer in Amerika würde das sicherlich anders aussehen, nur bin ich weder schwarz noch leben wir in Trump-Country.«

Die letzten Worte des Künstlers ergaben für Brandt überhaupt keinen Sinn. Unterstellte Marques ihnen etwa, dass sie Gewalt anwenden würden, um an Informationen zu gelangen?

»Wie Sie schon sagen, wir leben hier nicht in den USA«, antwortete Aydin, worauf Brandt seinen sarkastischen Spruch herunterschluckte. »Worum ging es in dem Streit mit Herrn Özdil?«

»Das war nichts Wildes. Nur fürs Protokoll: Ich erstatte keine Anzeige. Am Ende war es auch ein wenig meine Schuld. Ich habe ihn unnötig provoziert.«

Es war nicht zu übersehen, dass Marques Angst vor Özdil hatte, was nicht verwunderte.

»Hat Ihnen Herr Özdil gedroht?«

Marques gab einen verzweifelten Lacher von sich, offensichtlich fragte er sich, ob die Frage als Scherz gemeint war.

»Wir wissen von Herrn Özdil, dass Sie hoch verschuldet sind.« Brandt ging davon aus, dass er aufs Ganze würde gehen müssen. Er musste Marques zeigen, wie viel Özdil ihnen verraten hatte, damit er endlich das Herumdrucksen beendete.

»Das erzählt der Ihnen einfach so?« Marques sah verwundert aus.

»Es geht um achtzigtausend Euro«, fügte Aydin hinzu. »Wollte er das Geld bei Ihnen eintreiben?«

Jetzt lachte Marques, dann fuhr er sich mit beiden Händen über die Haare. »Was sind schon achtzigtausend? Sie haben echt keine Ahnung. Allein eines meiner Gemälde kostet mehr.«

»Und deswegen hat er Ihnen die Visage poliert. Wenn diese Summe für Sie kein Geld ist, stelle ich mir die Frage, warum Sie in Verzug sind?«, wurde Brandt ungemütlich.

»Ich bin nicht in Verzug.«

»Also lügt Herr Özdil?«

»Möglich.«

»Wenn Sie uns weiterhin Märchen erzählen, können wir das Gespräch auch gerne zu viert fortführen.«

»Sie spinnen doch. Das können Sie nicht«, entgegnete Marques.

Brandt hatte tatsächlich nur geblufft. So ein Gespräch würde es nicht geben, trotzdem konnte es nicht schaden, den Druck auf den Künstler maximal zu erhöhen.

»Herr Marques, ich verstehe nicht, was es Ihnen bringt, dass Sie unseren Fragen ausweichen. Wir wissen, dass Sie hohe Schulden bei Herrn Özdils Auftraggeber haben und dass Sie mit dem Rücken zur Wand stehen. Sie werden die Schulden nicht begleichen können. Wir wissen auch, dass Laura Schneider und Manuela Janak Gemälde im Wert von insgesamt fünfundzwanzigtausend Euro bei Ihnen erworben haben, und wir wissen, dass Ihre Gemälde noch nie Teil einer Auktion waren, geschweige denn irgendwo ausgestellt wurden. All diese Dinge lassen Sie nicht gut aussehen. Wenn Sie jetzt zu allem Überfluss die Kooperation verweigern, was glauben Sie, wie das auf uns wirken muss? Sie möchten doch sicherlich nicht, dass wir wegen Ihrer Lügen falsche Schlüsse ziehen? Vergessen Sie nicht, hier geht es um den Mord an einer Mutter und ihrem Kind«, zeigte Aydin ihm die Tatsachen auf.

»Ich lüge doch nicht. Laura war meine Freundin.« Marques wurde unruhig. »Ja, ich habe Schulden und ich habe den dummen Fehler gemacht, mir Geld von einem Kredithai zu leihen. Am Anfang waren es nur zwanzigtausend Euro, aber irgendwie wurde es immer mehr. Da kamen plötzlich Zinsen, von denen vorher nie die Rede gewesen war.«

»Gab es einen Vertrag?«

»Solche Leute machen keine Verträge.«

»Wie sind Sie überhaupt mit Herrn Özdil in Kontakt gekommen?«

»Über eine Anzeige im Kölner Stadtanzeiger. Sie kennen diese kleinen Anzeigen bestimmt. Kredite ohne Schufa«, erklärte Marques und zum ersten Mal hatte Brandt das Gefühl, dass er nicht nur die Wahrheit sagte, sondern auch kooperieren würde. Fast glaubte er, Erleichterung in seiner Stimme zu hören. Erleichterung darüber, dass er sich den angestauten Frust von der Seele reden konnte. Natürlich kannte Brandt die ominösen Anzeigen in den Zeitungen. Es war ihm immer wieder ein Rätsel, dass selbst heute noch Menschen auf diese Anzeigen hereinfielen. Es zeigte ihm aber auch, wie verzweifelt jemand sein musste, um solch ein dubioses Angebot anzunehmen.

»Hat sich Herr Özdil dann bei Ihnen gemeldet?«

»Ja.«

»Hatten Sie noch mit jemand anderem Kontakt?«

»Nein, nur mit ihm. Er meinte, er habe einflussreiche Freunde, die einem aufstrebenden Künstler wie mir gerne helfen würden.«

Also wusste auch er nichts über die Geldgeber. Brandt glaubte ihm.

»Trotzdem muss ich Sie um etwas bitten: Ich habe Ihnen das alles hier nicht erzählt«, sagte Marques. »Wenn Ali herausbekommt, dass ich mit Ihnen über ihn rede, dann killt er mich. Er ist der Teufel.«

»Keine Sorge, das wird alles vertraulich behandelt. Dennoch sollten Sie sich überlegen, ob Sie nicht eine Anzeige wegen Zinswuchers anstrengen wollen«, antwortete Aydin.

»Eine Anzeige? Gegen solche Leute? Sie machen Witze, oder? Ich habe mit dem Teufel getanzt, jetzt muss ich dafür büßen. Wenn ich das Geld nicht auftreibe, bin ich ein toter Mann.«

»Wir können Sie schützen.«

»Nein, nein. Vergessen Sie alles, was ich Ihnen eben gesagt habe. Das ist eine Sache zwischen mir und Ali. Ich treibe das Geld schon auf und es hat rein gar nichts mit dem Mord an Laura und ihrer Tochter zu tun.«

Davon war Brandt immer noch nicht überzeugt. Sein Bauchgefühl verstärkte die Gewissheit, dass Laura Schneider aus Habgier ermordet worden war, und er hatte sich schon oft auf sein Bauchgefühl verlassen können.

»Wir müssen noch auf Ihr Alibi zu sprechen kommen«, sagte Brandt und änderte damit das Gesprächsthema. Er hatte genug über Özdil und die Schulden in Erfahrung gebracht. Jetzt musste er Marques' Alibi erneut unter die Lupe nehmen, allein um Bender keine Angriffsfläche mehr zu bieten.

»Was soll damit sein? Ich habe Ihnen doch schon beim letzten Mal erzählt, wo ich war.« Marques' Blick wanderte von Brandt zu Aydin. Er wirkte plötzlich nervös.

»Haben sie jemanden, der das bezeugen kann?«

»Nein, ich habe doch gesagt, dass ich alleine nach Den Haag gefahren bin. Aber ich habe die Hotelrechnung«, antwortete er.

»Die Sie uns längst übermitteln wollten«, hakte Brandt ein.

»Wieso werde ich das Gefühl nicht los, dass Sie mich als Verdächtigen sehen.«

»Wir gehen nur jedem Hinweis nach«, blieb Brandt vage.

»Wollen Sie mich verarschen? Erst die ganzen Fragen wegen Ali und jetzt zweifeln Sie an meinem Alibi. Ich bin nicht dumm, aber so leicht mache ich es Ihnen nicht. Ja, ich habe Schulden, die mir über den Kopf wachsen. Aber ich habe Laura geliebt.« Marques redete sich in Rage. »Außerdem hätte sie mir das Geld geliehen, wenn ich sie darum gebeten hätte. Warum in aller Welt sollte ich sie töten? Das ist doch völliger Schwachsinn.«

»Warum haben Sie sie nicht um Hilfe gebeten?«, blieb Brandt ungerührt. Marques musste schon schwereres Geschütz auffahren, um ihn zu beeindrucken.

»Weil ich das nicht nötig habe. Ein Mann steht für seine Probleme selbst gerade«, antwortete er. Brandt hätte erwartet, dass er sagte, er hätte sie aus Liebe nicht um das

Geld gebeten. Es wäre zumindest die glaubwürdigere Variante gewesen.

»Aber Sie waren sich nicht zu schade, ihr Geld anzunehmen, indem Sie zwei Gemälde von Ihnen gekauft hat.«

»Weil das mein Job ist. Ich bin Maler und möchte als Maler ernst genommen werden.«

»Ist Ihnen denn nie in den Sinn gekommen, dass Laura Schneider die Gemälde nur gekauft hat, weil sie Ihnen helfen wollte?«

»Nein, warum sollte sie? Sie hat den Preis gezahlt, den meine Gemälde wert sind.«

»Weil Frau Schneider von Ihren Schulden wusste.«

»Woher wissen Sie das?«, platzte Marques heraus.

Ein Klopfgeräusch unterbrach das Gespräch.

»Wer ist das schon wieder«, schäumte Marques und eilte zur Tür.

»Der springt dir gleich an die Kehle«, flüsterte Aydin.

»Soll er doch. Irgendwas stimmt mit dem nicht.«

»Wie meinst du das?«

»Na, diese Stimmungsschwankungen, dann die erweiterten Pupillen.«

»Koks?«

»Möglich, oder etwas anderes.«

»Verdammt, was willst du?«, hörte Brandt den Maler brüllen. Es folgte ein Wortgefecht, von dem er nicht alles verstand. Es konnte sich nur um den jungen Mann handeln, der unten in der Galerie arbeitete. »Verpiss dich doch, wenn du keinen Bock hast.« Die Tür knallte zu und kurz darauf stand Marques wieder im Wohnzimmer.

»Die Jugend von heute. Glaubt, dass das Geld auf Bäumen wächst.« In Marques brodelte es, das war nicht zu übersehen, daher beschloss Brandt, ihn noch weiter zu provozieren.

»Wusste Frau Schneider auch von Ihren bisexuellen Neigungen?«

»Das hat Ihnen doch alles dieses Miststück Manuela erzählt, jede Wette.« Marques' Augen waren geweitet, er wirkte, als wollte er Brandt am liebsten an die Gurgel.

»Wie kommen Sie auf so eine Behauptung? Immerhin hat Frau Janak Ihnen fast zehntausend Euro für ein Gemälde bezahlt.«

»Weil sie durchtrieben ist. Es hat ihr doch von Anfang an nicht gefallen, dass ich mich für Laura entschieden habe.«

»Hat Frau Janak Ihnen denn Avancen gemacht?« Diese Information war neu für Brandt. Er wusste noch nicht, wie er sie einordnen sollte.

»Natürlich. Sie stand von Anfang an auf mich, oder was glauben Sie, warum sie ein Gemälde von mir gekauft hat? Sie dachte, sie könnte meine Gefühle kaufen. Aber ich habe nur Laura geliebt.«

»Wollen Sie damit sagen, dass Sie nicht bisexuell sind?«, reizte Brandt ihn weiter. Für ihn wirkten seine Antworten, als würde er nur versuchen, von sich abzulenken. Er wollte ihnen glaubhaft machen, dass er Laura geliebt habe und deshalb als Täter niemals infrage käme.

Doch Marques antwortete nicht sofort, er schien sich seine Worte gut zu überlegen.

29

»Bruder, wir hätten diese verdammten Bullen klatschen sollen«, sagte Ibrahim und zog an seiner Shisha.

»Und dann?«

»Respekt, Bruder.«

»Ibo, du Trottel. Die hätten uns verhaftet. Hast du Bock auf eine Nacht in der Zelle?« Ali schaute ihn eindringlich an.

»Niemals. Die hätte ich K. o. geschlagen. Die hätten uns nichts gekonnt.«

»Wie lange bist du jetzt raus?«

»Seit zwei Wochen. Warum?«

»Du willst also gleich wieder in den Knast? Bro, das war schon richtig so.«

»Ibo hat recht, Ali. Wir sind Männer und die haben uns beleidigt, vor allem dieser Kanakenbulle. Dass der sich nicht schämt! Fällt uns auch noch in den Rücken. Wir sind Männer, sollen wir uns beleidigen lassen?«

»Mit dieser Einstellung werdet ihr es nie zu was bringen und dann wundert ihr euch, dass ihr von Knast zu Knast gereicht werdet. Ihr beide habt doch in den letzten fünf Jahren mehr Zeit hinter Gittern verbracht als in Freiheit«, sagte Ali kopfschüttelnd.

»Willst du damit sagen, dass wir uns beleidigen lassen sollen?«

»Nein, natürlich nicht. Aber ihr müsst auch mal klug denken. Gegen die Bullen ziehen wir immer den Kürzeren.«

»Das waren ja wohl nur kleine Fische. Der einzige Gegner in dem Imbiss war Walter, der ist ein harter Hund.

Diese Kartoffel war doch viel zu eitel, der hatte null Mumm und dem Kanakenbullen hat man die Angst aus den Augen springen gesehen.«

»Ist gut, Jungs. Lassen wir das. Wir können die Vergangenheit nicht ändern.«

»Okay, Bruder. Aber nächstes Mal treten wir denen in die Eier.« Ibo schaute zu Ali und reichte ihm die Faust. Ali erwiderte die Geste, womit sie eine Art Deal hatten: Bei der nächsten persönlichen Begegnung würden sie die beiden Polizisten nicht so leicht davonkommen lassen.

Ali mochte seine Freunde, er kannte sie seit Kindestagen. Sie waren zusammen in Köln Kalk aufgewachsen und er wusste, dass er sich auf sie verlassen konnte, dass sie absolut loyal waren. Das war für Ali unbezahlbar. Nur mit dem Denken taten sich seine besten Freunde schwer. Für sie zählten nur das Recht des Stärkeren und die Sprache der Straße: die Faust!

Eine Zeit lang war Ali genauso gewesen, er hatte jedoch früh eingesehen, dass er mit dieser Einstellung im Leben nicht weiterkommen würde, dass er anders handeln und mehr mit dem Verstand würde arbeiten müssen. Auch wenn er nicht der Intelligenteste war, der Dümmste war er ebenso wenig. Dieses Wissen versuchte er seit einigen Jahren für sich zu nutzen. Bisher leider nur mit mäßigem Erfolg.

Dennoch gab es keinen Grund für ihn, aufzugeben. Er glaubte an sich und daran, dass er irgendwann aufsteigen würde, dass er nicht mehr der Schläger für jemand anderen sein müsste, sondern dass die Schläger für ihn arbeiten würden. Zwei von ihnen könnten seine besten Freunde sein, mit denen er gerade Shisha rauchte.

»Die da ist schon echt heiß«, sagte Ibo und nickte zu einer Frau im hinteren Teil der Bar.

»Spinnst du, Mann?«, schimpfte Ali.

»Warum? Ist sie nicht heiß?« Ibo wirkte irritiert. »Seit

gestern bist du echt komisch. Du musst dich mal wieder prügeln.«

»Du Ochse. Das ist die Geliebte von Faruk Kaya.«

»Du lügst.«

»Warum sollte ich? Schau sie dir an. Glaubst du, die hängt mit einem Loser wie dir ab?«

»Schlampe«, schimpfte Ibo. »Geldgeile Bitch.«

»Sind doch alle Frauen«, blies Mohamed, den Ali nur Moe nannte, ins selbe Horn.

»Achtet auf eure Worte, ihr Holzköpfe. Diese Shishalounge gehört Faruk. Ihr wollt ihn euch bestimmt nicht zum Feind machen.«

»Deswegen schaut sie so arrogant. Die kapiert wohl nicht, dass Faruk sie nur fickt, oder glaubt sie wirklich, dass er seine Frau für sie verlassen wird?« Ibo lachte, Moe stimmte in das Lachen ein.

»Frauen halt. Die denken immer, dass sie etwas Besonderes wären und das Herz eines Mannes für sich gewinnen könnten, wenn sie sich nur oft genug vögeln lassen, egal ob der Mann verheiratet ist oder nicht. Faruk wird sich niemals trennen. Er holt sich nur das, was seine Frau ihm nicht geben kann. Wir Männer müssen vögeln. Aber deswegen trennt ein Mann sich nicht von seiner Frau, erst recht nicht, wenn er Kinder hat«, dozierte Moe.

Ali nickte zustimmend und zog an der Shisha. So war das bei den Südländern. Er kannte in seinem Freundeskreis keinen verheirateten Mann, der seine Frau nicht betrog, aber keiner von ihnen würde je auf die Idee kommen, sich scheiden zu lassen aus Sorge, dass die Frau ihnen die Kinder wegnähme, und auch, weil es in ihrem Kulturkreis nicht ging. Man konnte seine Frau hassen, betrügen und schlagen, aber man ließ sich nicht scheiden.

Doch, du kennst jemanden, der nie seine Frau betrogen hat, ermahnte er sich, nicht alle über einen Kamm zu scheren. Dieser Mann war Zafer Kaya, der ältere Bruder von

Faruk und Häuptling eines der führenden Clans in Köln.

»Was willst du denn jetzt wegen dem Maler machen?«, fragte Moe.

»Nichts. Er hat seine Lektion gelernt. Ende des Monats hole ich die Kohle.«

»Und wenn die Bullen ihn vorher verhaften?«

»So ein Quatsch. Ich denke mal, die Bullen wissen jetzt, dass sie Boris nicht verhaften können.«

Moe und Ibo lachten.

»Was gibt es da zu lachen?«

»Wer ist jetzt der Dumme?«

»Wieso?«

»Meinst du wirklich, dass die Bullen dir geglaubt haben, dass dieser Maler unschuldig ist, nur weil du es ihnen gesagt hast?«

»Warum sollten sie nicht. Ich habe ihnen erzählt, dass ich ein ernstes Gespräch mit Boris hatte ...«

Die beiden lachten nur noch lauter, was Ali gar nicht gefiel. Warum sollte die Polizei Marques nach ihrem Gespräch weiterhin als Tatverdächtigen sehen? Er hatte den beiden Beamten anvertraut, dass Marques unter Druck geschworen habe, unschuldig zu sein, und die beiden waren nicht dumm, sie wussten, was Ali damit meinte, und sicherlich wussten sie auch, dass jemand wie Marques unter Druck singen würde. Eigentlich lief doch alles nach Plan. Dass sie den Polizisten im Imbiss begegnet waren, war ein glücklicher Zufall gewesen, und Ali konnte froh sein, dass es sich um Walters Imbiss gehandelt hatte. In einem anderen Imbiss wäre es sicherlich zu einer Prügelei gekommen. Walter hingegen genoss großen Respekt in ihren Kreisen, nicht zuletzt, weil er eine besondere Verbindung zu Zafer Kaya hatte. Jeder wusste, dass Walter dem Sohn von Kaya einst das Leben gerettet hatte, daher hätte es niemand gewagt, sich mit ihm anzulegen. Aber auch aufgrund seines Rufes als knallharter Typ, der sich vor keiner

Schlägerei drückte und viel einstecken konnte, hätte sich Ali auf keinen Kampf mit ihm eingelassen.

»So richtig durchdacht hast du das Ganze nicht, oder?«, fragte Ibo.

»Warum?«

»Nur weil du den Bullen sagst, dass der Maler unschuldig ist, werden Sie es dir nicht unbedingt glauben, obwohl du den Versager geschlagen hast. Wach auf, die bohren nach, wenn sie wirklich davon ausgehen, dass der Typ die Mutter und das Kind ermordet hat. Das sind Bullen, die sind wie Blutegel, die saugen sich an dir fest und lutschen dich aus«, erklärte Ibo und zog an der Shisha.

»Mal ehrlich, warum sollte der Maler es nicht gewesen sein? Der ist doch voll der Freak. Glaubst du, der kann seine Schulden zahlen? Vielleicht ist er durchgedreht und hat sie gekillt, weil sie ihm keine Kohle geben wollte«, warf Moe ein.

»Es ist mir scheißegal, ob er der Mörder ist. Er soll nur seine Schulden bezahlen.«

»Dann lass uns ihn in die Mangel nehmen«, schlug Ibo vor.

»Das habe ich doch schon.«

»Nicht so, wie ich es mir vorstelle. Du bist zu weich geworden.«

»Das ist Quatsch.«

»Nein, Ibo hat recht. Du glaubst, du kämst mit Worten weiter.«

»Der richtige Mix macht's«, antwortete Ali. Er fühlte sich angegriffen.

»Da haben wir andere Erfahrungen. Bruder, wir sind doch alle gleich, wir lassen die Fäuste sprechen. Wer von uns hat schon Abitur? Keiner«, beharrte Ibo.

»Was hat das damit zu tun? Glaubst du, Zafer hat Abi?«

»Der hat sogar studiert. Leute wie Zafer benutzen ihren Kopf, damit Leute wie wir für sie die Drecksarbeit machen.

Warum kapierst du das nicht?« Moe berührte Ali an der Schulter.

»Weil das keine Lösung ist, das habe ich euch doch schon mal erklärt. Ich möchte was Eigenes auf die Beine stellen und dafür brauche ich euch. Ihr müsst meine Augen, Ohren und Fäuste sein.«

»Und du bist Mr. Brain?« Ibo wirkte nicht überzeugt. »Wieso möchtest du jemand sein, der du gar nicht bist.«

»Weil ich es satthabe, mich immer nur zu schlagen. Es muss was anderes geben.«

»Du spinnst. Du brauchst echt mal wieder einen guten Fick, damit du zu dir kommst.«

»Ich spinne nicht. Mir ist das ernst, ich habe da so meine Pläne. Ich muss nur wissen, ob meine besten Freunde dabei sind.« Ali schaute die beiden eindringlich an. Er war angespannt und wollte sich seinen Entschluss von den Freunden nicht schlechtreden lassen. Tief in seinem Inneren wusste er, dass er nicht der intelligenteste und gebildetste Mensch war, aber er war sicherlich schlauer als Ibo oder Moe. Und er hatte etwas, was man nicht unterschätzen durfte: Ehrgeiz.

»Bro, logisch sind wir dabei. Wir sind eins.«

»Wie die Musketiere«, lachte Moe und alle drei klatschten ab.

Auch wenn Ibo und Moe nicht besonders clever waren und andere schon wegen Kleinigkeiten zusammenschlugen, so waren sie doch eines: loyal, und das war das Wichtigste bei seinen Plänen.

Alis Handy klingelte.

»Ja«, meldete er sich.

»Ali, wann kriege ich mein Geld?«, fragte die Stimme.

»Ich bin dran. Am Monatsende zahlt der Maler.«

»Und wenn nicht?«

»Er wird, sonst töte ich ihn.«

30

Das hast du gut gemacht«, sagte Martin Schneider.
»Was?«, fragte Albert, der gerade eine Nachricht in sein Handy tippte. Er saß mit seinem Bruder in einem Café, sie hatten sich auf einen Espresso verabredet.

»Wo bist du mit deinen Gedanken?«

»Bei dir.« Schneider legte sein Handy weg. »Was habe ich gut gemacht?«

»Na, dass du Dunja auf deine Seite gezogen hast.«

»Ich musste sie nicht auf meine Seite ziehen. Wir sind ein Paar.«

»So richtig offiziell?«

»Ja.«

»Aber sicher nur so lange, bis Gras über die Sache gewachsen ist.«

»Gras über welche Sache?«

»Du bist heute echt schwer von Begriff.«

»Weil du in Hieroglyphen sprichst.«

»Ich meine die Ermittlungen. Du wirst doch mit dieser Frau keine ernsthafte Beziehung in Erwägung ziehen.«

»Warum nicht? Weil sie eine Türkin ist?«

»Sei doch nicht gleich so angegriffen. Die Diskussion hatten wir schon. Sie hat ihre Nerven nicht im Griff, sie ist unberechenbar. Eine anständige Frau hätte dich ja wohl niemals mit dem Alibi unter Druck gesetzt.«

»Das hat sie auch gar nicht.«

»Jetzt belügst du dich selbst. Hör auf mich: Hab Spaß mit ihr. Wenn sie gut fickt – schön. Aber lass dich nicht davon blenden.«

»Das tue ich nicht.«

»Doch, du hast schon immer mehr mit deinem Schwanz als mit deinem Verstand gedacht.«

»Jetzt übertreibst du. Ich bin mir bewusst, dass Dunja emotionale Schwächen hat, aber ich bin ein Mann, der damit umgehen kann.«

»Wie denn? Indem du sie schlägst?«

»Wenn es sein muss, kriegt sie mal eine Ohrfeige, ja, und sie versteht das auch. Nicht wie Laura, die mich gleich als Schläger gebrandmarkt und mich angezeigt hat.«

»Na ja, wir leben in Zeiten, wo man seine Frau nicht schlagen sollte.«

»Dann hätte sie mich nicht immer provozieren sollen. Komischerweise hat es ihr beim Sex früher nichts ausgemacht, wenn ich sie hart angepackt habe, erst dieses Mannweib Manuela hat ihr diesen Floh ins Ohr gesetzt.«

»Warum musstest du sie auch schlagen?«

»Weil sie mich unnötig gereizt hat.«

»Quatsch, das ist der Alkohol, mein Bester. Ich kenne dich. Der Alkohol hat deine Grenzen verschwimmen lassen.«

»Mag sein. Ich trinke jetzt weniger.«

»Echt?«

»Ja, wegen Dunja. Du schätzt sie falsch ein. Sie hat einen guten Einfluss auf mich.«

Martin lachte. »Die hat dich echt an den Eiern.«

»Quatsch. Mich hat niemand an den Eiern, das solltest du besser wissen. Sie tut mir wirklich gut. Ich trinke weniger und was ich noch an ihr mag: Sie sagt nie Nein und akzeptiert, dass ich der Mann bin. Dieser ganze Emanzenmüll funktioniert doch nicht. Deswegen gehen auch so viele Ehen mit deutschen Frauen in die Brüche.«

»Du machst es dir echt leicht, immer sind die Frauen schuld.«

»Ist doch so. Gleichberechtigung? Was für ein Unsinn. Wir sind die Männer, aber diese Emanzen glauben, sie hätten die dickeren Eier. Laura hat sich von Manuela total beeinflussen lassen. Sie hätte sich lieber mal fragen sollen, warum Manuela versucht hat, einen Keil zwischen uns zu treiben. Warum sie geschieden ist, wenn sie doch so eine tolle Frau ist.«

»Möchtet ihr noch etwas?«, fragte der Kellner, der neben ihnen aufgetaucht war.

»Einen Espresso.«

»Ich nehme einen Sekt auf Eis.«

Martin schaute ihn verwundert an.

»Es ist mir ernst, ich trinke wirklich weniger und das liegt an Dunja. Bitte sei nett zu ihr.«

»An mir soll es nicht liegen. Trotzdem wiederhole ich mich gerne: Mach gut Wetter mit ihr, bis du aus der Schusslinie bist, aber renn dann nicht weiter in dein Unglück. Diese Frau ist nicht ohne. Sie kommt aus dem Milieu.«

»Du spinnst. Nur weil sie Tattoos hat und eine große Klappe, ist sie noch keine Nutte«, wurde Schneider ungehalten. So langsam nervte ihn das Bashing seines Bruders.

»Das waren nicht meine Worte. Damals, als du sie kennengelernt hast, hast du selbst gesagt, dass sie nur mit Zuhältern und dubiosen Gestalten abhängt. Das war die Zeit, in der du einfach nur Sex haben wolltest.«

»Ich habe mich eben geirrt. Sie kennt diese Leute, weil sie jahrelang als Sorterin in den Clubs gearbeitet hat. Können wir nicht endlich das Thema wechseln?«

Martin irrte sich, wenn er glaubte, dass er blind vor Liebe war. Er war noch nie jemand gewesen, der seinen Verstand ausblendete. Aber das mit Dunja war etwas Einmaliges. Das hatte er so nie zuvor erlebt – nicht nur sexuell, sondern auch menschlich. So unberechenbar und emotional sie sein mochte, so loyal war sie, und sie würde seine Männlichkeit nie infrage stellen, sie würde zu ihm stehen und gleichzeitig würde sie ihren Platz kennen.

Davon war Schneider überzeugt, trotz der Streitereien, die sie immer wieder hatten. Schließlich beruhigte sie sich jedes Mal, kehrte zu ihm zurück und tat unterwürfig, was er von ihr verlangte.

Dieses Gefühl genoss er sehr. Erst am vergangenen Abend hatte Dunja ihm ihre Liebe gestanden und von ihm erwartet, dass er das auch tun würde. Hatte er aber nicht. Stattdessen hatte er irgendetwas davon gefaselt, dass es nicht männlich sei, über Gefühle zu sprechen oder das L-Wort in den Mund zu nehmen, und dass es doch schon für sich spräche, dass er sich für sie entschieden habe.

Damit hatte sie sich anscheinend zufriedengegeben und ihm gesagt: »Du bist ein richtiger Mann. Nur du kannst mich zähmen.«

Das hatte ihm gefallen. So etwas hätte Laura niemals zu ihm gesagt, auch keine andere Frau, die er vor Laura oder während der Ehe gehabt hatte.

Er würde Dunja auf jeden Fall zähmen können und am Ende würde sie genau die Frau werden, die er sich immer gewünscht hatte. Eine Frau, die das tat, was er wollte, ohne Fragen zu stellen oder zu murren. All das, was Laura vorgegeben hatte, zu sein, es aber am Ende nicht war.

Deswegen musste sie auch sterben, huschte ihm ein Gedanke durch den Kopf. Er bekam eine Gänsehaut.

»Hast du ein Gespenst gesehen?«, holte sein Bruder ihn aus seiner Starre.

»War nur in Gedanken«, überspielte Schneider sein Unwohlsein.

»Gut, mir egal, was du mit Dunja tust. Aber wir müssen über das Erbe sprechen, das dir Laura und Alena hinterlassen haben. Du weißt, es steht viel Geld auf dem Spiel.«

»Wie könnte ich das vergessen.«

31

»Und?«, fragte Brandt, als Aydin das Gespräch beendet hatte.

»Die im Hotel können sich an Boris Marques erinnern. Er hat definitiv eingecheckt.«

»Nicht gut.« Brandt biss sich auf die Unterlippe.

»Damit können wir ihn von unserer ohnehin mageren Verdächtigenliste streichen. Wenn wir ehrlich sind, bleibt nur noch Schneider übrig.«

»Der durch Dunja Rost ein Alibi hat.«

»Vielleicht erinnerst du dich an unser Gespräch mit ihr, vor der Wohnungstür von Schneiders Penthouse. Sie war sehr aufgebracht.«

»Wie könnte ich das vergessen. Für einen kurzen Augenblick hatte ich gehofft, dass sie ihr Alibi widerrufen würde. Hat sie aber nicht, und solange da keine Hoffnung besteht, wird es schwer, Schneider in die Ecke zu drängen.«

»Außer wir finden noch etwas, was Schneider in Bedrängnis bringt.«

»Und was sollte das sein?« Brandt war mehr als skeptisch. »Die Spurensicherung hat nichts gefunden, Fischer hat nichts gefunden und wir können uns ebenfalls in diese Schlange einreihen. Nein, wenn Schneider es gewesen ist, dann ist er sehr clever vorgegangen.«

»Meinst du, er hat es geplant?«

»Nein, das nicht. Alles spricht gegen eine geplante Tat, denn so eiskalt ist Schneider nicht, dass er seiner eigenen Tochter die Kehle durchschneidet.«

»Und was, wenn es doch Profis waren?«

»Ich sehe schon, du greifst nach jedem Strohhalm.« Brandt hielt immer weniger von der Idee, dass es sich um Auftragsmorde gehandelt haben könnte oder dass Profis bei Laura Schneider Druck gemacht hatten, um an das Geld zu kommen, was dann in der Tragödie geendet hatte.

»Ich versuche nur die nächsten Schritte zu planen. Wenn Marques und Schneider raus sind, stehen wir ziemlich dumm da. Wen sollen wir dann auf die Liste setzen?«

»Ermittlungen sind kein Wünsch-dir-was-Konzert«, entgegnete Brandt. »Wer immer der Täter ist, er wird einen Fehler gemacht haben. Erst recht, wenn es kein Profi ist. Wenn wir diesen Fehler finden, finden wir auch den Täter.«

»Dabei könnte alles so leicht sein.«

»Wie meinst du das?«

»Na, wir könnten heimlich Fingerabdrücke von Schneider und Marques nehmen, oder DNA-Material. Auf der Kommode im Wohnzimmer lag ein langes Haar von Marques. Dann wüssten wir ganz schnell, ob einer von den beiden der Täter ist.«

»Nicht unbedingt. Rech hat zwar gesagt, dass die Hautpartikel Spuren eines Streits sein könnten und vermutlich vom Täter stammen, aber zwingend ist das nicht. Das allein wird nicht reichen, um den Täter zu überführen.«

»Das sehe ich anders. Wenn Marques' DNA mit der von den Hautpartikeln übereinstimmt, die unter den Fingernägeln von Laura Schneider gefunden wurden, dann soll er uns mal erklären, wie das sein kann.«

»Am Ende ist diese ganze Überlegung doch müßig, denn das wäre illegal. Solche Beweise schmettert jeder gute Strafverteidiger ab, und kein Staatsanwalt würde sie nutzen, das kannst du vergessen. Ganz zu schweigen von Bender.«

»Es war ja nur ein Gedankenspiel. Als Polizist ist man manchmal echt …« Aydin sprach seinen Gedanken nicht aus. Das war auch nicht nötig, Brandt wusste, was er meinte.

»Du bringst mich aber auf eine Idee«, antwortete Brandt. Er ärgerte sich, dass er nicht eher darauf gekommen war.

»Was meinst du?« Aydin schien ihm nicht folgen zu können.

»Marques war im Marriott Hotel in Den Haag. Richtig?«

»Ja.«

»Und das Hotel hat dir bestätigt, dass er eingecheckt hat. Welche Uhrzeit?«

»Die meinten, gegen 14 Uhr. Worauf willst du hinaus?«

»Die Strecke Den Haag bis Köln, das schafft man unter drei Stunden, wenn ich mich nicht irre.«

Aydins Augen weiteten sich, er schien zu verstehen. »Das kann ich dir ganz genau sagen.« Er nahm sein Handy und öffnete die Landkarten-App. »Gut geraten. Drei Stunden.«

»Nicht geraten, Erfahrung«, korrigierte Brandt. »Somit hatte Marques genug Zeit, einzuchecken und danach zurück nach Köln zu fahren, um Laura Schneider einen Besuch abzustatten.«

»Das würde bedeuten, dass er die Tat doch geplant hat, was wiederum deiner vorherigen Aussage widersprechen würde.«

»Nicht unbedingt.«

»Warum nicht?«

»Was, wenn er einen Anruf von Ali Özdil bekommen hat? Der hat den Druck auf ihn erhöht und Marques wusste sich nicht anders zu helfen, als sofort zu Laura Schneider zu fahren, um über seinen Schatten zu springen.«

»Und sie um Geld zu bitten? Möglich. Dabei kommt es zu einem Streit, er verliert die Nerven und sticht auf sie ein. Alena wird Zeugin des Vorfalls und vor lauter Panik tötet er auch das Mädchen. Dann flieht er und fährt zurück nach Den Haag. Der Aufenthalt dort erweist sich als Glücksfall, denn er hat dadurch ein Alibi«, beendete Aydin Brandts Gedanken.

»Genau.« Brandt nickte, das klang sehr plausibel.

»Aber wie sollen wir das beweisen?«, sprach Aydin den Gedanken aus, der auch Brandt sofort gekommen war.

»Vielleicht sollten wir uns noch mal mit Özdil unterhalten.«

»Warum?«

»Wenn er zugibt, dass er Marques an dem Tag, an dem Mutter und Tochter ermordet wurden, angerufen hat, hätten wir ein starkes Indiz, dass unsere Annahme stimmt.«

»Kann mir schwer vorstellen, dass er überhaupt noch mal mit uns spricht nach dem Vorfall im Imbiss.«

»Wir müssen es versuchen.«

»Wollen wir jetzt zu ihm fahren?«

»Warum nicht. Oder hast du einen anderen Vorschlag?«

»Das nicht, aber ich denke, wir sollten auch Manuela Janak noch mal einen Besuch abstatten.«

»Wegen der Aussage von Marques?«

»Genau. Wäre doch interessant zu sehen, wie sie reagiert. Wer weiß, vielleicht hat sie ja ein paar mehr Informationen über ihn parat.«

»Glaubst du, sie könnte etwas mit der Tat zu tun haben?«

»Nein, noch immer nicht. Eine Frau tötet nicht einfach ein Kind. Außer, sie hat einen psychischen Knacks, aber danach sieht es bei ihr nicht aus. Sie macht auf mich eher den Eindruck, als wüsste sie genau, was sie will. Sie ist sehr dominant und bestimmend.«

»Den Eindruck habe ich auch gehabt. Trotzdem finde ich eines gerade etwas merkwürdig.«

»Was?«

»Genau an dem Tag, an dem Laura und Alena Schneider

ermordet werden, sind weder der Liebhaber noch die sehr gute Freundin in Köln. Beide sind verreist.«

»Zufall?«, fragte Aydin.

»Ich weiß nicht, aber du kennst mich. Ich glaube nicht an Zufälle.«

»Marques hätte aus Den Haag zurückfahren können, aber die Janak aus Wien? Das ist doch etwas zu weit.«

»Nicht, wenn sie fliegt. Was, wenn sie überhaupt nicht eingecheckt hat?«

»Soll ich im Hotel anrufen?«

»Das kannst du während der Fahrt zu Özdil machen«, schlug Brandt vor und Aydin nickte zustimmend.

Im Hotel Le Meridien in Wien hatte man, im Gegensatz zum Marriott, nicht mit Sicherheit bestätigen können, dass Manuela Janak persönlich eingecheckt hatte. Nur, dass eingecheckt wurde, da es sich um eine Prepaidrate gehandelt hatte, die über die Mitgliedsnummer von Manuela Janak bereits vor Anreise online gebucht, bezahlt und eingecheckt worden war. Der Ausweis wurde vor Ort nicht dokumentiert.

»Wahnsinn, dass man heute sogar online einchecken kann, wenn man Mitglied einer Hotelkette ist.« Brandt hatte ihren Dienstwagen inzwischen in der Nähe von Özdils Kneipe geparkt.

»Das nennt sich Digitalisierung, damit kannst du Internetverweigerer ja nicht viel anfangen.«

»Ich bin kein Internetverweigerer. Ich buche meine Hotels und Reisen nur gerne noch im Reisebüro.«

Aydin lag etwas auf der Zunge, er schien sich die Bemerkung aber zu verkneifen.

»Raus damit«, drängte Brandt.

»Nichts, war nur ein Gedanke.«

»Und der wäre?«

»Was, wenn die Janak gar nicht geflogen ist?«

»Sie soll den Mord geplant haben?«

»Warum nicht? Wenn Marques' Worte stimmen, wäre Eifersucht ein sehr starkes Argument.«

»Kann ich mir nicht vorstellen. Wir sollten das Gespräch mit ihr abwarten, bevor wir wild neue Personen verdächtigen, nur weil wir ehrlicherweise auf eine Sackgasse zusteuern.«

»War ja nur so eine Idee.«

»Außerdem hast du selbst gesagt, dass du dir schwer vorstellen kannst, dass eine Frau einem Kind die Kehle durchschneidet. Woher der Sinneswandel?«

»Das ist kein Sinneswandel, nur ein Gedanke, dem wir vielleicht etwas Aufmerksamkeit schenken sollten, weil unsere Optionen eh begrenzt sind.«

»Okay, womöglich kann es nicht schaden, ihr noch mal auf den Zahn zu fühlen.«

»Das denke ich auch.« Aydin betrat als Erster die kleine Kneipe.

»Wenn das nicht die Bullen sind«, hörte Brandt einen der Männer sagen, denen sie in Walters Imbiss begegnet waren.

»Entspannen Sie sich. Wir wollen uns nur kurz mit Ali Özdil unterhalten.«

»Der ist nicht da. Was wollen Sie denn von meinem Bruder? Welchen Dreck wollt ihr ihm in die Schuhe schieben?«

Eine Tür, die offensichtlich zur Herrentoilette führte, öffnete sich und ein weiterer Mann betrat den Raum. Auch dieser Person waren sie in Walters Imbiss begegnet. Brandt rechnete mit dem Schlimmsten.

»Sind das nicht die beiden Bullen, Ibo?«

»Du sagst es, Moe, und diesmal kann Walter ihnen nicht den Arsch retten.«

»Jungs, beruhigt euch. Ihr solltet jetzt keine Dummheiten machen. Wir möchten uns nur mit Ali Özdil unterhalten«, antwortete Aydin.

»Dummheiten? Ihr habt uns doch im Imbiss dumm dastehen lassen.«

»Dumm? Wir haben nichts getan. Wir wollten nur etwas essen.«

»Ihr habt uns beleidigt«, sagte Moe. Seine Augen waren weit aufgerissen.

»Einmal tief Luft holen. Sie wollen sich doch nicht tatsächlich mit zwei Polizeibeamten schlagen? Was genau ist Ihr Problem?«, fragte Brandt, der in Gedanken bereits durchspielte, welchen der beiden Anabolhünen er Schachmatt setzen müsste, damit der andere klein beigäbe.

»Unser Problem? Ihr habt Ali beleidigt. Ali ist unser Freund und damit ist es unser Problem.«

»Wir haben niemanden beleidigt. Wir waren vor Ihnen zu Gast im Grill und Sie waren auf Krawall aus. Wir möchten Herrn Özdil nur ein paar Fragen stellen, dann sind wir weg.«

»Fragen?« Ibo machte einen Schritt auf Brandt zu. »Eure Fragen kenne ich. Ihr fragt erstaunlicherweise immer nur uns Kanaken, weil wir in euer Klischee vom Verbrecher passen.«

»Wir wollen bloß mit Herrn Özdil reden. Nicht mehr«, wiederholte Brandt. Die Bemerkung darüber, dass die beiden mit Sicherheit schon einmal Bekanntschaft mit dem Knast gemacht hatten und daher leider absolut dem Klischee entsprachen, verkniff er sich.

»Ali hat nichts getan«, giftete Moe weiter.

»Wir haben ihm auch nichts unterstellt«, reagierte Brandt gereizt. Entweder waren die beiden wirklich nur schwer von Begriff oder sie wollten ihnen nicht zuhören. Brandt hoffte auf das Zweite, Ersteres würde dafür sprechen, dass die Situation gleich richtig eskalierte. Die Stimmung war hochexplosiv.

»Ihr lügt. Ihr wollt ihn in den Dreck ziehen, weil ihr glaubt, dass er Scheiße gebaut hat. Lügt uns nicht an!«, brüllte Ibo.

Brandt fühlte sich wie im falschen Film, da die beiden total überreagierten.

»Ehrlich, wir unterstellen ihm nichts. Entspannt euch. Sagt uns nur, wo Herr Özdil ist, dann sind wir schon wieder weg.«

»Verpisst euch«, brüllte Ibo. Seine Halsschlagader war nun deutlich zu sehen.

»Wir können die Unterhaltung auch auf dem Präsidium fortführen«, drohte nun Aydin.

Das war keine gute Idee gewesen. Moe holte unerwartet aus, Aydin versuchte sich zu bücken, aber er war zu langsam. Die Faust von Moe traf ihn an der Schulter und Aydin stürzte zu Boden.

Brandt zögerte nicht, er holte ebenfalls aus und traf Moe mit der Rechten an einem empfindlichen Punkt an der Seite, sodass ihm die Luft wegblieb. Moe schrie auf und fasste sich an die Stelle, er machte einen benommenen Eindruck.

»Du Hund«, brüllte Ibo und sprang auf Brandt zu, der holte in einer Rechtsdrehung mit dem Fuß aus und verfehlte ihn nur um Haaresbreite. Er machte noch einen schnellen Schritt auf Ibo zu und traf ihn mit dem linken Fuß am Kopf.

Ibo schrie und ging zu Boden.

Aydin war inzwischen auf den Beinen und hielt Ibo mit einem Fußtritt in Schach, da dieser sich aufraffen wollte, dann bückte er sich und drehte ihm blitzschnell den Arm auf den Rücken. Brandt wandte sich wieder zu Moe um.

»Ich kill' dich!«, brüllte der.

»Sie machen einen großen Fehler«, antwortete Brandt, der jede Regung des Hünen beobachtete. Moe war zwar größer und muskelbepackter als Brandt, aber er war offensichtlich nicht der Beweglichste. Da war Brandt klar im Vorteil.

»Mach den Hund fertig«, rief Ibo, dann schrie er auf,

weil Aydin seinen Arm noch weiter hinter den Rücken zog.

»Einfach mal den Mund halten«, drohte Aydin.

»Wichser«, brüllte Moe. Er machte einen Schritt auf Brandt zu und holte mit der Faust in Kopfhöhe aus, doch Brandt sah den Schlag kommen. Ein kurzer Schritt nach links und die Faust ging ins Leere. Ein leichter Schritt nach rechts, Brandt holte aus und traf Ibo wieder in die Seite, worauf er zu Boden ging. Brandt sprang auf ihn und drehte ihm den Arm hinter den Rücken, dann griff er zu den Handschellen, die er immer dabei hatte, und legte sie Moe an. Aus dem Augenwinkel sah er, dass Aydin das Gleiche bei Ibo tat.

»Was stimmt mit Ihnen nicht? Warum sind Sie so aggressiv?«, wurde Brandt laut. »Was bringt Ihnen all diese Gewalt? Wir wollen uns nur mit Herrn Özdil unterhalten. Er ist kein Verdächtiger, aber Sie tun Ihrem Freund keinen Gefallen mit Ihrem asozialen Verhalten. Ganz im Gegenteil, Sie erreichen damit, dass wir denken, Ihr Freund hätte vielleicht doch etwas zu verbergen. Ist das so schwer zu kapieren?«

Zu seinem Erstaunen erwiderte keiner der beiden etwas, was ihm nur recht war.

»Wo finden wir Herrn Özdil?«

»Er ist nicht da«, antwortete Moe, er wirkte plötzlich gar nicht mehr angriffslustig. Die Handschellen hatten ihn augenscheinlich handzahm gemacht. Oder er begriff, dass es besser war, zu kooperieren.

»Was ist hier los?«, hörte Brandt da eine vertraute Stimme. Als er zur Seite schaute, sah er, wie Özdil eintrat.

»Ihre Freunde wollten den Dicken raushängen lassen«, antwortete Brandt. »Dabei möchten wir uns nur mit Ihnen unterhalten.«

»Was habt ihr gemacht?«, wurde Özdil laut und sah seine beiden Freunde an.

»Die wollten ...«, erwiderte Ibo.

»Halt den Mund. Verdammt, kann man euch keine Minute alleine lassen?« Özdil schaute zu Brandt. »Verhaften Sie meine Freunde jetzt?«

»Angriff gegen Polizeibeamte ist kein Kavaliersdelikt«, antwortete Brandt.

»Verdammt, ich bin auf Bewährung«, jammerte Moe.

»Wir könnten das Ganze auch vergessen ...«

»Was wollen Sie dafür?«, unterbrach Özdil ihn.

»Nur wahrheitsgemäße Antworten auf ein paar Fragen.«

»Und woher wollen Sie wissen, dass ich nicht lüge?«

»Seien Sie unbesorgt, das werden wir wissen«, blieb Brandt vage. Obwohl er sich die Schlägerei gerne erspart hätte, kam sie ihm nun doch gelegen. Er hatte ein Druckmittel, das dafür sorgen würde, dass Özdil ihnen die Wahrheit sagen würde, was Marques anbelangte. Im Gegenzug war Brandt bereit, die beiden Hünen laufen zu lassen.

32

E's muss passen, hatte sein Bruder gesagt. Dieser Satz hallte in ihm nach.

Schneider war nicht so naiv, nicht zu begreifen, worauf sein Bruder hinauswollte, aber Gefühle konnten sehr komplex sein, und was Dunja betraf, waren sie das. Er konnte in dieser Angelegenheit keine einfachen Antworten geben.

Ob ich sie doch liebe?, fragte er sich, schüttelte aber sogleich den Kopf. Nein, es war nur der Sex. Ihre wilde Art auf der einen Seite und ihre extreme Unterwürfigkeit auf der anderen.

Die Frauen aus den Beziehungen davor und all seine Affären waren nicht wie Dunja gewesen. Ihre Persönlichkeit war schnell durchschaubar. Man wusste, welche Reaktion man zu erwarten hatte, wenn man bestimmte Dinge tat oder sagte. Sie waren berechenbar gewesen und damit für ihn am Ende immer langweilig.

Bei Dunja dagegen konnte man nie voraussagen, wie sie auf gewisse Dinge reagieren würde. Er konnte sich mit ihr aufs Übelste fetzen und keine fünf Minuten später schnurrte sie wie ein Kätzchen und wollte Sex mit ihm.

Etwas, was es bei Laura niemals gegeben hätte. Wenn sie eingeschnappt oder wütend gewesen war, hatte sie manchmal tagelang nicht mit ihm gesprochen, geschweige denn sich zum Sex überreden lassen, dabei war Sex für Schneider schon immer wichtig gewesen. Wenn er ehrlich war, war es für ihn sogar das Wichtigste in einer Beziehung. Zumindest der Sex nach seinen Vorstellungen, wobei die Überlegung, dass auch die Frau auf ihre Kosten kommen sollte, nicht vorkam. Oft hatte er sich daher den Vorwurf anhören müssen, er sei ein Egoist und nur auf seine Befriedigung aus – was ihn allerdings nie gestört hatte, weil es zutraf. Dunja hingegen hatte ihm diese Vorhaltung nie an den Kopf geworfen, egal wie schlecht gelaunt sie war oder wie sehr er sich danebenbenommen hatte.

»Stört es dich nicht, dass ich beim Sex egoistisch bin?«, hatte er sie daher vor einiger Zeit gefragt.

»Warum sollte es? Ficken ist doch ein Männerding.«

So hatte er das zwar auch schon immer gesehen, aber dass eine Frau ihm das sagte und seine Denkweise damit bestärkte, hatte ihm sehr imponiert. Zumal er wusste, dass Dunja das nicht tat, um sich bei ihm beliebt zu machen. Sie sagte immer, was sie dachte.

Das war eben auch etwas, was ihm so an ihr gefiel. Er wusste immer, woran er war, und musste nicht jedes Mal raten, was sie von ihm wollte. Laura war so gewesen, sie hatte schon immer Probleme damit gehabt, sich unmissverständlich auszudrücken, ihm klar zu kommunizieren, wo der Schuh drückte. Stattdessen hatte er andauernd zu hören bekommen: *»Du hörst mir nie zu.«*

Natürlich hatte er ihr zugehört, aber sie hatte herumgedruckst und war nicht auf den Punkt gekommen. Wie um alles in der Welt sollte er da wissen, was sie wollte? Warum konnten Frauen nicht in einer klaren Sprache reden wie Männer?

Abgesehen von Dunja, dachte er und für einen kurzen Augenblick stand wieder die Frage im Raum: *Was, wenn du dich wirklich in sie verliebt hast?*

»Ich hoffe, du denkst gerade an mich«, hörte er Dunja sagen. Sie hatte soeben die Terrasse des Café Rico betreten, wo Schneider bereits auf sie wartete.

»Nur an dich«, schmunzelte er, stand auf und gab ihr einen Kuss.

»Oh, damit hätte ich nicht gerechnet.« Sie wurde tatsächlich etwas rot.

»Warum nicht?«

»Na ja, du hast dich in der Öffentlichkeit bisher nicht so leidenschaftlich gezeigt.«

»Unterschätz' mich nicht.«

Sie setzte sich neben ihn. »Ich habe dich vermisst.« Sie drückte ihm noch einen Kuss auf die Lippen, der deutlich hingebungsvoller war als der vorherige. Gleichzeitig berührte sie mit der rechten Hand seinen Intimbereich. Schneider war das in diesem Moment überhaupt nicht peinlich, zumal sie so saßen, dass andere nicht sehen konnten, was unter dem Tisch geschah. Insgeheim mochte er dieses Frivole, gerade wenn es eine Frau ohne Aufforderung tat. Wie oft hatte er Laura gebeten, unter ihrem Rock mal den Slip wegzulassen. Es war immer nur ein Wunsch geblieben.

»Ich bin doch keine Nutte«, hatte Laura echauffiert getan. Der Gedanke, dass sie ihrem Ehemann damit einen Gefallen getan hätte, war ihr nie gekommen, und wenn, hatte es sie nicht geschert. Aber sollte eine Frau ihrem Mann nicht zu Füßen liegen? Nach seiner Auffassung auf jeden Fall.

»Na, ihr beiden Hübschen, wisst ihr schon, was ihr wollt?«, fragte der Kellner. Er hieß Raúl und bemühte sich nicht, seine Homosexualität zu verbergen. Das Café war nicht unbedingt Schneiders erste Wahl, aber Dunja mochte es aus irgendwelchen Gründen.

Schneider hatte nichts gegen Homosexuelle, jedoch empfand er für sie auch keine großen Sympathien, da es für ihn unverständlich war, wie ein Mann nicht auf Frauen stehen konnte. Dieser Raúl sah wirklich gut aus, er hatte einen durchtrainierten Körper und vermutlich hätte er jede Frau haben können, aber er spielte sich auf, als wäre er lieber selbst eine Frau. Die hohe Stimme, seine Körperhaltung und die Handbewegungen waren in seinen Augen reine Show. Kein normaler Mann konnte so etwas toll finden. Für ihn gehörte Raúl deshalb in Therapie, was er aber niemals sagen würde, da er ein gut erzogener Mensch war.

»Ich nehme einen Aperol Spritz«, sagte Dunja.

»Für mich einen Espresso mit einem stillen Wasser.«

»Keinen Kuchen?«

»Ich muss auf meine Figur achten«, scherzte Dunja.

»Honigschnecke, um deinen Körper beneiden dich viele Frauen. Du siehst umwerfend aus.« Er zwinkerte ihr zu und sah dann zu Schneider, der Mühe hatte, bei so viel Gesülze ruhig zu bleiben. Der Blick des Kellners irritierte ihn.

»Sehr lieb von dir. Ich trainiere auch hart. Aber heute keinen Kuchen.«

»Wie du magst.«

»Was für ein Gelaber«, sagte Schneider, nachdem sich der Kellner entfernt hatte.

»Warum? Das ist doch voll süß von Raúl.«

»Na, eher voll geschleimt, damit er mehr Umsatz und mehr Trinkgeld macht.«

»So ein Quatsch. Du bist nur eifersüchtig auf ihn.«

»Auf den?« Schneider lachte. »Ganz sicher nicht.«

»Gibs doch zu, er sieht verdammt heiß aus.«

»Er ist eine Tucke«, rutschte es Schneider etwas lauter heraus als beabsichtigt.

»Manchmal bist du an der falschen Stelle ein Macho. Ich kenne Raúl schon ein paar Jahre und er ist der herzlichste Mensch, den ich kenne. Dass er schwul ist, hat er sich ja nicht ausgesucht.«

»So sicher wäre ich mir da nicht. Oder willst du etwa behaupten, dass ihm diese weiblichen Gesten in die Wiege gelegt wurden? Das hat er sich doch abgeschaut.«

Bevor Dunja etwas erwidern konnte, kam Raúl mit der Bestellung und stellte sie auf den Tisch, dann entfernte er sich.

»Der ist schon echt heiß …«, schwärmte Dunja weiter.

»Von mir aus. Mit dem dürftest du mich ruhig betrügen. Der kriegt sicherlich keinen hoch.«

»Depp«, reagierte sie gereizt und steckte den Strohhalm in ihren Aperol Spritz, um sich einen Schluck zu gönnen. »Würde mich nicht wundern, wenn dein Bruder so ein verkappter Schwuler ist.«

»Martin?« Schneider zog die Augenbrauen hoch. »Du hast echt keine Menschenkenntnis.«

»Da wäre ich mir nicht so sicher. Warum hat er noch nie eine Freundin gehabt?«

»Weil er kein Beziehungsmensch ist.«

»Jeder Mensch braucht jemanden an seiner Seite. Ich würde eher sagen, dass er Angst hat, sich zu outen, und mit Frauen nicht kann.«

»Quatsch. Er hat einfach zu hohe Ansprüche. Er steht auf Frauen, die nicht seine Kragenweite sind.«

»Du bist echt süß und sehr naiv, wenn es um deinen Bruder geht. Er hat doch genug Kohle. Weißt du, wie viele Models nur auf Geld stehen und sogar deinen bekloppten Bruder daten würden? Der ist schwul, vertrau mir. Er hat nur nicht die Eier, es dir zu sagen, weil du ein Schwulenhasser bist.«

»Bin ich gar nicht«, verteidigte sich Schneider. »Ich finde es nur nicht normal und zum letzten Mal: Mein Bruder ist nicht schwul. Selbst wenn es so wäre, wäre mir das Jacke wie Hose.«

»Atme mal durch. Ich weiß sowieso nicht, warum du diesen Idioten immer verteidigen musst.«

»Weil er mein Bruder ist und mit Sicherheit alles, aber kein Idiot. Würdest du deinen Bruder nicht verteidigen?«

»Doch, nur fällt mein Bruder mir nicht dauernd in den Rücken.«

»Womit fällt mein Bruder mir denn in den Rücken?« Die Antipathie zwischen Martin und Dunja beruhte auf Gegenseitigkeit. Sie hatten sich bereits bei ihrer ersten Begegnung nicht riechen können, was vor allem daran lag, dass Dunja alles andere als feinfühlig war.

»Ich sag's ja, du bist echt naiv. Du merkst nichts.«

»Was soll ich denn merken?«

»Erst macht er mich schlecht und jetzt geht er sogar noch ein Stück weiter.«

»Er hat dich nicht schlechtgemacht.«

»Warum lügst du? Denkst du, ich weiß nicht, dass er gegen mich stichelt, dass er glaubt, ich wäre eine, die anschafft?«

»Entspann dich. Wir sind hier im Café«, versuchte Schneider sie dazu zu bringen, ihren Ton zu mäßigen, da er nicht wollte, dass jeder auf der Terrasse ihr Gespräch mitbekam.

»Ich sage doch nur die Wahrheit. Hast du ein Problem damit?«

»Du sagst deine Wahrheit und noch mal: Krieg dich wieder ein. Was sollen die Leute denken?«

Dunjas Augen funkelten auf, ihre Wut war nicht zu übersehen. Eine Wut, für die Schneider kein Verständnis hatte, denn sie war in seinen Augen gänzlich unerwartet gekommen. Sie musste ihren Bruder ja nicht mögen und ihr Bruder sie auch nicht, das war unerheblich. Wichtig war nur, was er von ihr dachte. Warum kapierte sie das nicht? Dachte sie wirklich, dass er seinem Bruder in den Rücken fallen würde?

Das würde er auf keinen Fall tun, er war der einzige Mensch, auf den er sich immer verlassen konnte. Ohne ihn hätte er auf der Straße gestanden.

»Es ist mir scheißegal, was die Menschen denken. Interessiert mich nicht«, sagte sie noch immer aufgebracht. »Ich will dir nur die Augen öffnen.«

»Ach und wobei willst du mir die Augen öffnen?«

»Bei deinem Bruder.«

»Lass das. Er ist mein Bruder und damit basta. Ich

dachte, ihr Türken seid so krasse Familienmenschen, oder würdest du es toll finden, wenn ich deinen Bruder durch den Dreck ziehe?«

»Mein Bruder hintergeht mich auch nicht.«

»Das tut meiner genauso wenig.«

»Ach nein, und warum stichelt er dann gegen mich?«

»Vielleicht weil du kein einfacher Charakter bist und deine Klappe nicht halten kannst.«

»Bullshit.« Sie fuchtelte mit den Händen und hätte dabei fast ihr Glas umgestoßen.

Das waren die Momente, in denen er seinen Bruder verstand und in denen er sich ernsthaft fragte, warum er sich das antat. Dunja war wie ein Kampfhund, völlig unberechenbar. Konnte man so eine Frau wirklich zähmen oder gar eine ernsthafte Beziehung mit ihr führen?

»Wach auf, er will dich ausbooten, deswegen mag er mich nicht«, grollte sie.

»Du spinnst«, rutschte es Schneider heraus, er wollte sich diesen Mist nicht weiter anhören.

»Und warum möchte er dann an das Erbe?«

»Das will er doch gar nicht.«

»Lügner. Du hast mir selbst gesagt, dass er nur an das Erbe deiner Frau und deiner Tochter denkt.«

Schneider schüttelte den Kopf und atmete hörbar aus. Solche Diskussionen waren anstrengend, vor allem wenn der Gesprächspartner weder intellektuell noch vom Bildungsstand her mithalten konnte.

»Das hast du in den falschen Hals bekommen. Er ist Anwalt, da ist es doch völlig logisch, dass er das Juristische schnell in trockene Tücher bringen will, vor allem weil es um viel Geld geht.«

»Es ist nicht sein Geld. Warum brennt er trotzdem darauf, dass das alles schnell über die Bühne geht? Was hat er davon? Du kriegst doch das gesamte Geld.«

»Weil er mein Bruder ist, weil es eh mein Geld ist und

255

weil er nicht will, dass das Finanzamt die Hand darauflegt.«

»Du bist so naiv. Du weißt nichts über deinen Bruder.«

»Ach, und was weißt du, was ich nicht weiß?«

Dunja verengte die Augen zu Schlitzen, dann sah sie Schneider an. »Gut, dass du mich hast.«

»Was weißt du über meinen Bruder, was ich nicht weiß?«, wiederholte Schneider. So langsam bekam er ein ganz komisches, unangenehmes Gefühl in der Magengegend, denn er ging nicht davon aus, dass Dunja bluffte.

———

33

»Die Menschen drehen echt durch«, sagte Aydin und schüttelte entsetzt den Kopf. In den Radionachrichten hatte der Moderator gerade über den Mord an drei Kindern berichtet.

»Da hast du es. Auch Frauen töten Kinder.« Brandt war kein bisschen weniger angewidert. Er beneidete die Kollegen aus Mannheim nicht, die in dem geschilderten Fall ermitteln mussten.

»Wie gestört oder verzweifelt muss eine Mutter sein, dass sie ihre eigenen Kinder tötet?« Aydins Stimme bebte, das Ganze ging ihm sehr nahe, das war nicht zu übersehen.

»Vielleicht psychische Probleme. Existenzprobleme ...«

»Das rechtfertigt ja wohl keinen Mord an den eigenen Kindern?« Aydin atmete schneller. »Kinder bedeuten Verantwortung, dessen muss man sich bewusst sein. Wenn man schon sein eigenes Leben nicht in den Griff kriegt, sollte man keine Kinder in die Welt setzen.«

»Kinder machen ist einfach, den meisten mangelt es eben an Weitsicht«, antwortete Brandt. »Wir haben es täglich mit diesen Leuten zu tun und wir nennen diese Verbrecher und Mörder dann Abschaum der Gesellschaft, Bestien oder Monster, weil wir uns nicht vorstellen wollen, dass es Menschen sind. Aber am Ende sind es eben nur Menschen.«

»Manchmal klingst du echt kalt.«

»Nicht kalt, nur abgehärtet. Allerdings macht das hier auch mich fassungslos, und ich möchte für Nele und Tom hoffen, dass sie nicht in dem Fall ermitteln. Tote Kinder sehen zu müssen, ist schon grausam, aber gleich drei tote Kinder ist brutal. Ich möchte mir das gar nicht vorstellen.«

»Ich werde das nie verstehen. Eine Mutter ist doch für ihre Kinder wie ein Gott. Wie kann eine Mutter so etwas tun? Ich verzweifle an dieser Welt.«

»Nicht verzweifeln. Geh als Vorbild voran, damit die Welt eine bessere wird. Wir dürfen uns von solchen Schicksalsschlägen nicht entmutigen lassen.«

Aydin schaute ihn an, er wirkte etwas verloren, aber Brandt spürte, dass seine Worte ihm eine Art Anker geben konnten. Er kannte seinen jüngeren Partner zu gut und er wusste natürlich, dass ihm das als Vater einer kleinen Tochter furchtbar naheging. Er liebte Leah über alles und der Gedanke, dass seinem Mädchen etwas zustoßen könnte, brachte ihn sicher schier um den Verstand. Dass sie zurzeit selbst in einem Mordfall ermittelten, wo ein kleines Mädchen brutal getötet worden war, nagte an Aydins Substanz, doch jetzt noch hören zu müssen, dass eine Mutter ihre drei Kinder ermordete, brachte Aydins Emotionen zum Überkochen.

»Das ist manchmal echt sehr schwer«, erwiderte Aydin mit dünner Stimme.

»Ich weiß, aber du bist nicht alleine. Du weißt, du kannst jederzeit zu mir kommen.«

»Danke.« Aydin nickte und schaute aus dem Beifahrerfenster. Brandt konnte erahnen, dass seine Augen feucht glänzten.

»Immerhin hat sich der Besuch in Özdils Kneipe gelohnt«, versuchte er die Stille zu durchbrechen.

»Für dich vielleicht, meine Schulter tut immer noch weh.«

»Wir können gerne ins Krankenhaus fahren.«

»Quatsch. Ist nur eine Zerrung.«

»Denk an mein Angebot, aber es sah wirklich nach einer Zerrung aus«, beruhigte Brandt ihn. Er hatte sich Aydins Schulter kurz angeschaut, obwohl sich dieser zunächst weigern wollte, doch sie war definitiv nicht gebrochen.

»Ich frage mich noch immer, was die sich davon versprochen haben?«

»Zu viel Testosteron. Die haben gar nicht überlegt. Für die sind alle Polizisten Feinde.«

»Das fürchte ich auch.«

»Egal, wenigstens wissen wir jetzt, dass Özdil Marques an dem Abend vor seiner Reise nach Den Haag angerufen hat und ebenso an dem Tag, an dem er eingecheckt hat, um ihm unmissverständlich klarzumachen, dass seine Geldgeber keinen Aufschub dulden. Dafür hat sich die kurze Reiberei doch gelohnt.«

Nach Özdils Einwilligung und seiner Aussage hatten sie Wort gehalten und seine beiden Freunde weder mit aufs Präsidium genommen noch die Schlägerei dokumentiert. Sie würden tun, als wäre das nie passiert.

»Den Namen des Geldgebers hat Özdil trotzdem nicht rausgerückt.«

»Das stimmt, aber das ist egal. Uns ging es eh nur darum, ob er Marques kontaktiert hat oder nicht. Auf jeden Fall müssen wir diesbezüglich Marques noch mal fragen.«

»Trotzdem wäre es weiterhin möglich, dass jemand von den Geldgebern Laura Schneider aufgesucht hat«, gab Aydin zu bedenken.

»Theoretisch. Özdil war es jedenfalls nicht. Seine Jungs haben ihm ein Alibi gegeben.«

»Was bei denen nichts zu bedeuten hat. Die würden für jeden ihrer Freunde lügen.«

»Mag sein, aber ich halte das für abwegig.«

»Denke ich auch. Dennoch wäre es gut, mit dem Geldgeber zu sprechen, damit wir diese Möglichkeit ausschließen können. Vielleicht findet Walter ja was heraus.«

»Oder Fischer.« Kaum hatte Brandt ausgesprochen, klingelte sein Handy.

»Hallo, Walter«, nahm Brandt das Gespräch über die Freisprechfunktion des Wagens an.

»Hallo. Ist Aydin bei dir?«

»Bin dabei. Hallo, Walter. Hoffe, alles gut bei dir.«

»Alles gut, Jungs. Auf Onkel Walter ist mal wieder Verlass.«

»Sag nicht, du hast den Geldgeber?«, fragte Aydin.

»Das nicht, aber ich weiß, für wen Özdil die schmutzige Arbeit macht, und es würde mich nicht wundern, wenn er auch der Kredithai ist.«

»Und für wen?«, fragte Brandt, der Mühe hatte, sein Erstaunen zu verbergen. Mit so einer schnellen Antwort hatte er nicht gerechnet.

»Für den Kaya-Clan.«

»Sicher?«

»Ja, ganz sicher. Jedenfalls war er bis letztes Jahr der Laufbursche für den Clan. Er hat säumige Mieter an ihre Schulden erinnert. Warum soll er das nicht auch mit normalen Schuldnern gemacht haben?«

»Das macht Sinn«, antwortete Aydin. »Danke für den Hinweis.«

»Nicht doch, war ein Kinderspiel.« Stolz schwang in Walters Stimme mit, das war deutlich zu hören. »Aber wie gesagt, die Info reicht nur bis Ende letzten Jahres. Mein Informant hatte seitdem keinen Kontakt mehr zu Ali.«

»Das passt. Warum sollte er jetzt für jemand anderen arbeiten? So einfach kann man den Clan nicht verlassen«, sagte Brandt.

»Soll ich mal bei Zafer nachhaken? Ihr wisst ja, ich kann ganz gut mit ihm.«

»Nein, wir fahren selbst zu ihm. Der ist doch mit Sicherheit in seinem Café in der Keupstraße. Wir sind nicht weit weg davon.« Unter keinen Umständen wollte Brandt, dass sich Walter zu weit hinauswagte und damit vielleicht sogar unbeabsichtigt ihre Ermittlungen behinderte.

»Wie ihr wollt. Wenn was ist, ruft mich an.«

»Klar, machen wir. Danke«, antwortete Aydin. »Siehste, auf Walter ist Verlass«, fügte er an Brandt gewandt hinzu.

»Das stimmt. Mit Kaya ändert sich einiges.«

»Wie meinst du das?«

»Erpressung gehört zu deren Geschäft. Gut denkbar, dass er einen Schläger zu Laura Schneider geschickt hat.«

»Du meinst aber nicht Özdil?«

»Eher nicht. Es sei denn, die Jungs haben doch gelogen.« Brandt überlegte kurz. »Was, wenn Kaya geglaubt hat, dass Marques die Schulden nicht zahlen kann, und sie deshalb bei Laura einsammeln wollte?«

»Dazu müsste er wissen, dass sie ein Paar waren.«

»Das ist nicht schwer.«

»Ich weiß nicht ...« Aydin schien nicht gänzlich überzeugt. »Kaya hat bisher eher den Eindruck gemacht, als würde er seriös werden wollen. Da passt ein Doppelmord gar nicht hinein.«

»Was, wenn es ein Unfall war? Schau dir die Testosteronpumpen an und wie leicht reizbar die sind.«

»Möglich. Aber die meisten von denen sind vorbestraft, da hätte unsere Datenbank was ausspucken müssen.«

»Du hast heute ziemlich viele Aber auf Lager. Selbst auf diesen berechtigten Einwand hätte ich eine Antwort.«

»Kann mir schon denken, welche.«

»Und das wäre?«

»Der Schläger könnte Handschuhe getragen haben.«

»Clever«, lächelte Brandt.

»Du vergisst trotzdem was: die Hautpartikel unter den Fingernägeln.«

»Die müssen nicht vom Täter stammen, auch wenn sie zeitlich sehr gut ins Bild passen. Sie könnten es.«

»Willst du mich verwirren?«

»Nein, warum?«

»Sie können und könnten nicht vom Täter sein, hast du eben gesagt. Was ist das für ein halbgarer Satz?«

»Das einzig Halbgare ist dein Verstand«, stichelte Brandt. »Du solltest wissen, dass nicht von jeder Person, von der Fingerabdrücke genommen werden, automatisch auch eine DNA-Probe archiviert wird. Oder hast du auf der Polizeiakademie doch nicht so gut aufgepasst?«

»Witzig.«

»Es wäre denkbar, dass der Geldeintreiber noch nicht polizeilich erfasst wurde. Oder aber, dass Fingerabdrücke, die erfasst wurden, nach richterlichem Freispruch wieder gelöscht wurden.«

Aydin hob die Augenbrauen. »Zu viel Theorie, das sieht dir gar nicht ähnlich.«

»Ich versuche nur, etwas mehr Futter für unseren Fall zu finden.«

»Klingt irgendwie verzweifelt.«

»Nein, ganz und gar nicht, nur sehr gründlich«, entgegnete Brandt und parkte den Wagen vor dem Café in der Keupstraße, wo er Kaya vermutete.

»Hallo«, grüßte Aydin einen Mitarbeiter. »Wir möchten gerne mit Zafer Kaya sprechen.«

»Wer sind Sie denn?«, fragte der Mitarbeiter. Brandt kannte ihn nicht, nur ein paar andere Gesichter kamen ihm bekannt vor, da er in einem anderen Fall Kontakt zu den Kayas gehabt hatte.

»Wir sind von der Kölner Kriminalpolizei«, antwortete Aydin und Brandt sah sofort das Unbehagen in den Augen des Mannes.

»Kleinen Augenblick bitte, ich muss mal schauen, ob er da ist.« Bevor die beiden Beamten etwas erwidern konnten, entfernte sich der Mitarbeiter und verschwand im hinteren Bereich des Cafés.

Brandt fühlte sich von einigen Personen misstrauisch beäugt. Erinnerungen an den Kampf mit Özdils Freunden wurden wach und er hoffte, dass hier nicht etwas Ähnliches drohte. Kurz darauf kam Faruk Kaya, Zafers jüngerer Bruder und der zweite Kopf des Kaya-Clans, zu ihnen an den Tresen.

»Was wollt ihr von meinem Bruder?«, fragte er. Brandt wusste, dass er viel impulsiver war als Zafer, der sich meistens sehr besonnen gab.

»Das würden wir gerne mit Ihrem Bruder persönlich besprechen«, antwortete Brandt. Er würde mit Sicherheit kein Gespräch mit Faruk führen, denn er hielt ihn für weniger aufrichtig als Zafer und vor allem für weniger gesprächsoffen.

»Er ist nicht da. Sie können mit mir reden.« Faruk machte einen Schritt auf Brandt zu und schob dabei seine Brust nach vorne, eine typische Drohgebärde.

»Wo ist Ihr Bruder?«, blieb Brandt gelassen.

»Was geht Sie das an? Muss mein Bruder Ihnen Rechenschaft ablegen?«

»Entspannen Sie sich. Wir haben nur ein paar Fragen, die wir ihm stellen möchten«, antwortete nun Aydin.

»Sind Sie seine Frau, dass Sie ihm Fragen stellen dürfen?« Faruks Augen wurden zu Schlitzen.

»Was ist mit meiner Frau?«, hörte Brandt eine Stimme hinter sich sagen. Als er sich umdrehte, sah er, dass Zafer Kaya das Café betreten hatte.

»Guten Tag, Herr Kaya, wir möchten uns gerne kurz mit Ihnen unterhalten«, antwortete Brandt.

»Für die Herren Brandt und Aydin habe ich immer zehn Minuten.« Er wirkte freundlich und im Gegensatz zu Faruk auch deutlich entspannter. »Faruk, warum hast du unseren Gästen keinen Tee angeboten?«

»Bruder, das ist doch nicht dein Ernst?« Faruk wirkte überrumpelt.

»Kommen Sie«, bat Zafer und winkte sie zu sich. »Drei Tee«, sagte er dann an seinen Bruder gerichtet und klopfte ihm kurz auf die Schulter.

Die beiden Beamten folgten ihm in den hinteren Bereich des Cafés und nahmen an einem Tisch Platz.

»Verzeihen Sie das Verhalten von diesem Holzkopf, meinem Bruder, aber Sie kennen ihn ja noch.« Zafer lächelte. »Seine Familie kann man sich nicht aussuchen.«

Der Mitarbeiter von vorhin betrat den Raum und reichte jedem ein kleines Gläschen mit Tee.

»Mit Tee sieht die Welt schon anders aus. Er beruhigt ungemein.« Zafer gönnte sich einen kleinen Schluck. Brandt und Aydin taten es ihm gleich, in dem Moment wurde wieder die Tür geöffnet.

»Bruder, ich muss dich sprechen«, machte sich Faruk bemerkbar.

»Muss das jetzt sein? Du siehst doch, dass ich Gäste habe.«

»Es muss. Es ist sehr wichtig.«

»Verzeihen Sie, ich muss kurz …« Zafer stand auf und verließ den Raum.

»Dicke Luft zwischen den Brüdern«, kommentierte Aydin die Szene.

»Das war doch schon damals so. Wie Zafer sagte, seine Familie kann man sich nicht aussuchen.«

Plötzlich wurde draußen geschrien.

»Ist das Türkisch?«

»Ja.«

»Und worum geht es?«

»Um uns.«

»Uns?«

»Genau. Faruk versteht nicht, warum sein älterer Bruder überhaupt mit uns spricht, weil da, wo wir sind, immer nur Ärger wartet.«

Brandt musste schmunzeln, so konnte man die Dinge

auch sehen. Dabei waren Brandt und Aydin bestimmt die Letzten, die Ärger mitbrachten, sie versuchten nur, einen Mordfall aufzuklären.

»Was sagen sie noch?«

»Zafer entgegnet ihm, dass er gefälligst den Mund halten soll, weil sein Verstand nicht reicht, um zu begreifen, dass es vernünftiger ist, mit der Polizei zu kooperieren. Schließlich hätten sie nichts getan.«

»Das Argument ist nicht von der Hand zu weisen.«

»Faruk überzeugt das nicht. Er meint, dass sein Bruder immer mehr zu einer Kartoffel wird. Er soll nicht glauben, dass sein feiner Anzug aus ihm je einen Deutschen gemacht wird. Mit Deutschen würde die Polizei nicht so umgehen.« Aydin schüttelte den Kopf. »Volle Breitseite Klischee.«

Nichts anderes hatte Brandt von Faruk erwartet, er hatte sich kein Stück verändert.

»Zafer hat ihm gerade gesagt, dass er sich endlich beruhigen soll, dass er ihn doch liebe und dass sie als Brüder zusammenhalten müssten. Sein Bruder antwortet, dass er recht hat.« Aydin hielt inne. »Ich glaube, er kommt.«

Und so war es, Zafer Kaya betrat den Raum.

»Verzeihen Sie die kurze Störung, aber mein Bruder ist manchmal schwer von Begriff.« Zafer nahm Platz. »Wie geht es Walter?«

»So weit gut. Wir haben ihn ein paar Tage nicht gesehen«, antwortete Brandt, da er nicht wollte, dass Zafer wusste, dass sie aktuell in regem Kontakt standen.

»Schön, freut mich für ihn. Wenigstens einer, der seinen Frieden mit sich geschlossen und seine Bestimmung gefunden hat.« Zafer sah dabei nur Brandt an, dann griff er nach dem kleinen Teeglas und gönnte sich einen Schluck. »Und was führt Sie zu mir?«

»Wir wissen, dass Ali Özdil für Sie arbeitet.«

»Sie meinen Anabol-Ali?« Zafer schaute skeptisch.

»Er hat eine Kneipe in Köln Kalk.«

»Meine Kneipe. Ich habe sie ihm vermietet«, stellte Zafer klar. Eine Information, die Brandt so bisher nicht gehabt hatte. Selbst Fischer hatte das noch nicht herausgefunden, was für den Fall bislang aber auch kaum relevant gewesen war.

»Macht Herr Özdil weiterhin Botengänge für Sie?«, fragte Brandt. Er musste allgemein bleiben, da er Zafer kaum fragen konnte, ob Ali noch sein Schläger war.

»Nein. Er steht nicht mehr auf meiner Gehaltsliste. Seit Januar ist er sein eigener Chef. Er wollte unbedingt diese Kneipe haben und selbstständig betreiben. Botengänge macht er somit nicht mehr für mich. Warum?«

Diese Antwort überraschte Brandt, er hatte nach Walters Bericht angenommen, dass Kaya der Geldgeber wäre.

»Auch nicht mehr für Ihren Bruder?«

»Mit Sicherheit nicht. Ich weiß, wer für uns arbeitet und wer nicht. Warum wollen Sie das wissen?«

»Sie verleihen aber immer noch Geld an Menschen in finanziellen Nöten?«, bohrte Brandt weiter und ließ Kaya im Ungewissen.

»So langsam gefällt mir dieses Gespräch nicht mehr«, bemerkte Zafer kalt. »Wollen Sie mir nicht endlich verraten, worum es geht?«

Brandt warf Aydin einen kurzen Blick zu und Aydin nickte. Vermutlich war es vernünftig, dem Clanchef etwas Futter zu geben, sonst wäre das Gespräch schnell beendet.

»Wir ermitteln in einem Mordfall«, gestand Brandt ein.

»Was für ein Mordfall?«

»Eine Mutter und ihre sechsjährige Tochter wurden ermordet.«

»Ich habe davon im Express gelesen. Schlimme Sache. Ich weiß nicht, wie man einem sechsjährigen Kind die Kehle aufschneiden kann. Glauben Sie mir, wenn ich diesen Bastard in die Hände kriege, schlitze ich ihm persönlich die Kehle auf.«

Kaya wirkte ernst und Brandt glaubte ihm. Allerdings war er sich nicht sicher, ob Kaya das absichtlich so provokativ gesagt hatte, damit jeder Verdacht von seinen Männern abfiel.

»Was hat das denn mit Ali zu tun?«, hakte Zafer nach.

»Wir gehen nur Hinweisen nach. Der Freund der Toten hatte hohe Schulden bei Ali Özdil – besser gesagt, bei den Geldgebern, für die Özdil arbeitet. Wir hatten geglaubt, dass Sie der Geldgeber sind.«

»Verstehe.« Kayas Augen wurden zu Schlitzen, wieder starrte er nur Brandt an. »Da muss ich Sie leider enttäuschen. Diesmal kann ich Ihnen nicht helfen. Ali ist seit Januar kein Mitglied unserer Familie mehr. Er hat entschieden, auf eigenen Beinen zu stehen, und der Kaya-Clan hat dem Freund der Toten keinen Kredit gegeben.«

»Sind Sie sicher? Was, wenn Ihr Bruder ...«

»Ganz sicher! Jeder Kredit geht über meinen Schreibtisch«, unterbrach Zafer Aydin.

»Sie wissen aber gar nicht, wie der Freund heißt, wie können Sie dann wissen, dass Sie ihm keinen Kredit gegeben haben?«, erwiderte Brandt.

»Ich muss den Namen nicht kennen, weil ich in den letzten zwei Jahren keinem Fremden mehr Privatkredite gegeben habe. Wir sind in diesem Geschäft nicht mehr tätig«, antwortete Zafer. »Und nochmal: Wenn einer meiner Männer einem Kind die Kehle durchschneidet, dann zahle ich es dem Bastard persönlich mit den gleichen Mitteln heim. Meine Mitarbeiter haben einen Ehrenkodex. Ich glaube, unser Gespräch ist damit beendet.«

Brandt war geneigt, ihm zu glauben.

»Wissen Sie vielleicht, wer der Geldgeber sein könnte?«

»Nein, weiß ich nicht. Interessiert mich auch nicht. Mich interessiert nur, dass Ali pünktlich seine Miete zahlt. Meine Herren, ich muss Sie jetzt bitten, zu gehen. Grüßen Sie mir Walter.«

34

»Diese verdammten Bullen«, schimpfte Boris Marques. »Hätte ich lügen sollen?«

Nein, er hatte richtig gehandelt, da war er sich sicher. Dennoch fühlte es sich nicht so an. Es fühlte sich an, als hätte er ein Eigentor geschossen, denn vermutlich hatte er damit den Verdacht auf sich gelenkt.

»Du musstest es sagen. Dieser Brandt hat doch geblufft. Hast du nicht gesehen, wie seine Augen kurz aufblitzten? Er wusste, dass du bisexuell bist, aber woher? Wer hat dich verpetzt?« Ihm fiel kein Name ein, das war allerdings auch nicht nötig, da er die Antwort längst kannte. »Du bist bekannt wie ein bunter Hund in der Schwulenszene. Die werden über dich recherchiert haben.«

Trotzig ballte er seine Hand zur Faust. Und wenn schon, was sagte seine Bisexualität darüber aus, ob er Laura geliebt hatte oder nicht. Und vor allem, ob er sie ermordet hatte? Er! Ein Künstler! Wieder schüttelte er den Kopf, um seine Gedanken zu bestätigen.

»Hau ab, verdammt. Hau ab, bis Gras über die Sache gewachsen ist.« Sein Unterkiefer presste sich gegen den Oberkiefer, dass es schmerzte, so sehr stand er unter Druck. Selbst mit Atemübungen konnte er gegen diesen Druck nichts mehr ausrichten, er war zu stark. Doch gleichzeitig wusste er, er konnte sich nicht absetzen, damit würde er sich erst recht verdächtig machen: Die hochverschuldete Schwuchtel verlässt das Land.

»Denk nach, Boris, denk ein Mal in deinem Leben nach und nutze deinen Verstand, statt immer nur mit dem Kopf durch die Wand zu gehen. Du hast bei Laura Scheiße gebaut, so ist es. Du hast nicht nachgedacht. Dein gekränkter dämlicher Stolz hat dich diese Dummheit machen lassen.« Sein Atem ging immer schneller. »Dabei bist du doch kein schlechter Mensch. Nur dein Temperament und dein Stolz lassen dich in einem falschen Licht erscheinen.«

Er wusste, dass er in Köln bleiben musste, egal wie groß der Drang war, zu verschwinden, dadurch würde er sich nur verdächtiger machen.

»Wenn ich bloß herausfinden könnte, was die Polizei über mich weiß?«, überlegte er laut.

Sein Handy vibrierte. Er hob es vom Tisch auf und sah, dass Ali Özdil ihm eine Nachricht geschrieben hatte. Panik überkam ihn, er fühlte sich plötzlich furchtbar schwach und antriebslos. Obwohl er das Handy am liebsten weggelegt hätte, nahm er all seinen Mut zusammen und las die Nachricht:

Wenn ich am 31. Juli nicht die Kohle habe, dann schwöre ich dir ...

Mehr stand nicht in der Nachricht. Mehr musste da auch nicht stehen. Die Ansage war deutlich. Özdil würde ihn töten.

Marques' Kehle wurde staubtrocken, er konnte sich nicht von der Stelle rühren, er fühlte sich wie versteinert. Dass Özdil ihm einen erneuten Aufschub gewähren würde, glaubte er nicht. Bereits bei ihrem letzten Aufeinandertreffen hatte er deutlich gemacht, was Marques drohte, wenn er nicht endlich zahlte.

»Woher soll ich die Kohle nehmen?«, wisperte er hilflos. Er besaß nichts. Keine Rücklagen, kein Eigentum, nichts!

Beängstigende Gedanken ergriffen Besitz von ihm. Er eilte zum Kühlschrank, wollte nach der Flasche Wasser greifen, nahm dann jedoch die Weißweinflasche, öffnete sie und trank daraus. Danach versuchte er, sich durch Atemübungen zu beruhigen, aber es half nichts, also trank er mehr Wein.

»Setz dich endlich ab!« Kaum hatte er die Worte ausgesprochen, war es, als hätte jemand den Startschuss abgefeuert. Er eilte ins Schlafzimmer und suchte nach seinem Koffer, fand aber nur die Sporttasche. »Das muss reichen.« Ein weiterer Schluck Wein, dann stellte er die Flasche auf die Nachtkommode und packte das Nötigste in die Tasche.

Als nichts mehr hineinpasste, zog er den Reißverschluss zu und ließ sich aufs Bett fallen.

Dann weinte er. Hemmungslos. Er war vollkommen machtlos dagegen. Die Emotionen überwältigten ihn.

Eine ganze Weile saß er so da. Wie lange er geweint hatte, konnte er hinterher nicht sagen, aber es fühlte sich gut an. Fast wie ein reinigendes Gewitter. Vor allem war er jetzt nicht mehr panisch und reagierte überhastet. Das war auch dringend notwendig, er musste sich im Griff haben, er konnte nicht einfach abhauen.

»Witzig!«, kommentierte er seine Gedanken. »Wenn ich fliehe, glaubt die Polizei, dass ich Laura ermordet habe, und wenn ich bleibe, killt mich Ali. Was für Aussichten.« Marques presste die Lippen zusammen.

Er musste irgendwie an das Geld kommen. Nicht an alles, aber mindestens die Hälfte. Vierzigtausend Euro. Damit könnte er sich Zeit kaufen, doch woher sollte er so viel Geld nehmen?

Tom hatte sich spendabel gezeigt und ihm für die gemeinsame heiße Nacht eintausend Euro gegeben. Das war allerdings weit entfernt von vierzigtausend Euro.

»Immerhin könnte ich mit dem Geld einige Zeit untertauchen. Ein One-Way-Flug nach Kroatien, das Leben dort ist günstig und als Straßenkünstler könnte ich einiges verdienen.«

Doch schnell schüttelte Marques erneut den Kopf. Er musste endlich einsehen, dass er nicht fliehen konnte. Man würde mit Interpol nach ihm fahnden. Er hatte keine andere Wahl, er musste in Köln bleiben, wenn er sich nicht verdächtig machen wollte.

Und wenn die Beweise immer zwingender gegen ihn sprachen? Diesen düsteren Gedanken hatte er bisher konsequent ignoriert, daran wollte er auch jetzt nichts ändern.

»Ali Özdil ist das größere Problem. Ich brauche Kohle. Wenn ich Tom doch nur ein paar Gemälde andrehen könnte«, klagte er. »Dass ein Künstler sich überhaupt mit Geld beschäftigen muss. In was für einer kranken Welt leben wir eigentlich?«

Er nahm sein Handy vom Tisch und rief Tom Lust an, doch der nahm den Anruf nicht an, also beschloss er, ihm eine Nachricht zu schreiben.

Na, mein Süßer? Hoffe, dir geht's gut. Was machst du Schönes? Musste gerade an dich denken, da ich ein echt tolles Gemälde habe, das super in dein Wohnzimmer passen würde. Ich möchte dir gerne etwas zurückgeben, weil du immer so spendabel zu mir bist. Meld dich doch mal, Hase. Fühl dich geküsst.

Bevor er die Nachricht abschickte, las er sie noch einmal durch, dann erst tippte er auf den Senden-Button. Der Text war gut, bestimmt kam er nicht verzweifelt, sondern eher wohlwollend rüber. Tom sollte nicht das Gefühl haben, dass er dringend Geld benötigte. Allerdings rechnete er sich wenig Chancen aus. Er hatte schon einmal versucht, Tom eines seiner Werke zu verkaufen, aber er hatte nie Interesse gezeigt.

Dennoch war es einen Versuch wert, mehr als ein weiteres Nein zu hören, konnte Marques nicht passieren.

Sein Handy vibrierte. Ob Tom ihm geantwortet hatte?

Er wurde leicht nervös. Aber als er aufs Display schaute, sah er, dass es nur Manuela Janak war. Er las die Nachricht.

Wollen wir uns heute treffen? Wir haben einiges zu besprechen!

Manuela war in seiner derzeitigen Lage die Letzte, die er sehen wollte, doch wenn er ehrlich war, war sie vermutlich auch die einzige Person, die ihm in seiner finanziellen Notsituation helfen konnte. Sie hatte ihm schon einmal fast zehntausend Euro gegeben.

»Aber zu welchem Preis?«, sagte er bitter.

Trotzdem, welche Wahl hatte er? Wen könnte er sonst um vierzigtausend Euro bitten? Seine Bank sicherlich nicht, die würde ihm keinen Cent geben und dank der Schufa auch keine andere Bank. Als einzige Lösung blieb der Blick in die Zeitung, doch genau wegen einer solchen Annonce hatte er diese furchtbaren Probleme mit dem Kredithai erst bekommen. Ursprünglich hatte er sich zwanzigtausend Euro bei ihm geliehen, dann noch einmal zehntausend und anschließend wieder eine geringe Summe.

Er hatte auch einiges abbezahlt und dann erneut etwas aufgenommen, doch irgendwann hatte er den Überblick verloren und zu seinem Entsetzen waren plötzlich achtzigtausend Euro fällig geworden wegen irgendwelcher dubioser Zinsen und Säumniszuschläge. Er hatte noch versucht, sich gegen den Wucher zu wehren, aber Ali hatte ihm mehr als einmal unmissverständlich klargemacht, dass es keinen Spielraum für Verhandlungen gab.

Zur Polizei zu gehen, war mit Sicherheit keine Option, dann hätte er sich auch direkt eine Kugel in den Kopf jagen können.

»Warum tust du das eigentlich nicht?«, sagte er zu sich.

»Was hat das Leben noch für einen Sinn, wenn wirklich alles, was man anpackt, scheitert? Besser, du richtest dich selbst, als dass Ali das tut oder du als Kindermörder im Knast landest. Da ficken sie dich dein restliches Leben, du wirst schlimmer leben als ein Hund.«

Marques schluckte, das Kopfkino ging mit ihm durch. Leider verfügte er über eine blühende Fantasie. Für einen Künstler nichts Ungewöhnliches und dennoch Segen und Fluch zugleich.

»Bilde dir doch nichts ein, du hast keinen Mumm, dir die Waffe an die Stirn zu halten und abzudrücken«, sagte er. »Du hast nicht einmal eine Waffe.« Er schloss die Augen.

Aber er hatte ein Messer. Er könnte sich Wasser in die Badewanne einlaufen lassen, sich hineinlegen und sich dann die Pulsadern aufschneiden.

»Das kriegst du hin.« Das Messer hatte eine dünne scharfe Klinge, er hatte schon ausprobiert, wie gut es schnitt. Dazu ein wenig klassische Musik und ein Gläschen Wein. So konnte man dem Leben stilvoll »Fick dich« sagen.

Der Gedanke hatte was. Nur gab es ein kleines Hindernis: Marques liebte sein Leben, er war niemand, der aus der Not heraus Selbstmord begehen würde, egal wie oft er mit dem Gedanken schon gespielt hatte. Zwischen einem Gedankenspiel und der Tat lag ein himmelweiter Unterschied.

»Du Depp. Manuela ist die Lösung für dein Problem. Sie schreibt dir seit Tagen, dass sie dich sehen will, und du hast sie immer abblitzen lassen. Von dieser Warte aus war das gut, jetzt reichst du ihr die Hand und sie wird dir daraus fressen wie ein demütiger Hund.«

Obwohl er wusste, dass sie die einzige Möglichkeit war, dem Unheil zu entkommen, gab es eine Sache, weshalb er sich schwer damit tat, auf Manuelas Avancen einzugehen: sein männlicher Stolz.

Wieder vibrierte sein Handy und er schaute aufs Display. Ali hatte ihm eine weitere Nachricht geschickt.

Wieso antwortest du nicht, du Hund!!! Meinst du, du kannst mich verarschen? Ich habe doch gesehen, dass du meine Nachricht gelesen hast. Ich schneide dir die Eier ab, wenn du mich verarschst. Am 31. Juli will ich das Geld. Du Bastard!!!

»So viel Wut.« Marques schüttelte nur den Kopf und tippte eine Antwort.

Entspann dich. Warum sollte ich dich verarschen? Du kriegst dein Geld, ich habe eine Käuferin, die drei meiner Gemälde kauft.

Keine Minute später kam die Antwort.

Das will ich für dich hoffen! Ich fick sonst dein Leben. Das schwöre ich!

Marques erwiderte nichts darauf. Was auch? Ali war ein Primitivling, seine Wortwahl bestätigte ihm nur, dass man besser einen großen Bogen um solche Menschen machen sollte. Stattdessen schrieb er Manuela Janak. Alis Nachricht hatte den letzten kleinen Restzweifel fortgeweht.

Du hast recht. Wir sollten uns treffen. Wann kannst du denn?

Auch diesmal ließ die Antwort nicht lange auf sich warten.

Jetzt!

Alles klar, bis gleich.

Ekel überkam ihn. Das war genau der Grund, weshalb er sich bisher gesträubt hatte, sie zu treffen. Doch er hatte keine Wahl, manchmal musste man eben über seinen Schatten springen.

»Was stellst du dich an? Du lässt dich von anderen Männern für Geld vögeln, aber bei Manuela hast du so großen Ekel?«, schimpfte er mit sich.

Er ging ins Bad, duschte, cremte sich ein und sprühte etwas Parfüm auf seinen Oberkörper, dann zog er saubere Unterwäsche und Kleidung an und verließ seine Wohnung.

»Schön, dass es endlich geklappt hat«, sagte Manuela. Sie saßen auf der Couch und sie hatte eine Flasche Primitivo geöffnet.

»Ja«, nickte Marques. »Die letzten Tage waren nicht leicht. Verzeih, dass ich nicht auf deine Nachrichten reagiert habe. Ich hatte keinen freien Kopf und musste mich um einige Dinge kümmern.« Schon jetzt hatte er dieses flaue Gefühl im Magen und es stieg das Unbehagen, das ihm sagte: Hau ab!

»Das glaube ich dir. Tut mir leid um Laura und vor allem um Alena. So ein liebes Mädchen.« Sie gönnte sich einen Schluck aus dem Weinglas. Dass es ihr leidtat, glaubte Marques keine Sekunde, dazu wirkte sie viel zu abgebrüht. Ihre Augen waren kalt und berechnend. Immer wieder schaute, nein starrte sie ihn an, als wäre er ein Stück Fleisch, über das sie herfallen konnte.

»Ich kann es noch immer nicht verstehen, dass sie tot sind. Wer kann so etwas Schlimmes nur tun?« Marques schluckte.

Manuela warf ihm einen prüfenden Blick zu, als könnte sie nicht glauben, dass er seine Worte aufrichtig meinte. Dann lächelte sie.

»Damit solltest du deinen schönen Kopf nicht quälen, das wird die Polizei schon herausfinden. Sicherlich waren dieser Brandt und sein Kollege Aydin auch bei dir.«

»Wen wundert's. Laura und ich waren ein Paar. Verständlich, dass die Polizei zuerst im Umfeld des Opfers sucht.«

»Stimmt. Zum Glück habe ich ein Alibi. Was ist mit dir?« Ihr Blick wirkte prüfend und neugierig zugleich.

»Ich war in Den Haag. Warum?« Ihm gefiel ihr missmutiger Gesichtsausdruck nicht.

Alles lasse ich mir nicht gefallen, du falsche Schlange, dachte er und ermahnte sich, einen kühlen Kopf zu bewahren.

»Wie du schon sagtest, du warst mit ihr zusammen und bist sicherlich neben Albert der Hauptverdächtige. Da ist es gut, ein Alibi zu haben.«

»Meinst du, er war es?«

»Keine Ahnung. Ehrlich gesagt, ist es mir auch egal. Hauptsache, die Polizei schnüffelt nicht weiter in meinem Privatleben rum, da werde ich echt ungemütlich. Traust du es dem Ehemann zu?«

»Warum nicht? Er ist jähzornig und gewalttätig. Ein Macho und Narzisst. Möglich, dass er die Nerven verloren hat, als Laura das Sorgerecht zugesprochen wurde. Soviel ich weiß, ist er hochverschuldet.«

»Das stimmt. Der Idiot hat seiner Tochter lange vor der Insolvenz sehr viel überschrieben und nach der Insolvenz gehofft, dass er Zugriff auf ihr Vermögen hätte. Dass sich Laura scheiden lassen würde, hätte dieser Macho niemals für möglich gehalten, und wenn wir ehrlich sind, hätte Laura das von sich aus auch nie getan.«

»Wie meinst du das?« Marques konnte ihr nicht folgen.

»Ist nicht dein Ernst?« Sie musterte ihn, als wäre er ein kleiner Schuljunge, dem man alles doppelt erklären musste. »Das solltest du doch wissen. Laura war keine

Frau, sie war ein Häufchen Elend, als ich sie kennengelernt habe. Sie stand komplett unter der Kontrolle von Albert. Dank mir und meiner Geduld, den vielen Therapiestunden mit mir, ist sie aufgetaut und hat endlich den Mut gehabt, diesen Weg zu gehen. Ohne mich wäre sie noch immer die dumme naive Frau an der Seite des Möchtegernplayboys. Und ohne mich hättet ihr euch auch nie kennengelernt. Du bist mir sozusagen was schuldig.«

Ohne dich könnte Laura noch leben, dachte Marques und eine paar irritierende Gedanken entspannen sich in seinem Kopf, die er Manuela niemals anvertrauen konnte.

»Du schätzt Laura falsch ein. Sie hätte sich auch ohne dich von ihrem Mann getrennt«, sagte er stattdessen.

»Es ist sehr süß, dass du sie verteidigst, aber du hast echt keine Menschenkenntnis. So seid ihr Männer eben. Ein hübsches Gesicht und ein heißer fester Arsch und schon schaltet ihr euren Verstand komplett aus.« Manuela verengte die Augen und ließ ihre Zähne aufblitzen.

»Du tust mir unrecht. Du weißt genau, dass ich nicht so ein oberflächlicher Mann bin.«

»Vielleicht. Ich habe dich halt noch nicht ganz durchschaut. Außerdem habe ich nie verstanden, was du so toll an ihr fandest. Sie war lieb und brav und ja, auch süß. Aber was hatte sie einem Künstler wie dir zu bieten? Tiefschürfende Gespräche sicherlich nicht.«

»Doch, wir hatten wunderbare Gespräche und Momente.«

Manuela lachte, dann schenkte sie etwas Wein in ihre beiden Gläser nach. »Jetzt scherzt du, oder?« Sie spielte mit dem rechten Zeigefinger an dem Glasrand. »Gib's zu, du warst scharf auf ihr Geld.«

»Quatsch«, reagierte Marques erbost. »Glaubst du, mich interessiert Geld? Ich bin der Kunst wegen Künstler geworden, nicht des Geldes wegen.«

»Auch ein Künstler muss von etwas leben, lass jetzt

diese Albernheiten. Ich weiß, dass du hochverschuldet bist. Meinst du etwa, die Polizei wüsste das nicht? So naiv kannst du doch nicht sein. Die werden glauben, dass du Laura getötet hast, weil du deine Schulden nicht bezahlen konntest.«

»Die können mir nichts nachweisen. Ich habe ein Alibi«, platzte Marques heraus. »Wie kommst du überhaupt auf die absurde Behauptung, ich wäre hochverschuldet?«

Manuela lachte wieder. Bevor sie antwortete, trank sie einen Schluck Wein. »Boris, lassen wir die Spielchen. Laura hat es mir verraten. Hast du wirklich geglaubt, dass ich damals ein Gemälde von dir gekauft habe, weil ich deine Kunst so mag? Nein, ich wollte Laura einen Gefallen tun und besonders dir wollte ich einen Gefallen tun.«

Marques hatte das natürlich geahnt, weil Manuela das Gemälde kurz nach Laura erworben hatte, aber dass Laura dieser falschen Schlange verraten hatte, dass er Schulden hatte, hätte er nicht vermutet. Zumal Laura gar nicht gewusst hatte, wie hoch seine Schulden waren.

»Mist«, rutschte es ihm heraus.

»Was?«

»Vergiss es. Was soll ich noch leugnen? Ja, ich bin hochverschuldet, aber ich habe Laura nicht getötet. Glaubst du wirklich, ich wäre dazu imstande gewesen? Und Alena? Glaubst du, ich hätte auch sie töten können? Hältst du mich für so herzlos?«

»Eher nicht«, gestand sie, was ihn etwas beruhigte. Erinnerungsfetzen schossen durch seinen Kopf – Ali, wie er plötzlich in seiner Wohnung aufgekreuzt war und ihm gedroht hatte, weil er seine Schulden nicht bezahlen konnte. Er hatte Ali damals vertröstet, doch der hatte gesagt, er solle das Geld einfach von seiner reichen Freundin nehmen. Nur wenige Minuten nachdem Ali seine Wohnung verlassen hatte, war Laura zu ihm gekommen.

Was, wenn Ali mit ihr über seine Schulden gesprochen hatte?

Das klang für ihn in diesem Moment sehr logisch, damals hatte er allerdings keinen Gedanken daran verschwendet. Nur ein paar Tage später hatte Laura ihn gefragt, ob er finanzielle Probleme habe. Marques hatte herumgedruckst und ihr gestanden, dass es so wäre, es aber nicht der Rede wert sei. Eine Woche später, vielleicht auch fast zwei Wochen, so genau wusste er es nicht mehr, hatte Laura ihm zwei Gemälde abgekauft. Wieder hatte er sich keine Gedanken darüber gemacht, denn dieses Geld hatte ihm Zeit zum Atmen gegeben.

Ich war verdammt naiv, dachte er. Aber war er das nicht noch immer? Er schaute Manuela an und allmählich sickerte in sein Bewusstsein, was sie da eben zu ihm gesagt hatte.

»Eher nicht? Spinnst du?! Ich habe sie nicht ermordet. Ich verstehe sowieso nicht, warum du so über Laura herziehst. Sie war doch deine Freundin.«

»Beruhig' dich. Trink.« Sie schaute ihn fordernd an.

Marques wusste nicht warum, aber er folgte ihrer Anweisung, dabei hätte er ihr am liebsten den Wein ins Gesicht geschüttet.

Du weißt genau, warum du gute Miene zum bösen Spiel machst! Du brauchst sie. Ihr Geld!

»Geht doch. Du weißt, ich mag es nicht, wenn sich Männer wichtiger nehmen, als sie es sind. Ja, Laura war meine Freundin und es tut mir sehr leid um sie und vor allem um das Kind. Aber ich war immer ehrlich, auch ihr gegenüber. Sie war schwach und ohne mich wäre sie weiterhin schwach gewesen. Das mit euch beiden hätte doch eh keine Zukunft gehabt. Außerdem habe ich sie bei der Polizei nicht schlechtgemacht. Ich kenne meine Rolle in dieser Angelegenheit, und je schneller wir das hinter uns lassen, desto besser für alle.«

Die brutalen Morde nannte sie also eine »Angelegenheit«, das sah Manuela ähnlich. So sehr Marques diese Bezeichnung auch verabscheute, tief in seinem Inneren wusste er, dass er nicht besser war. Jedoch redete er sich damit heraus, dass das nur an den vielen Schulden lag. Er war ein Getriebener.

»Ich glaube, wir haben genug über Laura gesprochen. Sie ist tot und wir leben. Außerdem bist du sicherlich nicht hier, um zu jammern.« Sie warf ihm einen kritischen Blick zu, dann neigte sie sich zu ihm und flüsterte ihm ins Ohr: »Du bist hier, weil du ein kleiner räudiger Hund bist, der zurück zu seiner Herrin gekrochen kommt, oder nicht?«

Ehe Marques sich versah, spürte er, wie ihre Zunge über sein Ohr, dann in sein Ohr hinein und zurück über seine Wange fuhr. »Ihr Männer seid doch alle gleich.«

Marques wusste, was nun folgen würde, und genau deswegen hatte er ihre Nachrichten bisher ignoriert. Wenn Manuela sich ihm hingegeben hätte, hätte er es in der einen oder anderen Stellung zu Ende bringen können. Allerdings war sie nicht devot, kein Stück. Sie war absolut dominant und herrisch. Marques war ebenfalls nicht devot oder ließ sich gerne herumkommandieren oder gar schlagen, daher konnte das hier nicht funktionieren.

»Du willst mich, gib's doch zu«, versuchte er die Spielregeln aufzuweichen. »Du warst immer eifersüchtig auf Laura, weil sie mich hatte, du aber nicht.«

»Du bist ganz schön eingebildet für einen erfolglosen und hochverschuldeten Maler«, machte sie sich über ihn lustig. Ihre Mimik wirkte steif, fast starr und sie hatte diesen Blick aufgesetzt, der keinen Widerspruch und keinen Widerstand duldete.

»Viele große Künstler waren pleite«, blieb er ruhig und versuchte zu verbergen, dass sie soeben einen Wirkungstreffer gelandet hatte.

»Hältst du dich denn für einen großen Künstler?« Sie lachte spöttisch, dann griff sie an seinen Intimbereich. »Schon mal den Nussknacker gemalt?«

»Lass das. Und ja, ich halte mich für einen großen Maler. Meine Zeit wird kommen, da kannst du noch so lachen.« Sie drückte fester zu und Marques hatte Mühe, sich einen Schmerzenslaut zu verkneifen.

»Du glaubst, du wärst was Besseres.«

»Nein, tue ich nicht.«

»Doch, tust du. Du bist wie mein Ex-Mann, wie alle Männer. Ihr wollt uns dominieren, uns beherrschen. Die Emanzipation ist euer Feind, aber tief in eurer Seele hasst ihr uns Frauen einfach nur.«

»Das stimmt doch nicht. Ich liebe Frauen, warum sonst sollte ich sie zeichnen?«

»Nackt? Ja, so gefallen wir euch. Nackt, unschuldig und willig. Aber nicht zäh, intelligent und zielstrebig, das macht euch Angst.« Sie drückte noch fester zu und diesmal konnte Marques nicht anders, er musste kurz aufstöhnen.

Manuela ließ von ihm ab. Marques antwortete nicht, wie hätte er auch auf einen solchen Schwall von Vorwürfen reagieren sollen? Er kannte Manuela und ihre Denkweise beim Sex – einer Art von Sex, die wenig mit seinen Vorlieben zu tun hatte. Damals wie heute gab er sich nur mit ihr ab, weil er sich einen finanziellen Vorteil davon erhoffte. Kurz nachdem sie ihm das Gemälde abgekauft hatte, hatte sie ihn zu sich gerufen und ihre Bedingungen gestellt. Er hatte eingewilligt und nun tat er es wieder. Er willigte in ihre perversen Spielchen ein. Nur fiel ihm das jetzt noch viel schwerer, weil er wusste, wie krank ihre sexuellen Fantasien waren. Blieb nur eine offene Frage: Was bekäme er im Gegenzug?

Inzwischen hatte Manuela seine Hose geöffnet und griff sein bestes Stück. Sie spielte damit und nahm es in den

Mund. »Das gefällt dir kleinem Dreckskerl, was?«, sagte sie und spuckte auf seinen Penis.

»Mach weiter.«

»Halt's Maul, du bist mein Hund. Du tust, was ich sage«, schrie sie ihn an und quetschte sein Glied in der Hand, während sie ihn mit der anderen Hand auf die Wange schlug.

»Spinnst du?«, brüllte Marques.

»Du hast es nicht anders verdient. Denkst du, ich weiß nicht, warum du hier bist? Du willst Geld von mir. Ihr Männer seid doch alle gleich. Nur Dreck. Ich verachte euch zutiefst. Sag, dass du nur Dreck bist.«

»Du gehst zu weit, lass das«, wurde Marques wütend. So sehr er sich bemühte, ihr Spiel mitzuspielen, er konnte es nicht. Das hier hatte mit sexueller Freude gar nichts gemein.

»Halt die Fresse, du Bastard«, rief sie. »Sieh es ein, du bist mein Besitz, wenn ich deine Schulden ablöse, gehörst du mir. Ich werde einen Zwinger für dich bauen, dich halten wie einen Hund.«

»Ich bin niemandes Hund«, reagierte Marques scharf und schlug ihr auf die Hand, damit sie den Griff lockerte, aber sie tat es nicht. Stattdessen verpasste sie ihm mit der anderen Hand eine Ohrfeige.

»Du wagst es, mich zu schlagen?«, brüllte sie ihn an. »Du bist mein Hund. Ich werde dich lehren, mir zu gehorchen.« Ihre Augen schienen tiefschwarz zu funkeln, als hätte der Wahnsinn von ihr Besitz ergriffen. »Ich hasse euch Männer abgrundtief.« Dann drückte sie noch fester zu.

Marques schlug ihr ins Gesicht. »Lass mich los, du Miststück«, schrie er und schlug erneut auf sie ein. Endlich ließ sie los. Aber statt es dabei zu belassen, prügelte sie nun auf ihn ein.

»Du willst doch nur mein Geld«, rief sie.

Marques konnte es nicht mehr kontrollieren. Er packte sie am Hals und drückte zu.

»Halt dein Maul«, brüllte er zurück und drückte immer fester zu, bis sie kein Wort mehr von sich gab.

35

Albert Schneider heulte hemmungslos. Er hatte schon lange nicht mehr so geweint wie jetzt und er konnte nicht damit aufhören. Woher dieser plötzliche Weinkrampf kam, konnte er sich nicht erklären. Die letzten Tage war er mehr oder weniger gefasst gewesen und er hatte sogar geglaubt, oder vielmehr gehofft, dass er den Mord an seiner Tochter besser wegsteckte als befürchtet. Doch jetzt hatte ihn der Kummer fest im Griff.

Er hatte Alena geliebt, so sehr, auch wenn er wenig Zeit für sie und ihre Erziehung gehabt hatte. Aber das war Lauras Job gewesen, so funktionierte ihre Aufgaben- und Rollenverteilung und Laura hatte das nie infrage gestellt. Sie hatte immer gesagt, dass sie eine Vollzeitmama sein wolle. Sie mochte das klassische Rollenbild. Für ihn hätte ohnehin nie etwas anderes zur Debatte gestanden, und er hatte seinen Part bei dem Deal, so empfand er ihre Übereinkunft, immer gut erfüllt.

Er brachte regelmäßig so viel Geld mit nach Hause, dass sie sich jede Menge Luxustaschen und anderen Unsinn kaufen konnte, und nie hatte er über diese Verschwendung gemeckert. Meistens jedenfalls nicht. Dennoch hatte sich Laura undankbar gezeigt, ihm Vorwürfe gemacht, dass er nie Zeit für Alena habe, dass er immer nur arbeiten oder dass er jüngere Frauen vögeln würde. Sie hatte zwar mit all dem recht, trotzdem hatte er sich gewehrt. Er hatte hart gearbeitet, um ihren Lebensstil zu finanzieren, ihre teuren Klamotten, Schuhe und Reisen. Und weil er eben viel arbeitete, hatte er wenig Zeit für das wirklich Bedeutende in seinem Leben gehabt: seine Tochter!

Das hatte er ihr immer wieder entgegnet, nur die Affären hatte er nie zugegeben. Aus gutem Grund, weil er wusste, dass sie es nicht verstanden hätte. Er war ein Mann und als Mann war es seine Bestimmung, seinen Samen möglichst oft und vielfältig zu verbreiten. Dafür konnte er nichts. Bis heute war er davon überzeugt, dass Laura nichts von seinen Affären gewusst hatte.

Schneider wischte sich die Tränen vom Gesicht. »Es ist Manuelas Schuld. Alles.«

Der Gedanke, dass er nie wieder seine Tochter auf den Arm nehmen, ihr Lächeln sehen oder ihr eine Gute-Nacht-Geschichte erzählen könnte, quälte ihn entsetzlich.

Alena hatte ihn geliebt, daran zweifelte er keine Sekunde, sie hatte sich geradezu nach seiner Liebe gesehnt und hatte an ihm geklebt, sobald er etwas mehr Zeit für sie gehabt hatte.

Vor zwei Jahren waren sie im Europapark gewesen, im Colosseo Hotel, das neben dem Parkgelände lag. Alena war ihm nicht von der Seite gewichen, was Laura irgendwann gestört hatte, weil ihre Tochter ihr weniger Aufmerksamkeit geschenkt hatte als ihm.

»Du hättest nicht sterben sollen«, schluchzte er. »Du nicht. Du hast doch mit all dem nichts zu tun gehabt.«

Und doch war sie tot. Er konnte die Vergangenheit nicht ändern, egal wie reich er war. Der Mensch konnte die Toten nicht zurückholen oder Taten ungeschehen machen.

Sein Handy klingelte. Er schaute aufs Display und sah, dass es sein Bruder war.

Er nahm das Gespräch an.

»Alles ok?«, fragte Martin.

»Passt schon«, antwortete er.

»Sicher? Du hörst dich an, als hättest du geweint.«

»Und wenn schon, darf ich nicht weinen? Ich habe meine Tochter verloren«, reagierte Schneider scharf. Sein Bruder konnte sehr kalt und berechnend sein, viel mehr als er. Das war schon in ihrer Kindheit so gewesen, Albert war der deutlich Empathischere von beiden. Auf Anraten des Hausarztes und unter dem Druck seiner Mutter hatte Martin sich als Jugendlicher sogar einer Verhaltenstherapie unterziehen müssen. Wirklich etwas gebracht schien es nicht zu haben.

»Doch, natürlich. So ein Verlust ist schwer zu verkraften, aber ich bin bei dir.«

»Das Gefühl habe ich gerade nicht.« Schneider rappelte sich langsam auf. Er wollte nicht weinen, während er mit seinem Bruder sprach.

»Du tust mir unrecht. Ich vermisse Alena genau wie du, sie ist meine Nichte gewesen. Glaubst du, ich bin so herzlos?«

»Manchmal bin ich mir da bei dir nicht so sicher.«

»Das ist nicht okay. Ich bin immer für dich da, das weißt du. Selbst als du deine Privatinsolvenz angemeldet hast, habe ich dich nicht hängenlassen. All das mache ich doch, weil ich dich liebe. Trotzdem müssen wir der Realität ins Auge sehen, weder Laura noch Alena werden zurückkommen. Und es geht um sehr viel Geld. Wir müssen unheimlich vorsichtig sein.«

»Dir geht es nur ums Geld«, zischte Schneider.

»Tut es nicht. Aber willst du auf die Millionen verzichten?«

Schneider lag etwas auf der Zunge, er verkniff sich die Worte jedoch, weil er trotz seiner Trauer, Wut und Enttäuschung am Ende wie sein Bruder dachte. Auch wenn er sich in diesem Moment abgrundtief dafür schämte.

»Nein, aber wann wolltest du mir denn offenbaren, dass du selbst hochverschuldet bist?«, fragte er.

»Ich? Wer erzählt so einen Unsinn?«

»Lüg mich nicht an. Dunja hat es mir gesagt«, antwortete Schneider, er konnte seine Enttäuschung nur schwer verbergen. Er selbst erzählte seinem Bruder alles. Es gab niemanden in seinem Leben, dem er mehr vertraute als ihm, und er hatte immer gedacht, dass sein Bruder das genauso sähe und dass auch er ihm alles anvertraute. Doch wie es schien, ging es Martin nur ums Geld. Was zum Teil seine Schuld war, denn Schneider hatte ihm versprochen, dass er ihm Geld geben würde, wenn er nach der Insolvenz sein Eigentum und Vermögen wieder zurückbekäme. Das war noch vor den Morden gewesen, zu einer Zeit, wo er sich bereits Sorgen gemacht hatte, dass Laura ihm seine Tochter und somit sein Geld wegnehmen würde. In seiner Verzweiflung hatte er sich an die einzige Person gewandt, der er vertraute: seinen Bruder.

Martin hatte ihm daraufhin das Angebot gemacht, ihm sein Vermögen gegen eine zwanzigprozentige Provision zurückzuholen, egal ob Laura das alleinige Sorgerecht bekäme oder nicht. Damals hatte das für ihn absolut fair geklungen, da andere Anwälte, die er vorher gefragt hatte, ihm gesagt hatten, dass es sehr, sehr schwierig sein würde, trotz allem an das Vermögen seiner Tochter heranzukommen. Dabei war es doch sein Geld. Warum hätte er also nicht auf Martins Angebot eingehen sollen? Sein Bruder hatte ihn in dieser schwierigen Zeit unterstützt, und am Ende war es ihm lieber, seinem Bruder die Provision zu zahlen als irgendwelchen anderen Anwälten oder Beratern. So blieb das Geld wenigstens in der Familie und das Gute war, dass er die Kosten auch steuerlich hätte absetzen können.

Dass Martin ihm diesen Vorschlag jedoch nur gemacht hatte, weil er mit dem Rücken zur Wand stand, weil er selbst hochverschuldet war, hatte er weder geahnt noch überhaupt in Erwägung gezogen. Als Dunja ihm davon erzählt hatte, hatte er zunächst geglaubt, sie würde sich einen schlechten Scherz mit ihm erlauben, weil sie Martin hasste. Aber sie hatte eindeutige Argumente vorgelegt, sodass für ihn kein Zweifel mehr bestand, dass sie die Wahrheit sagte. Die Reaktion seines Bruders bestätigte es ihm jetzt.

»Du vertraust also dieser Straßennutte?«, giftete Martin und holte Schneider unsanft aus seinen Grübeleien. Augenscheinlich wollte er die Lüge weiter aufrechterhalten, statt endlich mit der Wahrheit herauszurücken.

Plötzlich kam Schneider ein Gedanke, der ihm große Angst machte.

36

»Ich glaube, das hat Zafer Kaya gar nicht geschmeckt«, sagte Brandt, als sie wieder in ihrem Dienstwagen saßen.

»Glaubst du, dass Ali ihm von seinen neuen Geschäften nichts verraten hat?«

»Davon gehe ich stark aus. Zafer hat zwar versucht, das zu überspielen, aber du weißt, wie Clans funktionieren, die wollen jedes Geschäft machen und die Kreditvergabe zu Horrorkonditionen gibt man nicht so einfach her. Mir stellt sich nur die Frage, warum Özdil nicht mehr für Zafer das Geld eintreibt. Das würde doch nahe liegen, selbst wenn er jetzt die Kneipe hat.«

»Vielleicht ist der Geldgeber auf ihn zugekommen und hat ihn um einen Gefallen gebeten.«

»Möglich. Das würde Sinn ergeben. Schwer vorstellbar, dass Özdil auf eigene Rechnung und ohne Wissen von Zafer Kaya gehandelt hat.«

»Kann ich mir auch nicht vorstellen. Also ist diese Spur eine Sackgasse?«

»Ich fürchte schon.« Brandt schnaubte frustriert. Trotz der vielen Hinweise, denen sie nachgegangen waren, fühlte es sich an, als wären sie kaum einen Schritt vorangekommen.

»Soll ich Walter trotzdem bitten, ein bisschen nachzuforschen?«

»Du meinst, wer der Geldgeber ist?«

»Ja.«

»Warum nicht. Auch wenn ich gerade nicht weiß, was uns das bringen soll.«

»Sei nicht so entmutigt.«

»Bin ich gar nicht. Nur etwas müde.«

»Das Alter?«, schmunzelte Aydin.

»Du Scherzkeks. So langsam gehen uns die Optionen aus.«

»Na ja, wir haben immer noch Marques und Schneider.«

»Bei Marques weiß ich nicht. Immerhin hat er keinen Hehl aus seiner Bisexualität gemacht. Und ich bin geneigt, ihm zu glauben, dass er echte Gefühle für Laura hatte. Soviel ich weiß, ist es doch bei Bisexuellen so, dass sie entweder nur eine Frau oder einen Mann als Partner haben. Die wechseln ja nicht.«

»Da wäre ich mir nicht sicher«, entgegnete Aydin. »Trotzdem hatte ich auch nicht das Gefühl, dass Marques lügt. Die Schulden sind ein starkes Argument, dass er die Nerven verloren haben könnte, aber ob er deswegen zu einem brutalen Mörder wird? Ich weiß nicht.«

Brandt nickte. So gut die Indizien und Tatmotive auf Marques passten, so wenige Anhaltspunkte hatte seine Persönlichkeit ihnen gegeben, dass sie ihn eines Mordes für fähig halten konnten.

»Wir sollten ihn trotzdem weiter im Auge behalten«, antwortete Brandt. Er hatte als Polizist schon zu oft das Unmögliche erlebt und gelernt, nichts absolut auszuschließen.

»Vor allem wegen Özdils Aussage. Soll ich ihn anrufen und ihn damit konfrontieren?«

»Gute Idee.« Brandt war gespannt, ob er zugeben würde, dass Özdil ihn angerufen hatte. Wenn er es täte, wäre das ein weiteres Indiz dafür, dass Marques eher die Wahrheit sagte, als zu lügen.

»Er geht nicht ran«, sagte Aydin. »Wollen wir zu ihm fahren?«

»Warum nicht. Danach suchen wir Manuela Janak auf. Bin gespannt, wie sie auf die Vorwürfe von Marques reagiert.«

»Jetzt, wo ich so darüber nachdenke, erinnert mich das irgendwie an Schneider.«

»Inwiefern?«

»Schneider hat auch behauptet, dass Janak auf ihn stehen würde, um von sich abzulenken.«

»Stimmt. Beide haben sie belastet. Könnte Zufall sein, könnte aber genauso gut sein, dass Janak und Laura doch keine so guten Freundinnen waren.«

»Immerhin konnte sie die Vorwürfe von Albert Schneider entkräften.«

»Auch das stimmt«, nickte Brandt, dennoch wollte dieser Gedanke ihn nicht loslassen. »Sie sagt, dass sie in Wien war, es gibt Rechnungen von dort, aber im Hotel kann keiner bestätigen, sie gesehen zu haben, und im digitalen Zeitalter, wo man online ein- und auschecken kann, muss eine Rechnung nicht unbedingt etwas bedeuten. Sie könnte nach Wien geflogen sein, in das Hotel eingecheckt haben, die nächste Maschine zurück ...«

»Ich weiß nicht, sie hat doch nicht den geringsten Grund, Laura zu töten.«

»Eifersucht. Was, wenn sie es tatsächlich auf Marques abgesehen hatte und der Stachel, dass sie Albert Schneider nicht haben konnte, noch tief saß?«

»Möglich und doch ziemlich weit hergeholt. Du würdest sagen, das klingt verzweifelt.«

»Versuch noch mal, Marques zu erreichen«, antwortete Brandt, ohne auf Aydins berechtigten Einwand einzugehen. In letzter Zeit erwischte er sich ab und an dabei, dass er während der Ermittlungen eine Position von Aydin übernahm, worauf dieser die Theorie kritisch hinterfragte. Das fühlte sich im ersten Moment seltsam an, aber es war durchaus zielführend, denn so konnten sie gegenseitig kleine Zweifel aus dem Weg räumen oder neuen Ideen nachgehen.

»Geht nicht ran.«

»Wen rufst du jetzt an?« Brandt sah, dass Aydin eine neue Nummer wählte.

»Walter.«

»Hallo, Jungs«, hörte Brandt seine Stimme kurz darauf über den Lautsprecher. »Kommt ihr vorbei?«

»Hallo, Walter. Würden wir gerne, aber die Pflicht ruft. Wir sind auf dem Weg zu Boris Marques«, antwortete Aydin.

»Verstehe.« Leichte Enttäuschung lag in Walters Stimme, das war nicht zu überhören.

»Besten Dank für den Hinweis mit Zafer Kaya. Wir waren bei ihm.«

»Nichts zu danken. Hoffe, es hat euch weitergebracht.«

»Auf jeden Fall. Wir wissen, dass Ali seit Januar nicht mehr für Kaya arbeitet. Die Kneipe, die er in Kalk betreibt, gehört Kaya, er bezahlt Miete an ihn. Ansonsten gehen der Clan und er getrennte Wege.«

»Komisch. Ich kann mir schwer vorstellen, dass Özdil so viel Bargeld hat, dass er es verleihen kann.«

»Wir auch nicht«, schaltete sich Brandt in das Gespräch ein. »Wobei der größte Teil davon Zinsen sind. Dennoch glaube ich nicht, dass er sein eigenes Geld an Marques verliehen hat, erst recht nicht, wenn man bedenkt, dass er seit Januar eine Kneipe betreibt. Das wird bestimmt einiges gekostet haben, trotz der spartanischen Einrichtung.«

»Jungs, macht euch keinen Kopf. Onkel Walter findet heraus, wer der Geldgeber ist.«

»Sicher?«, fragte Brandt.

»Was für eine Frage. Habe ich euch den Namen Zafer Kaya besorgt?«

»Hast du«, schmunzelte Aydin. »Brandt möchte nur nicht, dass du dir Ärger einhandelst. Du weißt, wie er das meint. Ich möchte das natürlich auch nicht.«

»Der soll mal tief durchatmen. Gefahr und Vernunft sind meine zweiten Vornamen.«

»Gut, dann schau mal, was du herausfinden kannst. Aber lass nicht auch noch Leichtsinn einen weiteren Vornamen von dir werden«, erwiderte Brandt und zwinkerte Aydin dabei zu.

»Keine Sorge. Ich hoffe, wir sehen uns bald. Gerne mal wieder zum Frühstück im Rico. Hat mir letztens sehr gut gefallen.«

»Gute Idee. Sobald wir Luft haben, rufen wir dich an«, antwortete Aydin.

»Oder ich rufe euch an, falls ich vorher etwas herausfinde.«

»Deal.«

»Gut, Jungs, passt auf euch auf. Ich muss mich um die Würstchen auf dem Grill kümmern.«

»Machen wir«, antwortete Aydin und die beiden Beamten verabschiedeten sich.

»Nun bin ich mal gespannt.«

»Ich auch. Selbst wenn es vermutlich nur die Sackgasse bestätigen wird«, sinnierte Brandt.

»Mag sein, aber man hat richtig rausgehört, wie sehr Walter sich gefreut hat. Ich glaube, der hat großen Spaß daran. Ist ein bisschen Abwechslung vom Grillalltag.«

»Das glaube ich auch«, nickte Brandt, der die erneut aufkommende Sorge, dass Walter nicht mehr der Jüngste und Fitteste war, für sich behielt.

»Kein Licht«, stellte Aydin fest, als sie vor der Galerie standen. Brandt drückte auf die Klingel zu Marques' Wohnung.

»Ausgeflogen.«

»Meinst du, er ist abgehauen?«

»Das möchte ich nicht für ihn hoffen. Das wäre nämlich sehr dämlich, das würde ihn nur noch verdächtiger machen.«

»Hallo, Sie sind doch von der Polizei«, hörten sie eine Stimme hinter sich, es war Franco. »Wollen Sie zu Boris?«

»Genau«, antwortete Aydin.

»Der ist vorhin weg.«

»Wissen Sie, wohin?«

»Ehrlich gesagt, juckt mich das nicht.«

»Aber uns interessiert das«, entgegnete Brandt. Es war dem Studenten deutlich anzusehen, dass er nicht gut auf Marques zu sprechen war. »Wo ist er hin?«

»Ich weiß es leider nicht. Vielleicht lässt er sich von irgendjemandem den Hintern versohlen, weil er Kohle braucht.«

»So sollte man in deinem Alter nicht reden«, antwortete Aydin, er war versehentlich ins »Du« gerutscht.

»Ist doch wahr. Jeder weiß, dass er sich für Geld vögeln lässt«, beharrte der Student.

»Hören Sie, ich weiß nicht, was für Probleme Sie mit Herrn Marques haben, aber wir müssen ihn dringend sprechen. Wissen Sie wirklich nicht, wo er ist? Ihnen ist hoffentlich klar, dass Sie sich strafbar machen, wenn Sie uns anlügen«, erhöhte Brandt den Druck in der Hoffnung, dass Franco ihnen nur aus Trotz nicht verriet, wo sich Marques aufhielt.

»Ich weiß es wirklich nicht, sonst hätte ich es Ihnen gesagt.« Der Student wirkte überhaupt nicht eingeschüchtert. »Ich habe nichts gegen Boris, immerhin war ich mal sein Mitarbeiter, und von wem er sich vögeln lässt, ist auch nicht mein Problem. Wir leben in Köln, der tolerantesten Stadt Deutschlands. Es gibt schon genug Hass auf der Welt, warum sollte ich mich solchen Idioten anschließen?«

»Das sollten Sie wirklich nicht. Bleiben Sie anständig«, antwortete Aydin.

»Sowieso.« Der Student lächelte. »Wenn ich Boris sehe, sage ich ihm Bescheid, dass Sie nach ihm gesucht haben.«

»Tun Sie das bitte. Er soll uns anrufen.«

»Mach ich.« Franco ging weiter und die beiden Beamten blieben zurück.

»Was, wenn er in der Wohnung ist und den Jungen vorgeschickt hat, um uns abzulenken?«, dachte Aydin laut nach.

»Das glaube ich nicht. Franco wirkt nicht wie jemand, der lügt. Lass uns zu Janak fahren.«

»Vorher anrufen?«

»Nein, wir überraschen sie.«

»Woran denkst du?«, fragte Aydin, als es im Wagen kurz still wurde.

»Was, wenn Marques das Weite gesucht hat?«

»Wenn er einen Koffer dabeigehabt hätte, hätte der Student das bemerkt.«

»So jemand flieht nicht mit einem Koffer. Der nimmt nur Geld und Papiere mit«, erwiderte Brandt. Irgendwie wollte ihn dieser Gedanke genauso wenig loslassen wie der, dass auch Manuela Janak ein Mordmotiv hatte: Eifersucht.

»Ergibt für mich keinen Sinn. Wohin sollte er fliehen? Özdil findet ihn, und wer weiß, was er dann mit ihm anstellt. In Köln ist er in Sicherheit.«

»Nicht wegen Özdil, wegen uns. Was, wenn er doch der Mörder ist und Angst hat, dass wir ihm zu dicht auf den Fersen sind? Dass er in Köln vor Özdil am sichersten ist, halte ich für einen schlechten Scherz. Hier sitzt er auf dem Präsentierteller.«

»Nicht unbedingt. Solange wir ermitteln, muss Özdil damit rechnen, dass wir Marques zu den unmöglichsten Zeiten aufsuchen. Wenn ihm dann etwas zustoßen würde, wen würden wir wohl verdächtigen? Meinst du, das riskiert Ali und setzt damit seine Existenz aufs Spiel?«

»Zuzutrauen wäre es ihm. Der Hellste ist er nicht gerade, aber ich verstehe deinen Gedankengang.«

»Auf der anderen Seite wäre es mir nur recht, wenn er Panik kriegt und abhaut, dann wüssten wir endlich, wer unser Mann ist.«

»Wenn es so einfach wäre ...«

»Was ist los mit dir? So negativ eingestellt kenne ich dich gar nicht.«

»Bin ich auch nicht. Aber ich gebe zu, dieser Fall nagt langsam an der Substanz.«

»Wir kriegen das Schwein«, antwortete Aydin und berührte Brandt an der Schulter. »Du und ich haben bisher jeden Täter geschnappt.«

»Stimmt. Leider werden sie nicht weniger. Solange es Menschen gibt, wird es Verbrechen geben.«

So im Gespräch erreichten sie wenig später das Haus von Manuela Janak.

»Ist das nicht das Fahrzeug von Boris Marques?«

»Der hat ein Auto?«, fragte Aydin.

»Warum sollte er keins haben? Es stand die letzten Male immer in der Nähe seiner Wohnung.«

»Ist mir nicht aufgefallen.«

»Hat man euch auf der Akademie nicht gelehrt, Augen und Ohren immer offen zu halten?« Diese Steilvorlage musste Brandt einfach nutzen. Aydin schien der Fauxpas unangenehm, er schaute zur Seite, statt etwas zu erwidern.

»Ob er sich Geld von ihr erhofft?«

»Möglich. Sie hat schon einmal ein Gemälde von ihm gekauft und er steht mit dem Rücken zur Wand.« Brandt war gespannt, was Janak ihnen erzählen würde. »Wir sollten so tun, als ob wir nicht wüssten, dass Marques bei ihr ist.«

»Gute Idee. Mal schauen, wie sie reagiert.«

»Du denkst mit. Das gefällt mir.«

»Wieso habe ich das Gefühl, dass du mich gerade verschaukelst? Bloß weil ich das Auto nicht erkannt habe.«

»Dein Gefühl trügt dich nicht«, schmunzelte Brandt.

»Dein Glück, dass ich so ein entspannter bester Freund bin und über deinen komischen Scherzen stehe.«

Brandts Schmunzeln wurde breiter, er genoss den Moment schweigend.

Beide traten an die Haustür der großzügigen Villa und Brandt betätigte die Klingel. Keine Reaktion.

»Ob sie weggefahren sind?«, sagte Aydin.

»Kann ich mir schwer vorstellen.« Brandt klingelte erneut – mit demselben Resultat, niemand öffnete.

Plötzlich bekam er ein flaues Gefühl in der Magengegend.

»Irgendwas stimmt hier nicht.« Er zog seine Waffe und gab Aydin ein Zeichen, es auch zu tun. »Wir sollten uns umsehen.« Er drückte prüfend gegen die Tür, aber sie war nicht offen.

»Es wäre doch trotzdem möglich, dass sie zusammen weggefahren sind«, wiederholte Aydin, wirklich überzeugt klang er allerdings nicht.

»Sehr unwahrscheinlich. Sie hätte ihn abholen können. Warum sollte er zu ihr kommen, wenn sie dann gemeinsam weiterfahren? Wenn du Gewissheit haben möchtest, da ist die Garage. Schauen wir, ob ihr Auto noch da ist.«

Beide gingen zur Garage und Brandt versuchte, sie zu öffnen, doch sie war verschlossen.

»Siehste.«

»Sie könnte auch automatisch schließen, nachdem sie das Auto rausgefahren hat, so modern wie das Anwesen ist.«

»Sieh dir den Boden an, keine frischen Reifenspuren. Die sind in der Villa. Und es muss einen Grund geben, warum sie uns nicht öffnet.«

»Keinen Bock auf die Polizei.«

»Woher soll sie wissen, dass wir es sind?«

Jetzt schmunzelte Aydin. »Kamera.«

»Okay, Punkt für dich, aber trotzdem unwahrscheinlich. Sie hat keinen Grund, uns nicht die Tür zu öffnen.«

»Stimmt.«

Sie gingen zur Villa zurück und folgten dem schmalen Weg, der zur Terrasse führte. Brandt hoffte, dass er durch die bodentiefen Fenster einen Blick in die Villa werfen könnte. Wenn dort Licht brannte, hätte er seinen Beweis, dass sie zu Hause war.

Als sie die Terrasse erreichten, mussten sie feststellen, dass die elektrischen Jalousien heruntergelassen waren, kein Lichtschein war dahinter auszumachen.

Sie traten näher heran und lauschten.

»Nichts. Kein Ton. Würde man nicht etwas hören, wenn sich zwei Menschen im Wohnzimmer unterhalten?«

»Oder sie vögeln«, entgegnete Aydin.

»Das würde man erst recht hören. Schau dich um, alle Jalousien sind runtergelassen. Wir müssen ins Haus.«

»Wie denn?«

»Das sollte mit unserem Spezialwerkzeug das kleinste Problem sein.«

»Und wenn sie die Alarmanlage aktiviert hat?«

»Warum? Sie hat einen Gast und so spät ist es noch nicht. Komm.«

Sie eilten zurück zur Haustür.

»Vielleicht sollten wir noch mal klingeln, bevor wir zu so einer drastischen Methode greifen.«

»Gut, dann mach das.«

Aydin drückte auf die Klingel und fast war es Brandt, als hätte er ein Geräusch von drinnen gehört.

»Siehste. Sie ist da«, bestätigte Aydin unbewusst, dass Brandt sich nicht geirrt hatte. Das Geräusch war echt.

Doch dann sah er, woher es gekommen war. Eine Katze lief an ihnen vorbei.

»Wir gehen rein. Du bleibst dicht hinter mir.«

»Wie immer«, antwortete Aydin und keine Minute später standen sie in dem großzügigen Flur der Villa. Sofort ging das Licht an, offenbar waren hier Sensoren verbaut.

Brandt folgte dem Flur, die Waffe hielt er entsichert in

der Hand, bereit, sie zu benutzen, wenn nötig. Sie betraten das Wohnzimmer. Diesmal ging das Licht nicht von allein an, Brandt fand den Lichtschalter. Eine Deckenlampe erstrahlte.

»Verdammt«, entfuhr es Aydin. Brandt sah sofort den Grund für die überraschte Reaktion seines Kollegen.

Auf dem Teppich lag Manuela Janak. Sie rührte sich nicht. Brandt eilte zu ihr und fühlte ihren Puls. Nichts. »Ruf den Rettungswagen und bleib bei ihr!«

»Und du?«

»Marques ist noch hier, ich schnappe mir das Arschloch.«

»Ich komme mit.«

»Nein«, wurde Brandt laut. »Du musst hier warten, bis die Sanitäter da sind, falls Marques zurückkommt.«

»Lebt sie?«

»Ich weiß es nicht.« Dass er keinen Puls gefühlt hatte, musste nicht heißen, dass sie nicht doch noch zu retten war. Wobei er sich wenig Hoffnungen machte.

Bevor Aydin etwas entgegnen konnte, entfernte sich Brandt und betrat das nächste Zimmer. Adrenalin schoss durch seinen Körper. Es war unklar, ob Marques bewaffnet war oder nicht.

Kurz überlegte Brandt, ob er nach ihm rufen und ihm damit eine Gelegenheit geben sollte, sich zu ergeben, aber er entschied sich dagegen. Wenn das hier die Tat von Marques war, hatte er sicherlich auch Laura und Alena Schneider ermordet. So jemand war zu allem fähig, das durfte Brandt nicht auf die leichte Schulter nehmen.

Warum er Manuela Janak erwürgt hatte, danach sah es jedenfalls aus, konnte er sich allerdings nicht erklären. Wusste sie etwas, was sie den Beamten vorenthalten hatte und Marques belastete? Oder hatte sie sich geweigert, ihm Geld zu geben?

Beides hielt Brandt für möglich. Endlich passten alle

Puzzleteile zusammen und er war überzeugt, dass sie ihren Mörder hatten: Einen erfolglosen Künstler, der aus Geldnot bereit war, bis zum Äußersten zu gehen.

In den unteren Zimmern fand er Marques nicht. Zurück im Flur überlegte er, ob er die Treppe nach unten nehmen sollte, die vermutlich in den Keller führte, oder im ersten Stock weitersuchen.

Er entschied sich für den ersten Stock.

Behutsam ging er Treppenstufe für Treppenstufe hinauf. Das erste Zimmer rechts war das Kinderzimmer von Janaks Tochter. Sein Magen zog sich kurz zusammen. Das Kind hatte gerade seine Mutter verloren. Dass sie die Attacke überleben würde, konnte er sich inzwischen kaum noch vorstellen.

Da war kein Puls mehr, also mach dir nichts vor!

Brandt verließ das Zimmer und betrat das nächste, auch dort keine Spur von Marques.

Nicht, dass er aus dem Keller geflohen ist, dachte er besorgt und schaute in das angrenzende Zimmer, wo zu seiner Überraschung Licht brannte.

Dann sah er auch, warum. Es war ein Gästezimmer. Vor dem Bett kauerte Boris Marques.

»Keine Bewegung. Sie sind verhaftet!«, machte sich Brandt bemerkbar.

»Ich war das nicht. Ich habe nichts getan«, jammerte Marques mit schwacher Stimme. »Sie hat mich provoziert. Es war ihre Schuld.« Dann schaute er zu Brandt auf. »Sie verstehen das sicher. Ich bin doch ein Mann, aber sie wollte aus mir einen unterwürfigen Hund machen. Ich habe ihr gesagt, dass sie endlich still sein soll, aber sie hat mich nur ausgelacht. Ich konnte mir das nicht mehr bieten lassen. Ich wollte nur, dass sie schweigt. Dass sie endlich schweigt. Es ist ja nicht meine Schuld, dass sie uns Männer so hasst. Es ist ihre Schuld.«

»Aufstehen, und keine Dummheiten«, antwortete Brandt

kalt. Er würde sich von diesem Gejammer sicherlich nicht beeinflussen lassen. Immerhin hatte Marques diese Tat gestanden. Jetzt musste er nur noch die Morde an Laura und Alena Schneider gestehen.

37

Köln, 18. Juli

»Sie lügt«, murmelte Schneider vor sich hin. Sein Bruder hatte vehement bestritten, dass er in finanziellen Schwierigkeiten steckte, und ihm vorgeworfen, dass Dunja ihn nicht nur manipuliere, sondern auch einen Keil zwischen sie beide treiben wolle.

Am Ende hatte Schneider nachgegeben und seinem Bruder zugestimmt. Es ergab einfach keinen Sinn, dass Martin ihn anlog. Warum hätte er lügen sollen? Selbst wenn er Schulden hatte, hätte er ihm das sagen können. Schließlich bezahlte er die Miete des Penthouses und sein Gehalt.

Wobei das nur die halbe Wahrheit war. Immerhin warf die neue Consultingfirma, die zwar offiziell über seinen Bruder lief, in der er aber das Sagen hatte, einen kleinen Gewinn ab. Ohne ihn würde die Firma niemals laufen. Er hatte das Know-how und das Netzwerk, sein Bruder war nur der Jurist.

»Sie lügt«, wiederholte er seinen Gedanken laut, weil es da noch immer diesen kleinen Restzweifel gab, dass sie vielleicht doch die Wahrheit gesagt hatte. Er schaute auf die Armbanduhr. Er hatte fünfzehn Minuten, bevor Dunja kommen würde, sie wollten zusammen mittagessen.

Schneider ging ins Schlafzimmer und zog sich an, im Bad trug er Gesichtscreme auf und benutzte ein teures Parfüm. Sein Blick wanderte zum Spiegel. Er sah einen geschafften Mann mit tiefen Augenringen und blutunterlaufenen Augen. Doch er sah auch Hoffnung. Hoffnung, dass er irgendwann sein altes erfolgreiches Leben wieder zurückhaben würde.

»Du musst nach vorne schauen. Alena kommt nicht mehr zurück, aber du kannst dich deswegen nicht aufgeben. Gib ihrem Tod einen Sinn. Martin hat recht.«

Seine Mundwinkel verzogen sich, weil er wieder daran dachte, dass sein Bruder ihn möglicherweise doch belogen hatte.

»Völlig egal. Es kann dir gleichgültig sein, ob er Schulden hat oder nicht. Du erbst bald alles und verfügst über dein gesamtes Vermögen. Martin wird dir helfen, dass weder das Finanzamt noch der Insolvenzverwalter oder die Gläubiger dich wieder arm machen. Deine zweite Chance.« Albert Schneider atmete ein und aus. »Laura hätte dir alles weggenommen, dieses Biest. Dass sie tot ist, ist deine zweite Chance auf ein besseres Leben. Lass endlich diese negativen Grübeleien sein.«

Kaum ausgesprochen, spürte er, wie jemand ihn umarmte.

»Na, Schatz«, sagte Dunja. Sie hatte das Penthouse betreten und war ins Badezimmer gekommen, ohne dass er es bemerkt hatte. Da sie einen Schlüssel besaß, war es auch nicht nötig, zu klingeln.

»Hast du Hunger?«, antwortete er und drehte sich zu ihr. Sie gab ihm einen Kuss, den er erwiderte.

»Und wie. Wo gehen wir hin?«

»Lass dich überraschen.«

Sie gingen ins Wohnzimmer, wo Schneiders Handy auf dem Esstisch gerade zu klingeln begann. Es war sein Bruder. Schneider steckte das Handy in die Hosentasche und nahm den Anruf nicht an.

»Willst du nicht rangehen?«

»Nein, jetzt nicht. Jetzt habe ich Hunger.«

»Also glaubst du mir endlich?«

»Das ist am Ende egal, lass uns gehen.«

»Wieso ist das egal? Ich bin deine Freundin. Glaubst du etwa, dass ich dich anlügen würde?«

»Das habe ich gar nicht behauptet, aber es ist müßig, darüber zu streiten. Erst recht, wenn ich Hunger habe. Du weißt, dass ich dann launisch werde«, entgegnete er und zwinkerte ihr zu. Er hoffte, dass Dunja begriff, dass es ein Fehler wäre, mit ihm zu streiten.

»Du glaubst mir nicht«, schnappte sie ein. »Ich sehe es an deinen Augen. Du hast nicht die Eier, deinen Bruder zur Rede zu stellen.«

»Lass das!«, drohte Schneider und spürte, wie sich seine Laune verschlechterte. »Warum musst du immer weiter darauf herumreiten?«

»Tue ich gar nicht. Trotzdem frage ich mich, warum du nicht zu mir stehst? Ist es denn zu viel verlangt, dass ich möchte, dass mein Freund zu mir steht?«

»Ich stehe zu dir, aber du hast diese negative Angewohnheit, aus jeder Mücke einen Elefanten zu machen.«

»Das stimmt überhaupt nicht.« Dunja schob ihre Unterlippe vor und ihre Augen funkelten kurz auf. Sie war auf Krawall gebürstet, das war offensichtlich.

»Macht dir das Spaß oder macht es dich geil?« Schneider war es immer wieder ein Rätsel, wie sich Dunja derart in kleine Dinge hineinsteigern konnte.

»Was soll mir Spaß machen?«

»Na, das hier. Bist du ein Straßenmädchen, das man immer wieder zurechtweisen muss wie einen Hund?« Schneider vergaß sich für einen Moment.

»Wie sprichst du denn mit mir?«

»Augenscheinlich verstehst du keine andere Sprache. Ich hatte mich auf das Essen mit dir gefreut, habe nichts gefrühstückt und nicht einen Schluck Alkohol getrunken, obwohl ich jede Menge Probleme habe, und du kommst mir mit meinem Bruder? Siehst du nicht, was ich gerade durchmache? Was geht dich mein Bruder an?«, brüllte Schneider. Am liebsten hätte er Dunja am Hals gepackt und ordentlich durchgeschüttelt, damit die vielen lockeren

Schrauben in ihrem Kopf wieder an die richtige Stelle kamen.

»Weil du nicht kapierst, dass dein Bruder ein verlogener Mistkerl ist. Aber anscheinend liegt das ja in der Familie. Ihr lügt doch alle. Von wegen, du hast heute nichts getrunken. Für wie dumm hältst du mich, du Hurensohn?«, rief Dunja.

»Achte auf deine Grenzen«, ermahnte Schneider sie.

»Und wenn nicht? Willst du mich dann schlagen? Lüge ich denn?«, giftete Dunja zurück.

Damit ging sie eindeutig zu weit. Unwillkürlich holte Schneider aus, verfehlte sie aber bewusst und ließ seine Hand über ihren Kopf sausen.

»Du Wichser, du wolltest mich echt schlagen«, brüllte Dunja und machte einen Schritt zurück.

»Dann provozier mich nicht. Du musst echt mal zum Psychologen.«

»Bestimmt nicht. Ich habe mir nichts vorzuwerfen, ich bin mir immer treu. Ich lüge nicht und bestehle niemanden – im Gegensatz zu dir und deinem Bastard von Bruder.«

»Lass das, gleich vergesse ich mich«, drohte Schneider. Er spürte, dass er gleich keine Kontrolle mehr über sich haben würde. Er kannte diesen Zustand, in dem die Wut in ihm so groß wurde, dass er alle Bedenken über Bord warf und wild um sich schlug.

»Ihr seid alle Lügner.«

»Womit habe ich denn gelogen?«

»Siehst du, du weißt nicht mal mehr, wann du lügst. Was ist mit deinem Alibi, du Dreckskerl?«

»Was soll damit sein?«

»Du hast kein Alibi. Ich habe für dich gelogen.«

Schneider lachte. Seine Augen waren weit aufgerissen und der Zorn hatte längst die Kontrolle übernommen. »Du Schlampe, dann hast ja wohl du gelogen und nicht ich.«

»Gib's doch zu. Du hast deine Frau und deine Tochter ermordet, du Hurensohn.«

Kaum hatte Dunja den Satz ausgesprochen, ließ Schneider seine Faust auf sie niedersausen.

38

Manuela Janak hatte den Angriff nicht überlebt und Boris Marques befand sich in U-Haft. Am späten Vormittag saßen Brandt und Aydin im Büro von Bender.

»Hat er gestanden?«, fragte ihre Chefin.

»Nein, er schweigt zu den Morden an Laura und Alena Schneider«, antwortete Brandt.

»Nicht gut. Zumindest haben wir ihn wegen Manuela Janak dran.«

»Möglich. Er beharrt aber darauf, dass es Notwehr war, dass sie auf abartigen, gewalttätigen Sex stand und seinen Intimbereich verletzt habe. Da habe er sich nicht anders zu helfen gewusst, um sich aus dieser Lage zu befreien. Er wollte sie nicht töten, sondern sich nur aus ihrem Griff befreien«, erklärte Aydin.

Bender erwiderte nichts, sie rieb sich die Stirn. »Glaubt ihr ihm?«

»Ich weiß es nicht. Die Ärzte in der JVA haben uns bestätigt, dass es massive Verletzungen im Intimbereich gibt. Möglich, dass sie wirklich auf abgefahrenen, harten Sex steht«, berichtete Brandt.

»Warum war er bei ihr?«

»Weil er sich Geld erhoffte.«

»Ihr solltet euch erneut mit ihm unterhalten, ihn unter Druck setzen. Er wird auf jeden Fall wegen dieses Mordes angeklagt und er soll begreifen, dass er sich in einer aussichtslosen Situation befindet. Wenn er die Morde an Laura und Alena Schneider gesteht, könnte sich der Staatsanwalt auf einen Deal einlassen. Spätestens die DNA-Analyse wird uns Auskunft darüber geben, und sollte es eine Übereinstimmung mit den Hautpartikeln geben, sieht es sehr schlecht für Marques aus. Sagt ihm das, das erhöht den Druck. Ich will ein Geständnis, noch heute. Wenn er es war.«

»Das hatten wir vor«, antwortete Brandt. »Wir wollten ihm nur etwas Zeit geben, um sich zu beruhigen. Gestern Abend war kaum etwas aus ihm herauszubekommen. Außerdem wollten wir die Ergebnisse der ärztlichen Untersuchung abwarten.«

»Gebt mir Bescheid, wie das Gespräch verlaufen ist.« Brandt und Aydin nickten und verließen ihr Büro.

»Haben wir noch Zeit für einen Espresso?«, fragte Aydin auf dem Weg in die JVA. Wie gewohnt fuhr Brandt.

»In der Kantine?«

»Nicht dein Ernst? Da gibt's doch keinen guten Espresso. Außerdem hätten wir jetzt eh Mittagspause.«

»Mittagspause bei der Kriminalpolizei? Steigt dir die Hitze zu Kopf? Na gut, bevor du weiterjammerst, sag mir lieber, wo du einen Espresso trinken möchtest.«

»Ich hatte an das Café Rico gedacht.«

»Das ist ein Riesenumweg.«

»Das ist in Ehrenfeld.«

»Okay, du lotst mich hin. Ich hoffe, du weißt das zu schätzen.«

»Immer doch.« Aydin strahlte. »Bevor ich es vergesse: Nina hat vorgeschlagen, dass wir alle ein Wochenende im Europapark verbringen könnten.«

»Wann?«

»Wenn der Fall abgeschlossen ist. Sollte Marques gestehen, könnten wir nächstes Wochenende fahren.«

»Gute Idee. Ylva wird sich freuen.«

»Unter uns, es war auch ihre Idee.«

»Sehr schön, ich war lange nicht im Europapark. So ein Wochenende wird uns guttun. Und nur, dass du Bescheid weißt, du fährst jede Attraktion, die ich auch fahre.«

»Was für eine Frage, natürlich. Oder glaubst du, ich hätte Angst?«

»Ich kann mir dich jedenfalls kaum im Wudan oder in der Silver Star vorstellen.«

Aydin lachte. »Die Holzachterbahn heißt Wodan, man sollte schon den richtigen Namen kennen. Ich werde in jede Attraktion gehen, in die du gehst.«

»Deal?«

»Deal.« Aydin reichte ihm die Hand und Brandt schlug ein.

In dem Moment klingelte sein Handy und er nahm das Gespräch über die Freisprechfunktion an.

»Polizei Köln, Brandt«, meldete er sich, da er die Nummer nicht kannte.

»Hallo, Herr Brandt«, hörte er eine Frau schluchzen. »Ich muss Sie sprechen.«

»Worum geht es?«

»Es geht um Albert Schneider und sein Alibi.« Die Frau weinte.

»Spreche ich mit Dunja Rost? Was ist mit dem Alibi?«

»Der Hurensohn hat kein Alibi. Ich habe gelogen.«

»Wo sind Sie?«

»Zu Hause.«

Brandt bat um die Anschrift und sagte dann: »Bleiben Sie zu Hause. Wir sind in zehn Minuten bei Ihnen.« Damit beendete er das Gespräch.

»Kein Espresso«, kommentierte Aydin enttäuscht. »Glaubst du ihr?«

»Warum sollte sie lügen?«

»Heißt das dann, dass Schneider seine eigene Frau und seine Tochter ermordet hat und Marques nicht lügt?«

»Keine Ahnung«, antwortete Brandt, der eine plötzliche Anspannung spürte. So schnell konnte eine Ermittlung komplett auf den Kopf gestellt werden. Aber für voreilige Schlüsse war es zu früh, noch hatten sie nicht mit Dunja Rost gesprochen.

Schneiders Freundin wohnte in einer kleinen Zweizimmerwohnung in Köln Nippes. Ihre Augen waren voller roter Äderchen, selbst jetzt weinte sie noch. Ihr Gesicht zeigte zahlreiche rote und blaue Flecken. Jemand musste brutal immer wieder auf sie eingeschlagen haben.

»War das Albert Schneider?«, fragte Brandt fassungslos.

»Wer sonst? Dieser Bastard. Aber er wird noch das Nachsehen haben, wenn er glaubt, er könnte so was mit mir machen.« Ihre Worte klangen giftig, ihre Augen funkelten hasserfüllt.

»Was ist passiert?«, fragte Aydin und reichte ihr ein Taschentuch, als er sah, dass sie ihre Tränen mit dem Ärmel wegwischte.

»Er hat wie ein Verrückter auf mich eingeschlagen. Der ist komplett durchgedreht, ein absoluter Psycho.«

»Und warum hat er Sie geschlagen?«, fragte Brandt.

»Weil er halt ein Psycho ist, warum sonst, dieser verdammte Hurensohn. Aber er weiß nicht, mit wem er sich angelegt hat.«

»Haben Sie ihm gedroht, dass Sie sein Alibi zurücknehmen werden?«, versuchte Brandt zu ihr durchzudringen. So schlimm er Gewalt gegen Frauen fand und sie auf Schärfste verurteilte, er wollte nicht glauben, dass Schneider aus heiterem Himmel auf sie eingeschlagen hatte.

»Erst als es mir zu bunt wurde. Warum soll ich für so jemanden lügen? Für jemanden, der seinem Lügenbruder mehr glaubt als mir.«

Dass sie soeben eine Straftat gestanden hatte, offenbarte Brandt ihr zunächst nicht, da er noch unsicher war, ob sie Schneider damit nur eins auswischen wollte.

»Sie müssen sich bei Ihrer Aussage ganz sicher sein. Sie wissen, welche Konsequenzen es für Herrn Schneider haben kann, wenn Sie das Alibi zurückziehen.«

»Ja und? Was geht mich das an? Dieser Dreckskerl,

wenn er glaubt, dass er mich schlagen kann und ich wie ein Hund zu ihm zurückkrieche, hat er sich geirrt.«

»Also bleiben Sie bei Ihrer Aussage, dass Sie an dem Abend nicht zusammen waren?«

»Nein, waren wir nicht.«

»Warum haben Sie ihm dann trotzdem ein Alibi gegeben?«, bohrte Brandt nach. Er musste ganz sichergehen, dass sie diesmal nicht log.

»Weil er mein Freund ist und ich loyal bin. Was für eine Frage ist das denn?« Sie wirkte pikiert, als wäre es vollkommen unverständlich, dass Brandt ihre Beweggründe nicht verstand.

»Dass Sie sich damit keinen Gefallen getan haben, ist Ihnen aber bewusst«, antwortete Aydin. »Sie wissen, dass Ihnen das jede Menge Ärger einbringen kann.«

»Nein, das wusste ich nicht. Ich bin davon ausgegangen, dass er nichts mit den Morden zu tun hat. Ich konnte nicht wissen, was für eine falsche Schlange er ist.« Schwere Enttäuschung schwang in ihrem aggressiven Ton mit.

»Glauben Sie, dass er seine Frau und seine Tochter ermordet hat?«, fragte Brandt.

»Woher soll ich das wissen? Aber wer eine Frau so zusammenschlägt wie mich, könnte wohl auch seine Frau ermorden. Vor allem, wenn man so pleite ist wie er. Er und sein Bruder, die sind doch beide Blender. Das schöne Penthouse – scheiß drauf! Gehört alles der Bank. Aber Albert glaubt lieber seinem Münchhausen-Bruder als mir.«

»Womit hat Schneiders Bruder denn gelogen?«

»Na, dass er Geld hat, obwohl er total verschuldet ist. Albert wusste nichts davon. Sein Bruder hat ihn an den Eiern, diesem Lügenbaron glaubt Albert alles, nur mir nicht.«

»Wie kommen Sie auf die Behauptung, dass der Bruder verschuldet ist?«

»Das weiß ich von Levent, er ist bei den Hells Rockern. Levent würde mich niemals anlügen.«

»Wissen Sie, um welche Summe es sich handelt?«

»Nein, ist mir auch scheißegal«, antwortete Dunja. Es schien, als würde sie sich langsam beruhigen. »Aber wer seine Schulden bei den Rockern nicht zahlen kann, muss tief in der Scheiße sitzen.«

»Wären Sie bereit, das unter Eid auszusagen?«

»Warum?« Dunja verzog ihr Gesicht.

»Nun, Sie haben uns offensichtlich angelogen, als Sie Herrn Schneider ein Alibi gegeben haben ...«

»Aber nur, weil ich mich nicht selbst verdächtig machen wollte«, platzte sie heraus. Die Antwort kam zu schnell, um gelogen zu sein.

»Hatten Sie Kontakt zu Laura Schneider?«, fragte Brandt. Alles andere ergab keinen Sinn, denn warum sonst sollte sie sich verdächtig machen? Hatte Dunja sich damit soeben selbst belastet?

Merkwürdige Gedanken schossen Brandt durch den Kopf. Eifersucht war neben Gier ein ebenso starkes Tatmotiv.

39

Hatte Marques also doch die Wahrheit gesagt und war unschuldig? Brandt schloss mittlerweile gar nichts mehr aus, ebenso wenig, dass Dunja Rost Laura Schneider als ihre Nebenbuhlerin ermordet hatte.

Dunja war leicht reizbar und auch sonst machte sie auf Brandt nicht den Eindruck, als würde sie sich zurückhalten. Eine Frau, mit der man sich besser nicht anlegte und die glaubte, allein durch vulgäre Sprüche, vermutlich gepaart mit Gewaltandrohung, durchs Leben zu kommen. Es war also durchaus möglich, dass sie Schneider das Alibi aus dem Grund gegeben hatte, den sie eben genannt hatte: um sich selbst zu schützen.

Allerdings war es genauso gut möglich, dass sie sich in ihrer Wut verplappert hatte, obwohl sie einen ganz anderen Plan gehabt hatte. Es wäre nicht das erste Mal, dass ein Täter sich durch einen Versprecher verriet. Schneider war in ihren Augen sicherlich eine gute Partie, den würde sie trotz seiner Gewalttätigkeit und seiner cholerischen Art so schnell nicht aufgeben. Vielleicht wollte sie ihn finanziell bluten lassen, auch das wäre nicht ungewöhnlich. Es gab attraktive Frauen, die ihre Reize ausspielten, um Männer in die berühmte »Venusfalle« tappen zu lassen.

In ihrer jetzigen aufgebrachten Verfassung würden sie es hoffentlich schaffen, Dunja zum Reden zu bringen.

»Warum waren Sie bei Laura Schneider?«, fragte Aydin.

»Ich war nicht bei ihr«, versuchte Dunja sich herauszureden.

»Lassen Sie das«, ermahnte Brandt sie. »Sie haben eben gesagt, dass Sie Herrn Schneider das Alibi gegeben haben, weil Sie sich nicht selbst verdächtig machen wollten.«

»Ich habe sie nicht getötet. Darauf läuft es doch hinaus. Sie wollen mir den Mord in die Schuhe schieben, weil ich mir keine teuren Anwälte wie Albert leisten kann. Ich hab's gewusst!«

»Jetzt entspannen Sie sich«, wurde Brandt deutlich. »Wir wollen Ihnen gar nichts unterstellen. Sie sollten nur endlich ehrlich zu uns sein. Auch in Ihrem eigenen Interesse.«

Dunja rümpfte die Nase und warf Brandt einen missbilligenden Blick zu, sie suchte offensichtlich nach dem Haken an der Sache.

»Sie mögen vielleicht schlechte Erfahrung mit der Polizei gemacht haben«, lenkte Aydin ein, »aber Sie müssen uns vertrauen. Wenn Sie sich nichts haben zuschulden kommen lassen, könnten Sie uns sehr helfen, zu verstehen, was passiert ist, damit wir den Täter fassen können. Oder möchten Sie, dass ein Mörder, der eine Frau und ein kleines sechsjähriges Mädchen ermordet hat, weiter frei herumläuft?«

Dunja schluckte, ihr Blick zeigte nicht mehr dieses Misstrauen, sie wirkte eher unsicher. »Es tut mir so leid um Alena. Sie war nett. Ich kannte sie. Aber ich schwöre Ihnen, dass ich es nicht war. Ich war nur bei ihr.«

»Warum?«, fragte Brandt.

»Ich wollte mit Laura reden, wegen des Sorgerechts. Das hat Albert so zu schaffen gemacht. Alena braucht doch auch ihren Vater. Ich hatte gehofft, dass ich Laura umstimmen könnte, diesen Sorgerechtsstreit sein zu lassen.«

»Wie hat sie darauf reagiert?«

»Gar nicht.«

»Wie, gar nicht?« Brandt verstand sie nicht. War das wieder ein Ablenkungsmanöver von ihr, um sich eine weitere Ausrede oder Lüge einfallen zu lassen?

»Ich habe nicht mit ihr gesprochen. Ich konnte nicht.«

»Hat Sie der Mut verlassen?«, fragte Aydin.

»Anfangs nicht. Aber sie hatte echt viel Besuch an dem Tag.«

»Besuch? Von wem?«, hakte Brandt nach. Das war höchst interessant, da sie bisher davon hatten ausgehen müssen, dass Laura Schneider keinen Besuch gehabt hatte. Außer von Marques.

»Ali war da.«

»Ali Özdil?«

»Sie kennen Ali?«

»Ja, tun wir. Wissen Sie, was er von ihr wollte?« Wieder schossen Brandt wildeste Gedanken durch den Kopf.

»Klar.«

»Wieso ist das klar?« Brandt fasste sich innerlich an den Kopf. Was war hier los?

»Ali und Levent sind Freunde. Jeder weiß, dass Ali Geldeintreiber ist, und der hatte sicherlich keine Affäre mit Laura, dafür war die sich viel zu fein. Jede Wette, dass er bei ihr die Schulden von diesem Taugenichts von Maler eintreiben wollte.«

»Woher wissen Sie, dass Herr Marques Schulden hat?«

»Glauben Sie etwa, ich bin blöd? Warum sonst hätte Ali zu ihr gehen sollen, wenn nicht wegen dieses Typen? Alberts Frau war finanziell stabil. Die Villa gehörte ihr und ihre Tochter besaß jede Menge Immobilien. So eine leiht sich doch kein Geld von Alis Leuten.«

Das war scharfsinnig beobachtet, das immerhin musste Brandt ihr zugestehen. »War Boris Marques an dem Tag auch bei Laura?«, erkundigte er sich.

»Keine Ahnung, jedenfalls habe ich ihn nicht gesehen.«

»Wann waren Sie denn bei ihr?«

»Das muss gegen 17 Uhr gewesen sein.«

»Haben Sie gesehen, wie Herr Özdil das Anwesen verließ?«

»Das habe ich. Ich habe ja im Auto gewartet, bis er weg ist, damit ich mit ihr sprechen konnte.«

»Wann war das?«

»17:15 Uhr schätze ich. Es hat nicht lange gedauert.«

»Und dann haben Sie Laura einen Besuch abgestattet?«, bohrte Brandt weiter. Die Zeitangabe passte leider nicht, um Özdil als Täter zu verdächtigen, was natürlich nicht hieß, dass er sie nicht abends erneut aufgesucht haben könnte.

»Nein, habe ich nicht. Ich sagte doch, sie hatte viel Besuch an dem Tag«, reagierte sie gereizt.

»Wer hat sie noch besucht?«, fragte Aydin.

»Sie werden mir das vermutlich nicht glauben.«

»Warum sollten wir Ihnen nicht glauben, wenn Sie uns die Wahrheit sagen?«, erwiderte Aydin. »Vertrauen Sie uns, bitte.«

»Martin Schneider.«

»Der Bruder von Albert?«

»Genau, dieser elende Lügner. Und ich weiß, auch was er von ihr wollte.«

»Was?«, fragte nun Brandt.

»Na, was wohl? Geld. Es geht doch immer nur um Geld. Martin ist ein Freak, ein eiskalter Psycho, der nur an sich und seinen Vorteil denkt. Er steht mit dem Rücken zur Wand und wollte sicherlich auch Geld von Laura. Ich hoffe, Sie glauben mir, im Gegensatz zu Albert. Ich möchte doch nur, dass man mir endlich glaubt, ich lüge nicht. Ist das zu viel verlangt?«

»Wie lange war Martin Schneider bei ihr?«

»Keine Ahnung, eine halbe Stunde oder so.«

»Haben Sie Laura Schneider dann einen Besuch abgestattet?«

»Nein, meine Wut war verflogen, und ich wollte Albert erzählen, was für eine Ratte sein Bruder ist und dass er hinter seinem Rücken seine Frau besucht.«

»Wie war die Reaktion von Herrn Schneider?«

»Ich habe es ihm nicht erzählt.«

»Warum nicht?« Für Brandt war das alles gerade kaum noch zu verstehen, andererseits passte es zu dem labilen Gesamtbild, das er von Dunja gewonnen hatte. So taff sie sich auch gab, am Ende war ihr gossenhaftes Auftreten nichts anderes als Selbstschutz, damit niemand sah, wie verletzlich sie war.

»Keine Ahnung, es gab irgendwie keinen Grund mehr und ich wollte mich nicht in diese Familienangelegenheiten einmischen. Als Außenstehende zieht man doch immer den Kürzeren. Das beste Beispiel ist wohl mein Gesicht.« Sie presste die Lippen zusammen, ihre Augen glänzten feucht. »Egal, wie man es macht, man macht es am Ende falsch.«

»Ist Ihnen etwas an Martin Schneider aufgefallen, als er ging?«, fragte Brandt. Er war geneigt, Dunja zu glauben, dass sie wirklich nicht mehr zu Laura Schneider hineingegangen war.

»Er war mächtig angepisst.«

40

Das Gespräch mit Dunja Rost hatte dem Fall eine dramatische Wendung gegeben. Plötzlich hatten sie zwei neue Hauptverdächtige.

»Glaubst du ihr?«, fragte Aydin, als sie zum Wagen gingen.

»Ich bin geneigt, es zu tun. Und du?«

»Ich auch.«

»Dann müsste schon viel schiefgehen, wenn wir beide uns irren«, antwortete Brandt. Aydin war ein sehr besonnener und rational denkender Mensch, Brandt vertraute ihm hundertprozentig.

»Und was, wenn sie es doch war?«

»Daran habe ich auch schon gedacht. Eifersucht ist ein starkes Tatmotiv. Aber sie hätte nichts davon gehabt. Laura wollte sich ohnehin scheiden lassen, insofern stand sie ihr nicht im Weg.«

»Ist mir auch durch den Kopf gegangen.«

»Was ist mit Marques?«

»Der muss warten.«

»Also hältst du es für möglich, dass er nicht der Täter ist?«

»Gerade halte ich alles Erdenkliche für möglich. Gestern noch hatten wir mit Schneider und Marques nur zwei Hauptverdächtige. Jetzt sind es vier mit Özdil und dem älteren Bruder. Wir müssen uns mit den beiden unterhalten. Fischer soll uns die Kontaktdaten von Martin Schneider besorgen.«

»Ich ruf' ihn an.«

»Danke.«

Während Aydin mit Fischer telefonierte, versuchte Brandt, die neuen Puzzleteile zusammenzubringen.

»Mal laut nachgedacht«, ließ sich Aydin vernehmen, nachdem er das Telefonat beendet hatte. »Warum lässt sich Schneider auf Dunjas Alibi ein, wenn er unschuldig ist?«

»Weil sie seine Freundin ist und er sich mit diesem Alibi aus der Schusslinie holt.«

»Aber er weiß doch, dass sie unberechenbar ist, dass sie einen psychischen Knacks hat.«

»Er selbst ist keinen Deut besser und sicherlich glaubt er, dass er sie im Griff hat. Dass sie so scharf gegen ihn schießen würde, ist in seiner Gedankenwelt unvorstellbar. Genauso wie es für ihn unvorstellbar war, dass sich seine Frau von ihm würde scheiden lassen. Aber macht diese Alibilüge ihn zu einem Mörder? Zu jemandem, der den einzigen Menschen ermordet, der ihm wirklich etwas bedeutet: seine Tochter?«

»Nach der Geschichte von der Mutter, die ihre Kinder getötet hat, schließe ich nichts mehr aus.«

»Wir sind unserem Ziel sehr nahe, ich fühle das. Einer von denen war es.«

»Oder Marques. Immerhin hat er gerade erst eine Frau umgebracht.«

Brandt nickte nur, doch seinen wahren Gedanken über Marques behielt er für sich. Es gab auch keine Gelegenheit mehr, weiter zu diskutieren, da sie ihr Ziel in Kalk erreicht hatten.

Sie stiegen aus, besprachen kurz die Vorgehensweise und betraten die Kneipe von Ali Özdil.

»Sagt mal, seid ihr schwer von Begriff?«, motzte Ibo, als er die beiden Beamten sah. »Ich glaube, ihr wollt wieder geklatscht werden.«

»Sie halten schön Ihren Mund, sonst nehmen wir Sie mit aufs Präsidium«, drohte Brandt. »Herr Özdil, wir müssen uns kurz mit Ihnen unterhalten.«

Özdil warf Brandt einen kritischen Blick zu. »Hört das denn gar nicht mehr auf?« Er atmete hörbar aus. »Jungs, lasst uns mal zehn Minuten allein. Geht euch Döner holen.«

Ibo und Moe murmelten etwas und gingen dann widerwillig nach draußen.

»Ihre Freunde werden Sie noch mal in arge Schwierigkeiten bringen.«

»Sie haben ja keine Ahnung. Was sollte das eigentlich?«

»Was?«, fragte Aydin. Brandt hätte die Frage einfach ignoriert.

»Na, das mit Zafer abi.«

»Was soll mit Herrn Kaya sein?«

»Lügen Sie nicht. Sie waren bei ihm und haben mich schlechtgemacht.«

»Beruhigen Sie sich. Ja, wir waren bei ihm, aber uns interessiert nur eines: Wer ist der Mörder von Laura und Alena Schneider? Wenn Sie der Mörder sind, haben Sie allen Grund, besorgt zu sein, ansonsten entspannen Sie sich.«

»Entspannen Sie sich mal«, wurde Özdil laut. »Sie rufen Zafer abi an und sagen ihm, dass ich nichts damit zu tun habe. Ich töte keine kleinen Kinder.«

Brandt freute sich insgeheim über Özdils Reaktion. Dass Kaya Ali kontaktiert hatte, kam ihm sehr gelegen. Özdil stand unter Druck, und wie es aussah, hatte Kaya immer noch großen Einfluss auf ihn. Erst bei ihrem letzten Treffen hatte Zafer Kaya deutlich gemacht, dass der Kaya-Clan keine Gewalt gegen Kinder und Frauen duldete, das war tabu. Wenn er aber nun herausfand, dass Özdil der Mörder war, würde er sicherlich dafür sorgen, dass er spurlos verschwand, und das musste Brandt um jeden Preis verhindern. In Deutschland war die Gewaltenteilung im Grundgesetz verankert, da hatte Selbstjustiz nichts verloren. Am Ende war es wohl doch klug gewesen, dass sie

Walter um Hilfe gebeten hatten. Ohne ihn hätten sie Ali nicht da, wo er jetzt war.

»Erzählen Sie uns, was Sie am 10. Juli bei Laura Schneider zu suchen hatten.«

»Was, wann?« Özdil wirkte weiterhin genervt.

»Herr Özdil, Sie scheinen nicht zu begreifen, dass wir gerade die beste Option sind, die Sie haben. Sie wissen, was der Kaya-Clan mit Leuten macht, die Kinder und Frauen töten, und das erst recht, wenn diese auf der Gehaltsliste des Clans stehen.«

»Ich bin mein eigener Boss.« Ali richtete sich auf und streckte die Brust vor, dabei schnaubte er verachtend.

»Das sehe ich. Ihre Kneipe gehört dem Kaya-Clan. Egal was Sie machen, Sie werden sich niemals von denen lösen können, solange der Clan es nicht will. Sie sind sicherlich schlau genug, um zu wissen, was mit Leuten geschieht, von denen die Clanmitglieder glauben, dass sie eine Gefahr darstellen. Warum waren Sie am 10. Juli bei Laura Schneider? An dem Tag, an dem sie und ihre Tochter ermordet wurden?«

Özdil verdrehte die Augen, dann verschränkte er die Arme vor der Brust und runzelte die Stirn, als würde er überlegen.

»Ja, verdammt. Ich war da. Aber ich habe sie nicht getötet. Ich bin kein Frauenkiller und erst recht kein Kindermörder.«

»Was wollten Sie bei ihr?«, wiederholte Brandt. Endlich tat sich etwas, aber hieß das auch, dass Özdil als Täter ausschied?

»Mit ihr reden.«

»Worüber?«, fragte Aydin.

»Über mein Investment. Ich bin Geschäftsmann und muss mir alle Möglichkeiten offenhalten.«

»Haben Sie Laura Schneider bedroht?«

»Nein, habe ich nicht ...« Özdil unterbrach sich. »Ich

habe sie unter Druck gesetzt, ja, aber nicht bedroht. Ich habe ihr nur klargemacht, was mit ihrem Maler passiert, wenn er nicht endlich seine Schulden bezahlt.« Özdil wirkte angespannt, seine Augen strahlten jedoch nicht mehr diese Wut aus wie zuvor. »Verdammt, ich stehe doch selbst unter Druck. Ich habe mir das Geld besorgt und was von meinem Ersparten dazugelegt, das habe ich dann verliehen. Ich konnte ja nicht ahnen, dass der Maler so ein Blender ist. Der hat mich und seine Freunde verarscht.« Kaum hatte er das ausgesprochen, atmete er so schnell, als hätte er gerade einen Sprint hingelegt.

»Wie hat Laura darauf reagiert?«

»Ich hatte das Gefühl, dass sie begriffen hat, in welch aussichtsloser Situation ihr Macker ist, und ich glaube, sie wollte ihm helfen.«

»Und dann sind Sie gegangen?«, fragte Aydin.

»Ja, verdammt. Ich war um 20 Uhr mit meinen Freunden verabredet, das habe ich Ihnen doch schon mal gesagt. Mein Alibi ist echt.«

»Können Sie das auch beweisen? Mal abgesehen davon, dass Ihre Freunde es bezeugen«, blieb Aydin hartnäckig.

»Du verdammter Kanake, glaubst du, ich habe es nötig, zu lügen?«, wurde Özdil laut. Er griff nach seinem Handy, das auf dem Tresen lag, suchte etwas im Speicher und zeigte es anschließend den Beamten.

Auf dem Bildschirm war ein kurzes Video zu sehen, das Özdil und seine Freunde in einer Shishabar zeigte.

»Das können Sie gerne überprüfen. Ich war Shisha rauchen an dem Tag, bis morgens um 3 Uhr.«

41

»Özdil scheidet also aus«, sagte Aydin. Sie waren mittlerweile auf dem Weg zu Martin Schneider.

Fischer hatte ihnen die Kontaktdaten besorgt, Aydin hatte ihn daraufhin angerufen und um ein persönliches Gespräch gebeten. Aus einer früheren Unterhaltung mit Albert Schneider wussten sie, dass der Bruder sich derzeit in Köln aufhielt.

»Bleiben drei Verdächtige.«

»Stimmt, wobei ich Albert Schneider vor den beiden anderen sehe, auch wenn es unvorstellbar erscheint, dass ein Vater seiner Tochter die Kehle durchschneidet. Insgeheim hatte ich gehofft, dass es Özdil ist.«

»Warum?« Brandt dachte ähnlich wie Aydin, aber es lag auf der Hand, dass Schneider gelogen hatte. Sein Alibi war nicht echt und Schneider war ein gewalttätiger Mensch, Dunjas Gesicht zeugte klar davon. Brandt hatte ihr vorgeschlagen, Anzeige gegen ihn zu erstatten. Sie hatte jedoch nicht sofort eingewilligt, sondern wollte darüber nachdenken und sich dann bei den Kollegen melden. In dem Moment hatte Brandt erkannt, dass sie zu den Frauen gehörte, die Gewalt gegen sich gewohnt waren und am Ende alle denselben Fehler begingen: Sie zeigten ihren Männern nicht ihre Grenzen auf, indem sie sich trennten und ihre Peiniger anzeigten. Gewalt gegen Frauen hatte für Brandt etwas Feiges, es gehörte nicht in eine moderne Gesellschaft wie die deutsche, geschweige denn überhaupt in eine Gesellschaft. Am Ende hatte er sogar den Eindruck gewonnen, dass Dunja es bereute, ihr Alibi zurückgenommen zu haben.

»Na ja, Özdil hätte gut ins Täterprofil gepasst. Er ist brutal, scheut vor Gewalt nicht zurück und wenn er sich selbst Geld geliehen hat, um es weiter zu verleihen, stand er unter erheblichem Druck.«

»Stimmt. Aber sein Alibi ist wasserdicht. Der Abend in der Shishalounge wurde auch auf den Instagramprofilen der anderen an dem Abend gepostet. Kann mir kaum vorstellen, dass die alle ihre Posts manipuliert haben«, entgegnete Brandt. Sie hatten Fischer zwar gebeten, das zu überprüfen, aber damit, dass er etwas anderes herausfinden würde, rechnete Brandt nicht.

»Leider. Erinnerst du dich noch an das Gespräch am 14. Juli mit Schneider?«

»Warum?«

»Er hat doch gesagt, dass sein Bruder nach Köln kommen würde.«

»Stimmt.«

»Das müsste dann ja heißen, dass er vorher nicht in Köln war. Oder zumindest, dass Albert es nicht wusste.«

»Möglich. Oder er war für einen Tag da und ist wieder zurück. Eine Reise nach Hamburg ist nicht die Welt. Auf der anderen Seite scheint das Lügen in der Familie zu liegen. Schneider hat uns ja schon mit dem Alibi angelogen.«

»Aber warum belügt Martin Schneider seinen Bruder? Warum sagt er ihm nicht, dass er in Köln war?«

»Die Antwort soll er uns gleich selbst geben, wenn es denn so ist. Falls wir uns irren, Schneider es doch wusste und Martin ein Alibi hat, schnappen wir uns Albert Schneider und dann soll er uns eine verdammt gute Erklärung liefern, was er an dem Abend getan hat.« Eine leise Ahnung sagte Brandt, dass sie besser direkt zu Albert Schneider fahren sollten, aber die Vernunft riet ihm, zunächst das Gespräch mit Martin abzuwarten, da er in Hamburg wohnte und sie ihn somit nicht mehr so schnell zu fassen kriegen würden wie den jüngeren Bruder.

Zudem war es durchaus möglich, dass Martin etwas sagte, was sie in einem späteren Gespräch mit Albert Schneider verwenden könnten.

»Guten Tag, die Herren«, begrüßte sie ein sichtlich gut gelaunter Martin Schneider. Sie hatten sich auf die Terrasse des Hyatt Hotels gesetzt und damit einen fantastischen Blick auf den Kölner Dom.

»Guten Tag. Danke, dass Sie so kurzfristig Zeit für uns haben«, antwortete Brandt und erwiderte als Erster den Handschlag zur Begrüßung. Schneider hatte einen festen Händedruck. Er wirkte ausgeglichen und seine Augen strahlten eine Ruhe aus, die dem Gegenüber signalisierte, dass hier ein Mann vor einem stand, den so schnell nichts aus der Fassung brachte. Ein Mann, der nichts zu verbergen hatte. Aber solch ein erster Eindruck konnte täuschen, diese Erfahrung hatte Brandt schon unzählige Male gemacht.

»Unbezahlbar«, sagte Schneider und lehnte sich zurück. »Wenn wir ehrlich sind, ist dieser Ausblick der einzige Grund, nach Köln zu kommen. Ansonsten ist es hier doch ganz schön hässlich, kein Vergleich zu Hamburg. Aber sicherlich sind Sie nicht hier, um die Städtearchitektur zu besprechen. Wie kann ich Ihnen helfen?«

»Wir haben ein paar Fragen bezüglich unserer Ermittlungen«, antwortete Aydin.

»Schlimme Sache. Das Ganze nimmt Albert sehr mit. Ich hoffe nicht, dass er sich mit seinen Aussagen in Widersprüche verwickelt hat. Ich hatte ihm geraten, nichts ohne einen Anwalt zu sagen, aber er hat es abgelehnt, weil er nichts zu verbergen hat. Nun, Sie wissen ja selbst, wenn man emotional neben der Spur ist, neigt man zu Dummheiten.«

»Zu welchen Dummheiten?«

»Auf den Rat eines Anwalts zu verzichten«, antwortete

Schneider und schaute Brandt ungläubig an, es schien, als könnte er die Frage nicht verstehen.

»Wie nahe stehen Sie sich?«

»Sehr nahe. Er ist mein Bruder, wir können immer aufeinander zählen. Er wirkt manchmal hart und machohaft, das ist er aber nicht. Das ist nur eine Schutzfunktion, damit er seine sensible Seite nicht zeigen muss.«

»Das haben wir gesehen. Und weil er so sensibel ist, hat er seine Freundin Dunja Rost grün und blau geschlagen«, schnappte Aydin. Ihm platzte angesichts dieser Lobhudelei augenscheinlich der Kragen. Bei Gewalt gegen Frauen konnte sein jüngerer Partner sehr emotional werden.

»Ach, hat er das?« Ein Schmunzeln huschte über Martins Gesicht, fast gewann Brandt den Eindruck, als amüsierte ihn diese Tatsache und als käme sie ihm sehr gelegen.

»Er ist Ihr Bruder, da sollten Sie doch wissen, dass er ein ausgesprochen starkes Aggressionsproblem hat«, reagierte Aydin ungehalten.

»Sie irren sich. Ich möchte mich nicht in die Affären meines Bruders einmischen, aber Frau Rost ist nun wirklich nicht seine Liga. Sie ist eine aus der Gosse, kann keinen vernünftigen Satz sagen, ohne sich vulgärer Worte zu bedienen. Und sie ist gewalttätig. Sie sollten sich mal ihre Strafakte anschauen. Ich verurteile Gewalt gegen Frauen entschieden, aber es würde mich nicht wundern, wenn Albert aus Notwehr gehandelt hätte.«

»Notwehr nennen Sie das also?« Aydin schüttelte verständnislos den Kopf.

»Haben Sie meinen Bruder denn gefragt?«, entgegnete Schneider und fügte gleich hinzu: »Nein, haben Sie nicht! Hab ich mir schon gedacht. Wenn Sie einer Frau von der Straße Glauben schenken, sind Sie doch recht naiv.« Seine Augen funkelten. Die Arroganz und Überheblichkeit war nicht zu übersehen, ebenso wenig sein Hass, den er augenscheinlich für Dunja Rost empfand. Hier sprach jemand, der sich der Freundin seines Bruders deutlich überlegen fühlte, vermutlich, weil er studiert hatte und ein erfolgreicher Anwalt war. Machte ihn das aber automatisch zu einem besseren Menschen? Brandt hatte da arge Zweifel.

»Sie sagten eben, dass Sie und Ihr Bruder ein sehr enges Verhältnis haben. Dann wissen Sie sicherlich, dass das Alibi von Dunja Rost erfunden ist«, wagte sich Brandt aus der Deckung. Es war Zeit, Schneider ein wenig zu provozieren, ihn aus der Komfortzone zu holen und die Gesprächsführung in die Hand zu nehmen.

»Nein, wusste ich nicht. Sie waren an dem Abend zusammen. Es ergibt also keinen Sinn, das Alibi zu widerrufen. Aber das sieht ihr ähnlich. Wer weiß, womit sie meinen Bruder erpresst hat. Jede Wette, sie möchte sich ins gemachte Nest setzen. Geldgeiles Luder«, platzte Schneider heraus.

»Sie glauben, dass sie uns gegenüber gelogen hat?«, fragte Aydin.

»Das ist doch offensichtlich. Sie hat meinen Bruder bedroht, vielleicht sogar geschlagen, weil er ihr schmutziges Spiel nicht mitspielt, und dann hat sie das Alibi widerrufen. So einer Frau darf man kein Wort glauben. Die ist mit allen Wassern gewaschen.«

»Sie ist bereit, es unter Eid zu bestätigen«, wandte Brandt ein, er war auf Schneiders Reaktion gespannt.

»Und? Was soll das schon heißen? Schauen Sie sich ihre Akte an. Ihr ganzes Leben besteht doch nur aus Lügen. Würde mich nicht wundern, wenn sie früher angeschafft hat. Ist mir seit Längerem ein Rätsel, was mein Bruder an ihr findet. Ich habe ihn ausdrücklich vor ihr gewarnt und jetzt hat er den Salat.«

»Wir glauben ihr.«

»Nicht Ihr Ernst?« Schneider wirkte überrascht. »Sie glauben so einer Straßenhure?«

»Achten Sie bitte auf Ihre Wortwahl«, ermahnte Aydin ihn. »Für uns ist sie eine wichtige Zeugin, und bisher sieht es danach aus, dass Ihr Bruder kein Alibi für die Tatzeit hat.«

»Sie lügt doch«, wurde Schneider laut. »Mein Bruder hat Alena geliebt, das würde er niemals tun.«

»Es käme Ihnen aber gelegen, wenn er es getan hätte«, provozierte Brandt.

»Was erlauben Sie sich?« Schneiders Augen waren weit aufgerissen, doch sogleich verengte er sie wieder und atmete schwer durch die Nase.

»Nun ja, wenn Ihr Bruder für sehr lange Zeit ins Gefängnis muss, würden Sie sicherlich der Verwalter seines Vermögens werden, und wenn Ihrem Bruder im Gefängnis etwas zustoßen sollte, würden Sie alles erben.«

»Diesen Mist muss ich mir nicht anhören«, fluchte Schneider. »Glauben Sie allen Ernstes, dass ich meinen Bruder unschuldig ans Messer liefere? Diese Hure lügt, das hat rein gar nichts mit mir zu tun.«

»Woher wollen Sie wissen, dass er unschuldig ist? Waren Sie bei Ihrem Bruder?«, blieb Brandt wie so oft in solchen Momenten unbeeindruckt. Dass Schneider derart emotional reagierte, gefiel ihm, so würde er ihn leicht aus der Reserve locken können.

»Nein, war ich nicht. Aber warum sollte mein Bruder seine Tochter umbringen? Er hat sie geliebt!«

»Und seine Frau? Bisher haben Sie immer nur gesagt, dass Ihr Bruder seine Tochter geliebt habe, aber über Laura Schneider haben Sie kein Wort verloren.«

»Das war kompliziert. Laura hat meinen Bruder verraten, ihre Ehe, weil ihr diese Emanze Manuela Janak einen Floh ins Ohr gesetzt hat.«

Brandt meinte, ein Déjà-vu zu haben, Albert Schneider hatte genauso argumentiert. Die Brüder schienen sich ähnlicher zu sein als gedacht. Oder sie hatten sich abgestimmt, was sie sagen würden.

»Bevor Sie meinen Bruder verdächtigen oder mir irgendeinen Unsinn unterstellen, sollten Sie sich den Freund, diesen Maler, mal etwas genauer anschauen. Der ist hochverschuldet. Wenn einer ein Motiv hat, dann dieser Boris Marques.«

»Ihr Bruder steht finanziell auch nicht viel besser da«, erwiderte Brandt.

»Aber er tötet nicht seine Tochter. Dieser Marques hat doch überhaupt keine Verbindung zu Alena gehabt. Ich verstehe Sie nicht. Es ist ja wohl offensichtlich, dass der Maler ein finanzielles Interesse an Laura hatte. Warum ermitteln Sie nicht gegen ihn und verschwenden stattdessen Ihre Zeit mit meinem Bruder?« Schneider schüttelte den Kopf, als wollte er damit seinen Worten mehr Gewicht verleihen. »Ich habe Erkundigungen über den Maler eingeholt. Seine Bilder waren noch nie auf einer Auktion, geschweige denn wurden sie irgendwo ausgestellt. Ein typischer Blender, der sich ins gemachte Nest setzen wollte.«

»Warum haben Sie ihm nachspioniert?«

»Ist das Ihr Ernst? Er hatte Umgang mit meiner Nichte.« Schneiders Worte klangen scharf.

»Ist das der einzige Grund oder hatten Sie Sorge um das Vermögen Ihrer Nichte?«

»Mir bedeutet Geld nichts, ich habe genug davon.«

Brandt sah ihm an, dass er log. Während er den Satz sagte, schaute er kurz zur Seite, eine unbewusste Geste, die ihn verriet. Damit schien Dunjas Aussage über ihn wahr zu sein.

»Die teure Uhr an Ihrem Handgelenk sagt mir, dass Sie dem Luxus nicht abgeneigt sind.«

»Na und? Ich kann es mir halt leisten. Sind Sie einer dieser Neider?«

»Nein, ganz und gar nicht. Sie sagten aber, dass Ihnen Geld nichts bedeute.«

»Tut es auch nicht. Ich arbeite hart für mein Geld und ich muss mich sicherlich nicht dafür rechtfertigen, dass ich es benutze. Glauben Sie mir, ich spende jede Menge davon für gemeinnützige Zwecke.« Schneider presste die Kiefer aufeinander, er war sichtlich gereizt und extrem angespannt. Seine Halsschlagader wurde sichtbar und sein Kopf wurde rot. Es wirkte, als könnte er jeden Moment platzen.

»Wann haben Sie Laura Schneider zuletzt gesehen?«, fragte Brandt. Jetzt war die perfekte Gelegenheit, um auf Angriff umzuschalten. Schneider schaute ihn seltsam an, als hätte er mit dieser Frage nicht gerechnet. Er schluckte und seine Augenlider flatterten.

»Keine Ahnung, ist schon eine Weile her«, antwortete er dann. Seine Stimme war unsicher, das Überhebliche war komplett verschwunden. Er stotterte sogar leicht, als fühlte er sich überrumpelt.

Er lügt!, dachte Brandt.

»Wann genau war das? Sie werden sich doch daran erinnern, wann Sie Ihre Schwägerin und Ihre Nichte zuletzt besucht haben. Gerade wenn man aus Hamburg kommt, das ist ja nicht eben um die Ecke.«

»Ich müsste in meinem Terminkalender nachsehen. Ich schätze, im Juni, als ich meinen Bruder besucht habe. Warum fragen Sie?«

»Also waren Sie im Juli nicht in Köln?«

»Nein, was soll das? So langsam gefällt es mir immer weniger, was Sie unterschwellig andeuten. Ich verstehe, dass Sie nur Ihren Job machen, aber mich auch nur in der Nähe eines Verdachtes zu sehen, ist lächerlich. Verschwenden Sie nicht Ihre Zeit.«

»Überlassen Sie es uns, wofür wir unsere Ressourcen einsetzen. Wir haben den Hinweis erhalten, dass Sie am 10. Juli in Köln und bei Laura Schneider waren.«

»Lüge!«, unterbrach er Brandt scharf. »Wer erzählt solche Unwahrheiten über mich? Ich verklage diese Person, wegen Verleumdung.«

»Sie atmen jetzt bitte erst einmal tief durch«, ermahnte Brandt ihn. »Als Anwalt sollten Sie wissen, dass man mit Lügen nicht weit kommt. Ich frage Sie ein letztes Mal: Waren Sie am 10. Juli in Köln und hatten Sie ein Gespräch mit Laura Schneider?«

»Nein, verdammt noch mal. Hat dieses Miststück Dunja Ihnen diese Lüge aufgetischt? Wie können Sie so naiv sein und diesen Unsinn glauben? Die Frau ist der Teufel, ist Ihnen das noch immer nicht klar?« Schneider schlug mit der Faust auf den Tisch, so sehr hatte er sich in Rage geredet.

»Entspannen Sie sich, sonst führen wir das Gespräch auf dem Präsidium fort«, drohte Brandt. Er glaubte Schneider kein Wort. Sicherlich hatte er nicht damit gerechnet, dass ihn jemand bei Laura Schneider gesehen hatte, erst recht nicht Dunja Rost.

»Was glauben Sie, wer Sie sind? Ich bin Anwalt, ich kenne meine Rechte!« Schneider kriegte sich gar nicht mehr ein. Glücklicherweise war die Terrasse des Hotels schlecht besucht, nur vier Tische waren besetzt. Ein junges Pärchen schaute zu ihnen herüber.

»Herr Schneider, ich ermahne Sie ein letztes Mal. Ich scherze nicht, wenn ich Ihnen androhe, dass wir das Gespräch auf dem Präsidium fortsetzen.«

Schneiders Atem wurde immer schneller. Sein Brustkorb hob und senkte sich sichtbar und sein Kopf war feuerrot.

»Ich muss mir das hier nicht mehr geben. Ich war nicht bei Laura. Punkt«, brüllte er und wollte erneut auf den Tisch schlagen, stoppte aber die Bewegung.

»Doch, das müssen Sie. Und wenn Sie sich nicht endlich beruhigen, nehmen wir Sie mit aufs Präsidium«, blieb Brandt weiterhin kühl.

»Herr Schneider, Ihnen muss doch bewusst sein, dass wir Ihre Angaben überprüfen werden. Wenn wir ein Flug- oder Zugticket auf Ihren Namen finden oder eine Hotelbuchung, die bestätigt, dass Sie in Köln waren, was glauben Sie, in welcher Position Sie sich dann befinden?«, schaltete sich Aydin ein. Trotz der extrem explosiven Stimmung, die jede Sekunde außer Kontrolle geraten konnte, war Aydin freundlich, sein Ton höflich. Etwas, was Brandt immer wieder an ihm bewunderte.

»Wie denn? Ich bin mit dem Auto gefahren«, platzte Schneider heraus. Als er seinen Fehler bemerkte, war es zu spät. Er bewegte die Lippen, murmelte irgendetwas Unverständliches, dann hielt er inne. »Ich bin Anwalt«, fügte er völlig zusammenhanglos hinzu.

42

»Warum haben Sie uns angelogen?«, fragte Brandt. Schneider hatte etwas zu verbergen, das stand außer Frage, und mit seinen Lügen hatte er diesen Verdacht nur bestätigt. Hätte er wie Özdil von Anfang an die Wahrheit gesagt, hätte sich der Verdacht gegen ihn nicht erhärtet. So jedoch würde er sich eine verdammt gute Erklärung einfallen lassen müssen, warum er bei Laura Schneider gewesen war und warum er die Beamten angelogen hatte.

Martin Schneider starrte Brandt an, als suchte er in seinen Augen die Antwort auf seine Frage.

»Ich musste das Vermögen von meinem Bruder schützen«, sagte er dann.

»Und das heißt?«, fragte Aydin.

»Laura hatte das alleinige Sorgerecht für Alena und sie war drauf und dran, die Kontrolle über ihre Gefühle zu verlieren. Boris Marques hatte sie emotional abhängig gemacht. Nachdem ich erfahren hatte, dass er alles andere als ein erfolgreicher Maler und dazu noch hochverschuldet ist, musste ich einschreiten. Es ging schließlich auch um Alenas Zukunft«, erklärte er.

Brandt hatte große Zweifel, dass Schneider allein im Interesse seiner Nichte gehandelt hatte.

»Sie sind auch verschuldet. War das kein Grund?«, fragte er daher.

»Nein, war es nicht.« Schneider wirkte angegriffen. »Ja, ich habe ein paar Schulden, aber das ist nicht der Rede wert. Ich habe mich leider auf ein paar falsche Geschäftspartner eingelassen und Geld mit Schrottimmobilien in

Mannheim verloren. Aus Fehlern lernt man. Aber die Firma, die ich gegründet habe und in der mein Bruder angestellt ist, wirft genug Gewinn ab und meine Anwaltstätigkeit auch. Mir geht es finanziell gut. Ich wollte Laura nur zur Vernunft bringen. Sie mag mit meinem Bruder zerstritten sein, aber wir hatten immer ein gutes Verhältnis. Ich wollte vermitteln und ihr anbieten, als Treuhänder einzuspringen. Die Immobilien, die mein Bruder seiner Tochter überschrieben hatte, sind einige Millionen wert. Sollen wir zusehen, wie dieser Nichtsnutz von Maler diese Güter verpulvert?«

»Und Sie haben keinen finanziellen Vorteil, wenn Sie als Treuhänder auftreten? Soviel ich weiß, wird das sehr anständig vergütet.«

»Nochmals: Nein, habe ich nicht. Mir ging es nur darum, das Eigentum der Familie zu schützen. Ist das ein Verbrechen?«

Brandt fiel auf, dass Schneider zuerst vom Vermögen seines Bruders gesprochen hatte und jetzt von Familienvermögen redete. Hieß das nicht, dass auch er meinte, ein Anrecht auf das Vermögen zu haben?

»Wie hoch sind Ihre Schulden?«, bohrte Brandt daher weiter.

»Keine Ahnung. Was hat das überhaupt mit Ihrem Fall zu tun?«

»Als Anwalt sollten Sie wissen, dass die meisten Morde aus Eifersucht oder des Geldes wegen begangen werden.«

»Das ist doch lächerlich.« Schneider versuchte sich nicht anmerken zu lassen, dass er wieder extrem gereizt war, aber Brandt sah es ihm an, ein Blick auf seine Gesichtsfarbe genügte.

»Wie lange waren Sie bei Frau Schneider?«

»Nicht lange, keine Ahnung. Ich müsste so gegen 18 Uhr die Villa verlassen haben, aber nageln Sie mich nicht darauf fest.«

»Und wo waren Sie danach?«

»Ich bin nach Hause gefahren.«

»Sie kommen aus Hamburg, um mit Ihrer Schwägerin zu sprechen, das sind ein paar Hundert Kilometer, und dann fahren Sie am selben Tag wieder zurück?«

»Ja, ich hatte einen wichtigen Termin am nächsten Tag.«

»Wusste Ihr Bruder davon?«

Schneider wirkte überrascht, mit dieser Frage hatte er augenscheinlich nicht gerechnet.

»Nein, wusste er nicht. Ich wollte nicht, dass er emotional wird. Mein Bruder ist, was seine Frau anbelangt, schnell aufbrausend. Das hilft niemandem.«

»Haben Sie Zeugen, die bestätigen können, dass Sie noch am selben Abend nach Hamburg gefahren sind?«

»Nein, ich war alleine.«

»Sie werden sicherlich getankt haben, oder? Ist eine lange Strecke.«

»Ja, habe ich. Na und?«, antwortete er in harschem Ton. »Vielleicht hat mich eine Tankstellenkamera aufgezeichnet. Aber ich weiß nicht mehr, wo ich getankt habe. Blöd für mich. Nur woher soll ich wissen, dass ich mich irgendwann mit solch haltlosen Verdächtigungen rumschlagen muss.«

Dass er mit dieser Aussage in Brandts kleine Falle getappt war, schien Schneider nicht bemerkt zu haben, vielmehr erweckte er den Eindruck, als könnte ihn die Aufzeichnung eine Tankstellenkamera entlasten. Was sie natürlich könnte, wenn er nicht gelogen hatte, aber Brandt glaubte ihm kein Wort.

»Zahlen Sie mit Kreditkarte oder EC-Karte?«, erkundigte sich Brandt.

»Mit Amex, da kriege ich Punkte. Warum?«, antwortete Schneider unbedacht und plötzlich erstarrte er. Hatte er begriffen, dass die Falle zugeschnappt war? Hätte er geantwortet, dass er bar bezahlt hatte, wäre die Überprüfung sehr schwer geworden, so aber nicht.

»Dann zeigen Sie uns bitte Ihre Online-Abrechnung. Dort können wir sehen, wo Sie getankt haben.«

»Ich habe keinen Online-Zugang. Das ist eine Firmenkreditkarte«, versuchte Schneider, seinen Kopf aus er Schlinge zu ziehen, und bemerkte nicht, dass er damit den Verdacht gegen sich nur noch erhärtete. Als Anwalt tat er sich bisher keinen Gefallen, er machte so einiges falsch. Brandts Erfahrung sagte ihm, dass Schneider die typische Reaktion eines Menschen zeigte, der sich seiner Sache zu sicher war, obwohl er großen Mist gebaut hatte, jedoch glaubte, das überspielen zu können.

»Dürfen wir Ihr Smartphone sehen?«, fragte Aydin.

»Warum?«

»Wir möchten nur überprüfen, ob Sie die Amex-App installiert haben.«

»Nein, dürfen Sie nicht«, reagierte Schneider pampig. »Ich glaube, wir sind fertig hier.«

Er wollte aufstehen, aber Brandt war schneller, er stand ebenfalls auf und drückte Schneider zurück in seinen Sitz. »Sie gehen nirgendwo hin. Mein Kollege möchte den Inhalt Ihres Smartphones überprüfen.«

»Lassen Sie mich, ich kenne meine Rechte«, drohte Schneider.

»Daran zweifle ich keinen Augenblick, denn dann wissen Sie sicher auch, dass Polizeibeamte bei Gefährdung des Untersuchungserfolgs durch Verzögerung oder Gefahr im Verzug weitreichende Befugnisse haben. Sie haben in unserem Gespräch so ziemlich alles, was man falsch machen kann, falsch gemacht. Und ich stelle mir die Frage: warum?«

»Ist keine alltägliche Situation, dass man als Mörder verdächtigt wird«, antwortete Schneider. Der Sarkasmus war nicht zu überhören.

»Erlauben Sie uns den Zugriff auf Ihr Handy«, entgegnete Brandt. Er stand noch immer neben Schneider.

»Diese Hexe«, stieß der Anwalt zähneknirschend hervor. »Ich weiß nicht, was Sie sich davon versprechen.« Er fischte sein Smartphone aus der Tasche, entsperrte es und reichte es Brandt, der es an Aydin übergab.

Aydin öffnete die American-Express-App auf dem Handy und schaute sich die Umsätze an.

»Sie haben am 11. Juli um 1:28 bei der Aral-Tankstelle in Münster getankt.«

»Na und? Ist das verboten?«

»Vorhin haben Sie gesagt, dass Sie gegen 18 Uhr losgefahren seien, da Sie am nächsten Tag einen Termin hatten. Die Strecke Köln–Münster sind zwei Stunden Fahrtzeit, mit viel Wohlwollen hätten Sie demnach etwa um 21 Uhr in Münster sein müssen. Sie haben aber um 1:28 Uhr getankt. Wie erklären Sie sich das?«

»Ich habe mich da mit jemandem getroffen. Fällt mir gerade ein. Genau.« Schneider nickte und lächelte, doch seine Miene war starr und sein Blick durchbohrte Brandt beinahe. Es sollte ihm vermutlich sagen, dass er besser nicht weiterfragen sollte, sonst würde Schneider ihm an die Gurgel gehen.

»Und mit wem?«

»Einem Geschäftskontakt.«

»Dann können Sie uns sicherlich die Kontaktdaten geben.«

»Nein, kann ich nicht«, blaffte Schneider.

Brandt hatte genug gehört, er glaubte ihm kein Wort. Die Uhrzeit passte perfekt zur Tatzeit und ein kurzer Blick zu Aydin sagte ihm, dass sein Partner ähnlich dachte.

»Herr Schneider, wir verhaften Sie wegen des Verdachtes der Ermordung von Laura Schneider und Alena Schneider.«

»Das ist eine Frechheit«, wurde Schneider wütend.

»Warum sollte ich meine Schwägerin und meine Nichte töten? Haben Sie total den Verstand verloren?«

»Wir werden das Gespräch auf dem Präsidium fortführen. Ich möchte Sie bitten, jetzt keine Dummheiten zu machen. Stehen Sie bitte auf, damit mein Kollege Ihnen Handschellen anlegen kann.«

»Sie machen wohl Witze! Und das alles nur, weil diese Fotze Dunja Ihnen einen Bären aufgebunden hat?«

Brandt antwortete nicht, er gab Aydin ein Zeichen, dieser stand auf, um dem sichtlich irritierten Schneider die Handschellen anzulegen.

»Finger weg. Wissen Sie, wer ich bin?«, brüllte Schneider und drückte Aydin weg. Der hatte nicht damit gerechnet und wäre fast gestürzt, Brandt konnte ihn gerade noch abfangen und sah gleichzeitig, wie Schneider aufsprang und weglaufen wollte.

Brandt war allerdings schneller und packte Schneider am Kragen. »Sie gehen nirgendwohin. Ich sagte Ihnen doch, dass Sie verhaftet sind und keine Dummheiten machen sollen. Glauben Sie, ich scherze?«

Schneider versuchte sich zu befreien, indem er Brandt in die Seite boxen wollte, aber wieder war Brandt schneller. Er drehte sich nach links und verpasste Schneider eine Linke. Dieser fiel wie ein nasser Sack zu Boden.

»Musste das sein?«, wurde Brandt laut und legte Schneider nun selbst die Handschellen an.

43

Köln, 19. Juli

Sonntage waren für Polizeibeamte wie Brandt und Aydin wie Montage oder andere Werktage. Bei der Kriminalpolizei gab es keine regelmäßigen freien Wochenenden wie in anderen Betrieben. So war es auch an diesem Sonntag.

Sie hatten bereits die Laborwerte mit dem DNA-Abgleich erhalten. Dass dies so schnell und unbürokratisch erfolgt war, war nicht selbstverständlich. Bender hatte beim Staatsanwalt und beim Gericht für maximalen Druck gesorgt. Vermutlich hatte auch die Tatsache, dass der Fall bundesweites Aufsehen erregt hatte und selbst der Innenminister unter Druck stand, die Beschleunigung begünstigt.

Brandt war das am Ende egal. Er wollte nur den Mörder von Laura und Alena Schneider vor Gericht bringen.

Zusammen mit Aydin betrat er an diesem Vormittag den Verhörraum der JVA Köln.

»Sie haben sich mit dem Falschen angelegt«, brüllte Martin Schneider.

»Und Sie halten endlich Ihren Mund und hören uns zu«, reagierte Brandt genervt.

»Das ist doch ein schlechter Witz. Ihnen ist hoffentlich klar, dass ich Sie, die Polizei Köln und dieses Biest verklagen werde.«

»Das steht Ihnen frei, es ändert trotzdem nichts an der Tatsache, dass der Staatsanwalt Anklage gegen Sie erheben wird.«

»Gegen mich?« Schneider wirkte überrascht, immerhin hielt er für einen kurzen Moment den Mund.

»Herr Schneider, das Spiel ist aus«, antwortete Aydin. »Gerade als Anwalt sollten Sie wissen, dass es vernünftiger ist, zu kooperieren, das dürfte sich vorteilhaft auf Ihren Prozess auswirken.«

»Sie glauben tatsächlich, dass ich meine Nichte ermordet habe?«

»Wir wissen es sogar«, erwiderte Brandt. »Vorhin sind die Laborwerte gekommen. Unter den Fingernägeln von Laura Schneider wurden Hautpartikel gefunden, deren DNA mit Ihrer übereinstimmt.«

»Solche Laborwerte können fehlerhaft sein.«

»Das denken wir nicht. Es wurden Fingerabdrücke von Ihnen gefunden und zu guter Letzt: Sie hatten auch die Tatwaffe bei sich.«

»Verdammt, das Messer.« Schneider wurde plötzlich kreidebleich und ungewöhnlich still. Er schluckte und seine Augen wurden feucht. »Das verdammte Messer, ich trage es seit meiner Jugend bei mir. Ich wollte es loswerden, aber ich konnte es nicht. Es war ein Geschenk meines verstorbenen Großvaters, den ich sehr geliebt habe. Ich dachte, es würde reichen, wenn ich es gründlich reinige.«

Das war es dann wohl, dachte Brandt. Schneiders Widerstand schien gebrochen, und selbst wenn er noch glaubte, dass es nur am Messer gelegen habe, dass sie ihn überführt hatten, so irrte er sich. Die Beweise waren erdrückend und das Messer nur eines von vielen Beweisstücken. Blieb nur zu hoffen, dass sie endlich mehr über sein Motiv erfahren würden. Vor allem wollte Brandt wissen, wie man so skrupellos sein und ein kleines Mädchen töten konnte.

»Ich bin kein Mörder«, begann Schneider. Er fixierte eine Stelle auf dem Tisch und wagte es vermutlich nicht, die Beamten anzuschauen. »Laura war uneinsichtig. Ich hatte noch versucht, auf sie einzuwirken, damit sie begreift, dass ich nur im Sinne der Familie und zum Wohle von Alena handle. Aber dieser Maler hatte sie offensichtlich einer Gehirnwäsche unterzogen. So konnte ich einfach nicht gehen, ich musste etwas unternehmen, also habe ich sie abends ein zweites Mal aufgesucht.« Schneider unterbrach sich und schaute Brandt an. Er wirkte mit einem Mal um Jahre gealtert. »Ich bin kein schlechter Mensch. Es ging alles so schnell. Wir haben uns gestritten. Sie hat mich provoziert und da habe ich zugestochen. Aber das war nicht ich, es war eine Stimme, die mir das befohlen hat. Ich bin kein Mörder! Und dann tauchte plötzlich Alena auf. Sie schrie und stürmte auf mich zu. Es ging so schnell. Ich packte sie, wollte, dass sie still ist. Ich wusste nicht, was ich tat. Eine fremde Stimme hat mich dazu gezwungen. Ich bin kein Mörder.« Schneider hielt die Hände vor das Gesicht und weinte.

»Damit werden Sie vor Gericht nicht durchkommen. Sie sind in vollem Umfang schuldfähig für die Morde an Laura und Alena Schneider. Sie haben einem kleinen Mädchen eiskalt und brutal die Kehle durchschnitten. Sie allein tragen dafür die Verantwortung, keine eingebildeten Dämonen, und Sie verdienen die volle Härte des Gesetzes. Menschen wie Sie widern mich zutiefst an«, sagte ein sichtlich emotionaler Aydin.

Brandt berührte ihn am Arm. Sie hatten genug gehört. Das Geständnis von Schneider war auf Band und nur das zählte. Der Fall war damit für sie abgeschlossen. Nun würde sich der Staatsanwalt um den Rest kümmern.

44

Europapark, 25. Juli

Die Idee, ein Wochenende im Europapark zu verbringen, war sehr gut gewesen. Es half, die Ereignisse der vergangenen Tage besser zu verarbeiten. Die Achterbahnen und all die anderen aufregenden Attraktionen hatten für jede Menge Abwechslung und Spaß gesorgt. Brandt kam immer wieder gerne her, obwohl er auch das Phantasialand mochte. Gerade in seinem Beruf, in dem er sich oft mit furchtbaren Dingen auseinandersetzen musste, war es besonders schön und wichtig, dass man der brutalen Welt kurz entfliehen konnte, und wenn nicht in einem Freizeitpark wie dem Europapark, wo dann? Jetzt saßen sie zum Abendessen in einem der Restaurants. Ylva und Aydins Frau Nina gönnten sich eine kleine Auszeit im Wellnessbereich des Hotels.

»Onkel Walter, was fandest du am coolsten?«, fragte Tolga.

»So einiges, die Silver Star war schon Hammer. Aber am schönsten ist, dass du bei uns bist.« Walter strich Tolga, der neben ihm saß, übers Haar, was dieser sichtlich genoss.

»Wenn ich mich so an dein Gesicht erinnere, sah das nicht danach aus«, lachte Brandt.

»So ein Quatsch.« Walters Stimme klang etwas mürrisch, aber das war nicht ernst gemeint. Seine Augen strahlten und Brandt wusste, dass der gutmütige Imbissbudenbesitzer die Zeit mit seinen Freunden voll auskostete. Die Idee, dass Tolga sie begleitete, hatte Aydin gehabt. Sie wollten Walter damit überraschen, was spürbar gelungen war.

»Du hattest schon etwas Bammel«, beharrte Aydin.

»Ihr habt ja keine Ahnung. Tolga, glaub ihnen kein Wort. Ich wollte nur ein bisschen Show machen. Tolga, ist doch so, oder?«

»Ja, auf jeden Fall. Onkel Walter hat keine Angst. Mein Bruder war ja nicht mit im Silver Star.«

»Aber nur, weil mein Magen gestreikt hat«, suchte Aydin eine Entschuldigung, die ihm allerdings weder Brandt noch Walter abnahmen.

»Du hattest Schiss, gib's doch zu«, neckte jetzt Brandt seinen jüngeren Partner. »Aber vorher große Reden schwingen, dass du in jede Bahn steigst, in die ich steige.«

»So ein Quatsch. Es war der Magen.«

»Ich glaube, Onkel Lasse hat recht«, lachte Tolga. »Du hast Probleme mit der Höhe, Emre, ich sage nur: Freefalltower in Hamburg.«

»Siehste«, hakte Brandt sofort ein. »Kann ja nicht jeder wie Tolga und ich sein. So absolut furchtlos.«

»So cool wie du bin ich nicht, Onkel Lasse. Ab und zu hatte ich schon etwas Angst, aber dann habe ich zu Onkel Walter geschaut und mich gefreut. Weil ich nie Angst habe, wenn er bei mir ist«, gestand Tolga ein, was Walter rot werden ließ. Er strich sanft über Tolgas Schultern und kämpfte sichtlich mit seinen Gefühlen. Tolgas ehrliche Worte berührten ihn sehr.

»Nimm dir einfach mal ein Beispiel an deinem Bruder. Es ist nicht schlimm, Angst zu haben«, zog Brandt Aydin auf.

»Noch mal, ich hatte Probleme mit dem Magen. Warum sollte ich vor einer Achterbahn Angst haben?«, beharrte Aydin.

»Wie gut, dass wir morgen auch noch hier sind. Dann kannst du uns ja beweisen, dass wir unrecht haben.«

»Sehr gerne.« Aydin schluckte und griff nach seiner Bierflasche.

Tolga rutschte schon seit einigen Minuten nervös auf seinem Stuhl herum, doch jetzt hielt er es offensichtlich nicht mehr aus. »Ich geh mal ganz schnell aufs Klo. Ich wollte eigentlich warten, bis unsere leckere Pizza kommt, aber ...«

»Flitz los, Großer«, sagte Aydin. »Du weißt ja, wo es langgeht.«

»Okay, aber passt auf meine Pizza auf!«, sagte Tolga mit einem schiefen Lächeln und stand auf.

»Jungs, ich muss mich echt bei euch bedanken, das ist wirklich ein tolles Wochenende. Schön, dass ihr den Fall noch rechtzeitig abschließen konntet«, sagte Walter.

»Wir sind auch froh. Es war nicht abzusehen, dass es dann doch so schnell geht. Martin Schneider hatten wir überhaupt nicht auf dem Schirm«, erwiderte Brandt.

»Am Ende haben wir die schnelle Festnahme nur Dunja Rost zu verdanken. Sie hat uns den Hinweis mit dem Anwalt gegeben«, erklärte Aydin.

»Genau. Ebenso hilfreich war, dass Martin Schneider widersprüchliche Angaben gemacht hat. Hätte er von Anfang an zugegeben, dass er bei seiner Schwägerin gewesen ist, hätten wir nicht weiter nachgebohrt. Aber er hat sich immer tiefer in Ungereimtheiten verstrickt, bis die Tankrechnung ihm zum Verhängnis wurde.«

»Wobei ich schon zugeben muss, dass du ihn damit gut in die Enge getrieben hast. Es war pfiffig, dass du ihn gefragt hast, ob er mit EC-Karte oder Kreditkarte zahlt. Er hätte auch ›mit Bargeld‹ antworten können.«

»Hätte er, hat er aber nicht. Alter Polizeipsychologietrick. Das lernt man auf der Straße, nicht auf der Akademie.«

»Da lobe ich ihn und er muss weiter sticheln.« Aydin verzog sein Gesicht.

»Das tue ich ja gar nicht. Ich stelle nur fest.«

»Doch, tust du«, sprang Walter Aydin zur Seite.

»War nur Spaß.« Brandt klopfte Aydin auf die Schulter. »Das war sehr gute Teamarbeit.«

Aydin lächelte.

»Kranke Welt. Am Ende ging es nur um Geld. Ich werde nie verstehen, wie man so gierig sein kann. Die eigene Nichte und die Schwägerin.« Walter schüttelte angewidert den Kopf.

»Leider. Fischer hat herausgefunden, dass Martin Schneider viel Geld verloren hat und hochverschuldet ist. Er hatte wohl gehofft, dass er seine Schulden begleichen könnte, wenn er an das Vermögen seiner Nichte käme.«

»Wirklich eine kranke Welt, Jungs. Was ist eigentlich mit diesem Marques?«, wollte Walter wissen.

»Es sieht nach Notwehr aus. Die medizinische Abteilung hat bestätigt, dass Manuela Janak ihm extreme Gewalt im Intimbereich angetan hat. Marques hatte ein Mal was mit ihr gehabt, als Dankeschön für die zehntausend Euro. Aber danach wollte er nichts mehr mit ihr zu tun haben, weil sie angeblich auf gewalttätigen Sex stand und ihn gedemütigt hat. Dass er wieder zu ihr gegangen ist, lag an seiner Verzweiflung. Er musste schnell an Geld kommen, also ist er zu ihr, aber diesmal ist es komplett aus dem Ruder gelaufen. Er wollte, dass sie von ihm ablässt, dabei ist es zu dieser schlimmen Tragödie gekommen«, erklärte Aydin.

»Am Ende ging es wirklich immer nur um Geld. Ich werde nie verstehen, wie Menschen so scharf auf ein Stück Papier sein können, dass sie alle Menschlichkeit über Bord werfen. Egal, lasst uns über was anderes sprechen, sonst verdirbt es mir nur den Appetit.« Kaum hatte Walter ausgesprochen, kam der Kellner auch schon mit der Bestellung und reichte jedem seinen Teller mit Pizza. Hinter ihm tauchte Tolga auf, der sich sogleich mit leuchtenden Augen auf seinen Stuhl fallen ließ.

»Die ist echt groß! Wie gut, dass ich es noch rechtzeitig

geschafft habe«, sagte er. »Wobei eine Currywurst auch nicht zu verachten wäre.«

»Die gibt es morgen. So viele, wie du willst.«

Tolga strahlte und säbelte ein Stück von seiner Pizza ab.

Brandt tat es ihm gleich. Während er kaute, ließ er seinen Blick über den künstlich angelegten See des Hotels Bell Rock wandern. Auch wenn er wusste, dass das alles hier nur Kulisse war, fand er es sehr gelungen. Es ließ einen kurz denken, man befände sich irgendwo am Hafen.

»Hallo, die Herren«, sprach sie da jemand an. Als er sich umdrehte, sah er, dass es Dr. Glück war.

»Hallo, Herr Dr. Glück«, antwortete Brandt und stand von seinem Platz auf, um ihm die Hand zu reichen.

»Glück reicht. Der ›Doktor‹ ist doch etwas zu förmlich«, sagte Glück und erwiderte den Händedruck. »Ein Männertag?«

»Nicht ganz. Die Frauen machen Wellness.«

»Sehr schön.« Glück reichte auch Aydin die Hand zur Begrüßung und dann Tolga, der etwas unsicher wirkte. Glück hielt Tolgas Hand länger fest und sagte mit leiser Stimme: »Gott liebt dich sehr Tolga, weil du ein gutes Herz hast.« Tolga lief rot an. Brandt konnte nicht ganz einordnen, warum der Mediziner so etwas zu Tolga sagte.

Als Letztem reichte er Walter die Hand, auch seine hielt er ein wenig länger fest und Brandt war ein weiteres Mal erstaunt. Walter wirkte überrascht und erschrocken zugleich, dann wurde er geradezu verlegen. Fast war es Brandt, als würden sich die beiden kennen.

»Was machen Sie hier?«, fragte Brandt.

»Ich bin mit zehn Jugendlichen im Park. Ehrenamtlich. Einmal im Jahr ermöglichen einige Ärzte Jugendlichen, die sich das alles hier nicht leisten können, einen Besuch im Europapark.«

»Immer im Einsatz«, antwortete Aydin, man sah ihm die Bewunderung sofort an.

»Das mache ich sehr gerne. Kann es denn etwas Schöneres geben, als einem Kind ein Lachen aufs Gesicht zu zaubern?« Sein Blick wanderte zu Tolga, der schüchtern lächelte. »Ich muss zu den Kids.«

»Viel Spaß«, antwortete Brandt und Glück verabschiedete sich von ihnen.

»Wieso kriege ich bei Glück immer eine Gänsehaut? Was ich allerdings nicht verstehe, ist diese Sache mit Gott. Warum hat er das gesagt?«, bemerkte Aydin und schaute zu seinem jüngeren Bruder.

»Vermutlich nur so, um Tolga etwas Schönes zu sagen«, antwortete Brandt und warf Tolga ebenfalls einen kurzen Blick zu. Der Arzt war für ihn eine Person, die schwer greifbar war. Auf jeden Fall schien er ein Mensch zu sein, dem es ein Verlangen war, anderen zu helfen.

»Mich hat gestern übrigens jemand geärgert«, gestand Tolga zu ihrer Überraschung.

»Geärgert? Wer denn? Warum hast du mir nichts erzählt?«, wollte Aydin wissen.

»Ich habe es vergessen, glaube ich«, entschuldige sich Tolga und schaute zu Boden.

»Wer war das denn?«

»Na ja, so ein Junge auf dem Sportplatz.«

»Und was hat er gemacht?« Sorge schwang in Aydins Stimme mit.

»Er hat gesagt, dass ich hässlich bin, weil Gott mich nicht liebt.«

»Hör nicht auf so einen Dummkopf. Gott liebt dich, wir lieben dich«, antwortete nun Walter, der seit dem Treffen mit Glück seltsam still wirkte, als wäre er mit den Gedanken woanders. »Dieser Glück kam mir so vertraut vor.«

»Vielleicht war er mal in deinem Grill«, suchte Brandt eine Erklärung. Dass Glück gewusst haben konnte, dass Tolga erst vor Kurzem von einem Jugendlichen geärgert worden war, wollte Brandt nicht glauben. Er ging vielmehr von einem glücklichen Zufall aus. Zu gerne hätte er diesem Jungen die Meinung gegeigt. Es machte ihn wütend, wenn Menschen über andere Leute, die sie nicht kannten, urteilten, sie beleidigten oder mobbten. Hätte dieser Junge Tolga gekannt, hätte er gewusst, dass er ein gutmütiger und absolut liebenswürdiger junger Mann war.

Walter schüttelte noch immer nachdenklich den Kopf. »Nein, so einen hübschen Mann mit so einer wahnsinnigen Ausstrahlung würde ich mir merken. Ihr werdet mich für verrückt halten, aber als er mich berührte, war es dasselbe Gefühl, als würde Rémy mich berühren. Diese Wärme, dieser Frieden und diese positive Energie. Es war, als würde er tief in meine Seele schauen. Vollkommen irre, oder?«

Brandt nickte und schwieg. Dass Glück etwas Besonderes an sich hatte, wollte er nicht verleugnen, aber dass er in einer Verbindung zu Rémy, dem außergewöhnlichen Straßenmusiker, stand, bezweifelte er nun doch. Vermutlich vermisste Walter ihn nur.

Brandt schaute über seine Schulter und sah, dass weiter hinten mehrere Tische zusammengestellt waren. Einige Jugendliche saßen dort mit zwei Erwachsenen, eine Frau und ein Mann. Einer von ihnen war Dr. Glück. Er schaute aufs Wasser und bemerkte zunächst nicht, dass Brandt ihn kurz beobachtete. Doch dann sah er zu ihm herüber und Brandt bekam eine Gänsehaut. Glück lächelte, aber seine Augen wirkten sehr besorgt.

Brandt nickte kurz und wandte seinen Blick wieder seinen Freunden zu. Ob Glück nun eine besondere Gabe hatte oder nicht, wollte er noch immer nicht entscheiden, aber das war in diesem Augenblick auch unwichtig. Was zählte, war dieser Moment mit den Menschen, die ihm neben Ylva und seinen Eltern am meisten bedeuteten. Gerade in seinem Job war es wichtig, gute und loyale Freunde zu haben, die ihm halfen, sich immer wieder daran zu erinnern, warum er zur Polizei gegangen war und dass das Leben lebenswert war, weil es viel mehr gute Menschen gab als schlechte.

Das Leben ist schön, dachte Brandt und ein Lächeln huschte über sein Gesicht.

– Ende –

Anmerkung des Autors

Kain erschlug seinen Bruder Abel aus Neid, es war der erste Mord in der Bibel. Seit es Menschen gibt, sind Neid und Gier neben der Eifersucht starke Motive für einen Mord – so auch in diesem Köln-Krimi. Es ist die Gier, die Martin Schneider zu diesen tragischen Morden getrieben hat. Dabei ist er kein eiskalter oder berechnender Psychopath, der die Morde von langer Hand geplant und sich daran ergötzt hat. Er hat die Morde aus unkontrollierter Wut heraus begangen, dennoch macht es seine Tat nicht weniger dramatisch.

In diesem Krimi habe ich mich bewusst gegen einen Psychopathen als Mörder entschieden, es sollte kein Außenseiter sein, kein Ausgestoßener oder jemand, der gerne mordet und weitere Morde begehen wird. Nein, diesmal sollte es ein Mann aus gutem Hause sein, einer, von dem die Gesellschaft annimmt, dass er es gar nicht nötig hätte, zu töten, oder niemals die Fähigkeit dazu besitzen würde.

Welch ein Irrtum!

Inzwischen schreibe ich seit einigen Jahren Krimis und in dieser Zeit habe ich viele tausend Seiten an Recherchematerial gelesen – Gerichtsurteile, Zeitungsmeldungen, Dokumentationen. Ich habe Gespräche mit Polizisten, Richtern und Medizinern geführt, dabei haben mich diese Jahre eines gelehrt: Jeder, wirklich jeder Mensch ist in der Lage, einen anderen Menschen zu töten, aus den unterschiedlichsten Motiven.

Neben den Ermittlungen in dem Mordfall stand noch ein anderes wichtiges Thema im Mittelpunkt dieses Romans: Gewalt gegen Frauen. Ich behandele dieses Problem immer wieder in meinen Büchern, weil es die Menschheit seit Jahrtausenden begleitet. Selbst heute, in Zeiten, wo wir glauben, aufgeklärt zu sein, gehört häusliche Gewalt leider weiterhin zum Alltag vieler Frauen.

Manche werden sicherlich die Tatsache kritisieren, dass eine Frau, die geschlagen oder misshandelt wird, ihren Partner nicht anzeigt oder sich von dieser Person trennt, aber so einfach ist das leider nicht. Aus meinem Bekanntenkreis und aus Leserbriefen weiß ich das aus erster Hand. So sehr diese Frauen es auch versuchen, die psychische Abhängigkeit vom Partner ist oft so groß, dass sie sich ohne Hilfe nicht von ihm lösen können.

Erst vor einigen Wochen habe ich von einer Gerichtsverhandlung gelesen, die mich sprachlos machte. Ein Mann stand wegen schwerer Körperverletzung seiner Freundin vor Gericht. Ihm drohten bis zu vier Jahre Haft. Bevor jedoch ein Urteil verkündet wurde, verlobte sich die Freundin mit dem Mann, damit dieser nicht ins Gefängnis musste.

Was soll man dazu als rational denkender Mensch noch sagen oder denken? Ich weiß es nicht. Nur, dass Antworten auf bestimmte Fragestellungen nicht so einfach sind, wie man es annehmen möchte oder wie man es gerne hätte.

In meiner Studienzeit sagte mir eine Bekannte einmal, sie wünsche sich, dass ihr Freund sie schlagen würde, dann wüsste sie wenigstens, dass er sie liebe, er sei so emotionslos. Ich riet ihr damals, diesen Wunsch mit einem Therapeuten zu besprechen, was sie wiederum nicht verstand.

Der Mensch ist in seinem Wesen und seinen Handlungen sehr komplex, oft tut er Dinge, die sich vernunftbedingt nur schwer erklären lassen, aber würde er diese Dinge nicht tun, würde es keine Krimis und Thriller geben.

Natürlich wünsche ich mir dennoch, dass es solche schlimmen Dinge wie Mord oder Gewalt an Schutzlosen nicht gäbe.

Doch genug davon, zum Abschluss möchte ich auf etwas Positives zu sprechen kommen: Dr. Glück. Bereits in dem vorhergehenden Köln-Krimi *»Zorn«* habe ich die neue Figur vorgestellt und sie stieß, neben Raúl, auf großes Interesse. Es gab die wildesten Spekulationen, was es mit dem Doktor auf sich haben könnte. Die treuesten Leserinnen und Leser sahen sogar eine Verbindung zu Rémy.

Nur so viel: Raúl und Dr. Glück werden zum festen Personal der Köln-Krimis gehören und im nächsten Band werden wir mehr über den Doktor erfahren und, wer weiß, vielleicht auch etwas über Rémy.

Lassen Sie sich überraschen und lassen Sie sich wie ich trotz der vielen schlimmen Nachrichten, mit denen wir jeden Tag konfrontiert werden, nicht die gute Laune verderben.

Bis zum nächsten Buch.

Ihr
Salim Güler

Eine Bitte / Werke

Sollte Ihnen das Buch gefallen haben, würde ich mich sehr über eine kurze positive Bewertung im Internet freuen.

Weitere Bücher, als Ebook oder Taschenbuch erhältlich:

Köln/Mannheim/Lübeck Thriller/Krimi:
Band 1: *Narben*

Köln Krimi:
Band 1: *Die Stillen müsst ihr fürchten* – Tatort Köln
Band 2: *Fürchte die Nacht* – Tatort Köln
Band 3: *Dann war Stille* – Tatort Köln
Band 4: *Wenn Tote nicht schweigen* – Tatort Köln
Band 5: *Sterben ohne Tod* – Ein Köln-Lübeck Krimi
Band 6: *Niemand* – Tatort Köln
Band 7: *Oh du Stille* – Tatort Köln
Band 8: *Gespalten* – Tatort Köln
Band 9: *Schmerz* – Tatort Köln
Band 10: *ELKE* – Tatort Köln/Lübeck
Band 11: *In der Nacht* – Tatort Köln
Band 12: *Totes Leben* – Tatort Köln
Band 13: *Der Herzenmacher* – Tatort Köln
Band 14: *Stille Wut* – Tatort Köln
Band 15: *Der Fremde* – Tatort Köln
Band 16: *Zorn* – Tatort Köln
Band 17: *Schuld* – Tatort Köln

Lübeck Krimi:
Band 1: *MORD §78* – Ein Lübeck Krimi
Band 2: *VERSTUMMT* – Ein Lübeck Krimi

Band 3: *SEBASTIAN* – Ein Lübeck Krimi
Band 4: *TOTENBLÄSSE* – Ein Lübeck Krimi

Frankfurt Krimi:
Band 1: *Das Fenster* – Ein Frankfurt Krimi

Mannheim Thriller/Krimi:
Band 1: *Der Würger*
Band 2: *Unwürdig*
Band 3: *Lüge*

Rémy – Roman

Geh nicht mit – Thriller

Die Schuld in uns – Thriller

MORGEN LERNST DU WIE MAN WEINT – Thriller

SNIPER – Kaltes Blut (Mannheim Krimi)

Honigblau

Täuschung

Wüstengrab

Nächstenliebe (Das Jesus Sakrileg)

I Walsh Zurück – (Peter Walsh Thriller 1)

Wut – (Peter Walsh Thriller 2)

Abrechnung – (Peter Walsh Thriller (3)

Ein Tag zum Sterben – Ein Peter Walsh Thriller

sowie die Thriller-Miniserie: *Peter Walsh*

Gerne können Sie auch direkt mit mir in Kontakt treten, alle Informationen dazu finden Sie auf Facebook und Instagram:

https://www.facebook.com/salimgueler.autor
https://www.instagram.com/salimgueler

oder auf meiner Homepage:

www.salim-gueler.de

Herzlichen Dank für Ihre Unterstützung

Ihr
Salim Güler

Marcus Hünnebeck

Kein letzter Blick

Die siebzehnjährige Larissa verlässt Ihren Vater in Hamburg, um zur geschiedenen Mutter in Köln zurückkehren. Monate später bereut die inzwischen Volljährige ihr Verhalten, denn der Vater ist seit jenem Tag spurlos verschwunden. Verzweifelt engagiert sie den Personenfahnder Till Buchinger. Als der jedoch Larissas Vertrauen verspielt, sucht sie ihren Vater in Hamburg auf eigene Faust und gerät dabei in große Gefahr.

Taschenbuch, 280 Seiten, € 11,90 [D]
ISBN 978-3-96357-147-3